Engländer · Examens-Repetitorium Strafprozessrecht

UNIREP JURA

Herausgegeben von Prof. Dr. Mathias Habersack

Examens-Repetitorium
Strafprozessrecht

von

Dr. Armin Engländer
o. Professor an der Ludwig-Maximilians-Universität München

9., neu bearbeitete Auflage

 C.F. Müller

Armin Engländer, Jahrgang 1969; Studium der Rechtswissenschaften in Frankfurt am Main; 1996 erstes juristisches Staatsexamen; 1999 zweites juristisches Staatsexamen, 2002 Promotion in Würzburg; 2008 Habilitation in Mainz; von 2009 bis 2014 Inhaber des Lehrstuhls für Strafrecht, Strafprozessrecht, Wirtschaftsstrafrecht und Rechtsphilosophie an der Universität Passau, seit Oktober 2014 Inhaber des Lehrstuhls für Strafrecht, Strafprozessrecht, Rechtsphilosophie und Rechtssoziologie an der Ludwig-Maximilians-Universität München.

Bibliografische Information der Deutschen Nationalbibliothek
Die Deutsche Nationalbibliothek verzeichnet diese Publikation in der Deutschen Nationalbibliografie; detaillierte bibliografische Daten sind im Internet über http://dnb.d-nb.de abrufbar.

ISBN 978-3-8114-4675-5

E-Mail: kundenservice@cfmueller.de
Telefon: +49 89 2183 7923
Telefax: +49 89 2183 7620

www.cfmueller.de
www.cfmueller-campus.de

© 2018 C.F. Müller GmbH, Waldhofer Straße 100, 69123 Heidelberg

Dieses Werk, einschließlich aller seiner Teile, ist urheberrechtlich geschützt. Jede Verwertung außerhalb der engen Grenzen des Urheberrechtsgesetzes ist ohne Zustimmung des Verlages unzulässig und strafbar. Dies gilt insbesondere für Vervielfältigungen, Übersetzungen, Mikroverfilmungen und die Einspeicherung und Verarbeitung in elektronischen Systemen.

Satz: Gottemeyer, Rot
Druck: CPI Clausen & Bosse, Leck

Vorwort

Die vom Gesetzgeber im letzten Jahr im Bereich des Strafprozessrechts beschlossenen zahlreichen Änderungen haben eine Neuauflage dieses Examens-Repetitoriums nach bereits einem Jahr erforderlich gemacht. Eingearbeitet wurden das „Gesetz zur Einführung der elektronischen Akte in der Justiz und zur weiteren Förderung des elektronischen Rechtsverkehrs" vom 5.7.2017, das „Gesetz zur effektiveren und praxistauglicheren Ausgestaltung des Strafverfahrens" vom 17.8.2017, das „Zweite Gesetz zur Stärkung der Verfahrensrechte von Beschuldigten im Strafverfahren und zur Änderung des Schöffenrechts" vom 27.8.2017 und das „Gesetz über die Erweiterung der Medienöffentlichkeit in Gerichtsverfahren (EMöGG)" vom 8.10.2017. Aus der aktuellen Rechtsprechung haben Berücksichtigung gefunden u.a. die jüngsten Entscheidungen zum Konfrontationsrecht des Angeklagten (EGMR StV 2017, 213; BGH NStZ 2017, 602; NStZ 2018, 51), das Urteil des EGMR zum Fair trial-Prinzip und der Verwertung von Beweisen, die durch eine rechtswidrige Untersuchung erlangt worden sind (EGMR NJW 2017, 2811) sowie die Entscheidungen des BGH zum Verwertungsverbot bei Verstoß gegen den Richtervorbehalt bei der Durchsuchung und der Nichtanwendbarkeit der Widerspruchslösung (BGHSt 61, 266), zur Verwertbarkeit von Beweisen bei „legendierten Kontrollen" (BGH NJW 2017, 3173) und zur Unterrichtung des nach § 247 StPO entfernten Angeklagten durch Videoübertragung (BGH NJW 2017, 3397). Gesetzgebung, Rechtsprechung und Schrifttum befinden sich nun auf dem Stand Januar 2018.

Besonderen Dank für Hilfe und Unterstützung bei der Erstellung der 9. Auflage schulde ich meinem gesamten Lehrstuhlteam, namentlich den wissenschaftlichen Mitarbeiterinnen Frau *Nikola Kästle*, Frau *Marie-Lena Marstaller*, Frau *Tanja Niedernhuber* und Frau *Nina Wolf*, den studentischen Hilfskräften Frau *Mahja Afrosheh*, Frau *Anna Biehler*, Frau *Anna Böffgen*, Frau *Henrike Sievers*, Frau *Elisabeth Tscharke*, Herrn *Jonathan Dyckhoff* und Herrn *Simon Knirsch* sowie meiner Sekretärin Frau *Marina Javid-Mamasani*. Mein Dank gilt aber auch den aufmerksamen Leserinnen und Lesern der Vorauflage, die mit ihren wertvollen Hinweisen zur Verbesserung des Buches beigetragen haben. Wiederum sind alle Leserinnen und Leser herzlich eingeladen, sich mit Vorschlägen, Kritik und Lob unter armin.englaender@jura.uni-muenchen.de an mich zu wenden.

München, im Januar 2018 *Armin Engländer*

Vorwort zur 1. Auflage

Obwohl das Strafprozessrecht zum Pflichtstoff für das Staatsexamen zählt, setzen zahlreiche Examenskandidaten bei der Examensvorbereitung hier nach wie vor „auf Lücke". Dabei lässt sich in diesem Gebiet mit einem soliden Basiswissen schnell punkten. In der strafprozessualen Zusatzfrage der Strafrechtsklausur sowie in der mündlichen Prüfung wird in der Regel nicht Detailwissen, sondern lediglich die Kenntnis der wichtigsten Vorschriften und der Grundstrukturen des Strafverfahrens verlangt. Der konzentrierten Vermittlung und Wiederholung dieses Stoffes soll das vorliegende Buch dienen. Es ist deshalb gegenüber einem klassischen StPO-Lehrbuch bewusst deutlich verknappt und beschränkt sich auf das Wesentliche – dies gilt auch für die Nachweise von Rechtsprechung und Literatur. Die Wiederholungsfragen am Ende sollen eine Überprüfung des eigenen Lernerfolges ermöglichen.

Mein Dank gilt Herrn Professor *Dr. Michael Hettinger* für Rat und Unterstützung, Frau stud. jur. *Bettina Wickert* für die Erstellung der Schaubilder sowie den Teilnehmerinnen und Teilnehmern des Juristischen Examenskurses der Universität Mainz für wertvolle Anregungen und Hinweise.

Die Leserinnen und Leser sind herzlich eingeladen, sich mit Vorschlägen und Kritik (aber natürlich auch mit Lob) unter englaender@mail.jura.uni-mainz.de an mich zu wenden.

Mainz, im Dezember 2003 *Armin Engländer*

Inhaltsverzeichnis

	Rn.	Seite
Vorwort		V
Vorwort zur 1. Auflage		VI
Abkürzungsverzeichnis		XIII
Literaturverzeichnis		XV

		Rn.	Seite
§ 1	**Überblick über Ziele, Quellen und Gang des Strafverfahrens**	1	1
	I. Ziele des Strafverfahrens	1	1
	II. Quellen des Strafverfahrens	3	2
	III. Gang des Strafverfahrens	4	2
§ 2	**Die Prozessvoraussetzungen**	6	4
	I. Wichtige Prozessvoraussetzungen	6	4
	II. Fehlen von Prozessvoraussetzungen	9	5
§ 3	**Die Prozessmaximen**	11	6
	I. Das Rechtsstaatsprinzip	11	6
	II. Das Offizialprinzip	12	6
	1. Inhalt	12	6
	2. Die Antragsdelikte	13	6
	3. Die Ermächtigungsdelikte	14	7
	4. Die Privatklagedelikte	15	7
	III. Das Akkusationsprinzip	16	7
	IV. Das Legalitätsprinzip................................	17	8
	1. Inhalt	17	8
	2. Außerdienstlich erlangtes Wissen	18	8
	3. Die Bindung der StA an die höchstrichterliche Rechtsprechung	19	9
	V. Der Untersuchungsgrundsatz (Ermittlungs- oder Instruktionsprinzip).................................	20	10
	VI. Der Unmittelbarkeitsgrundsatz	21	10
	VII. Das Mündlichkeitsprinzip	22	10
	VIII. Der Grundsatz der freien richterlichen Beweiswürdigung....	23	11
	1. Inhalt	23	11
	2. Das Schweigen des Angeklagten	24	11
	IX. Der Grundsatz „in dubio pro reo"	25	11
	X. Der Grundsatz der Öffentlichkeit	26	12
	XI. Der Beschleunigungsgrundsatz	28	13
	XII. Das Prinzip „nemo tenetur se ipsum accusare"	30	14
	XIII. Der Grundsatz des fairen Verfahrens (fair trial)	31	14

§ 4	**Die Gerichtszuständigkeit und -organisation**		32	15
	I. Die sachliche Zuständigkeit in der ersten Instanz		32	15
		1. Das Amtsgericht	33	15
		2. Das Landgericht	37	16
		3. Das Oberlandesgericht	40	17
	II. Die örtliche Zuständigkeit in der ersten Instanz		42	18
	III. Die Zuständigkeit in Rechtsmittelverfahren		44	18
	IV. Die Zuständigkeit des EGMR		47	20
§ 5	**Die Verfahrensbeteiligten**		50	20
	I. Die Staatsanwaltschaft		50	20
		1. Die Organisation der StA	51	20
		2. Die Reichweite der Weisungsgebundenheit	54	21
		3. Die Ablehnbarkeit eines StA wegen Besorgnis der Befangenheit	55	22
	II. Die Polizei		56	23
	III. Der Beschuldigte		58	24
		1. Der Beschuldigtenstatus	58	24
		2. Die Pflichten des Beschuldigten	59	25
		3. Die Rechte des Beschuldigten	61	25
	IV. Der Verteidiger		68	27
		1. Der Verteidigerstatus	68	27
		2. Die Pflichten des Verteidigers	69	28
		3. Die Rechte des Verteidigers	72	29
		4. Wahlverteidiger und Pflichtverteidiger	77	30
		5. Das Verbot der Mehrfachverteidigung	78	30
		6. Der Ausschluss des Verteidigers	79	31
	V. Der Zeuge		80	31
		1. Der Zeugenstatus	80	31
		2. Die Pflichten des Zeugen	81	32
		3. Die Rechte des Zeugen	84	33
	VI. Der Sachverständige		89	34
	VII. Der Verletzte		92	35
	VIII. Der Richter		93	35
		1. Der Ausschluss	94	35
		2. Die Ablehnung	95	36
§ 6	**Das Ermittlungsverfahren**		96	37
	I. Die Einleitung		96	37
	II. Die Durchführung		98	37
		1. Die Vernehmung des Beschuldigten	100	38
		2. Die Einschaltung des Ermittlungsrichters	103	39
	III. Der Abschluss		106	40
		1. Die Einstellung mangels hinreichenden Tatverdachts	106	40

	2. Die Einstellung mangels öffentlichen Interesses	107	40
	3. Die Einstellung aus Opportunitätsgründen	108	40
	4. Klageerhebung	112	42
	IV. Das Klageerzwingungsverfahren	114	43

§ 7 **Die Zwangsmittel** 117   44

    I. Die Untersuchungshaft 117   44
        1. Die Voraussetzungen 118   44
        2. Der Ablauf 122   45
        3. Der Rechtsschutz 125   47
    II. Die vorläufige Festnahme 126   47
        1. Das Jedermann-Festnahmerecht 127   47
            a) Die Voraussetzungen 127   47
            b) Der Umfang des Festnahmerechts 129   48
        2. Das Festnahmerecht für StA und Polizei 131   49
        3. Die Richtervorführung 132   49
    III. Die körperliche Untersuchung des Beschuldigten 133   49
    IV. Die molekulargenetische Untersuchung 136   50
    V. Maßnahmen gegen Dritte 139   51
    VI. Die Sicherstellung 140   52
        1. Die Beschlagnahme 141   52
        2. Die Führerscheineinziehung 143   53
        3. Die Beschlagnahme von Postsendungen 144   53
    VII. Die Überwachung der Telekommunikation 145   53
        1. Die Voraussetzungen 145   53
        2. Die Raumüberwachung 148   55
        3. Die Quellen-TKÜ 149   55
    VIII. Die Online-Durchsuchung 150   56
    IX. Die akustische Wohnraumüberwachung 151   56
    X. Das Abhören und Aufzeichnen des nichtöffentlich
        gesprochenen Wortes 154   58
    XI. Die Erhebung von Verkehrsdaten 155   58
    XII. Der Einsatz technischer Mittel 156   58
        1. Lichtbilder und Bildaufzeichnungen 156   58
        2. Sonstige für Observationszwecke bestimmte technische
            Mittel 157   59
        3. IMSI-Catcher 158   59
    XIII. Die Durchsuchung 159   59
    XIV. Der Einsatz von verdeckt operierenden Personen
        (Verdeckte Ermittler u.a.) 163   60
        1. Verdeckt operierende Personen 163   60
        2. Die Einsatzvoraussetzungen 164   61
        3. Die Tatprovokation 166   61
    XV. Weitere Maßnahmen im Überblick 168   62
    XVI. Der Rechtsschutz gegen Zwangsmaßnahmen 176   63

1. Allgemeine Regelung	176	63
2. Sonderregelung	178	65

§ 8 **Das Zwischenverfahren** 181 66
    I. Einleitung und Durchführung 181 66
    II. Der Abschluss... 182 67

§ 9 **Das Hauptverfahren** 186 67
    I. Die Vorbereitung der Hauptverhandlung............. 186 67
    II. Die Durchführung der Hauptverhandlung............ 187 68
        1. Der Ablauf 187 68
        2. Die Anwesenheitspflichten 200 70
        3. Das Sitzungsprotokoll 203 70

§ 10 **Das Beweisrecht** 205 72
    I. Allgemeine Grundsätze des Beweisrechts 205 72
        1. Die Tatsachen 206 72
        2. Das Beweisverfahren 207 72
    II. Das Beweisantragsrecht 210 73
        1. Der Beweisantrag.. 210 74
        2. Der Beweisermittlungsantrag und die Beweisanregung ... 224 76
    III. Unmittelbarkeitsgrundsatz, Verlesung und audiovisuelle
        Aufnahmen... 227 77
        1. Die Verlesung insb. bei Abwesenheit 228 78
        2. Die Verlesung und Verwertung nach Zeugnis-
           verweigerung... 231 79
        3. Die Verlesung bei Erinnerungslücken 233 81
        4. Die Verlesung und Vorführung von Geständnissen 234 81
        5. Die Videosimultanvernehmung 236 82
        6. Die Aufzeichnung und die Vorführung von Zeugen-
           vernehmungen in Bild und Ton....................... 237 83
        7. Der Vorhalt 241 84
    IV. Unmittelbarkeitsgrundsatz und verdeckte Ermittlung 242 84
    V. Die Beweisverbote.. 246 85
        1. Die Beweiserhebungsverbote 247 85
        2. Die Beweisverwertungsverbote 251 88
           a) Gesetzliche Regelungen........................ 252 88
           b) Allgemeine Kriterien 254 90
           c) Die fehlende Zeugenbelehrung nach § 52 Abs. 3
              S. 1 StPO... 255 90
           d) Die Verletzung der Schweigepflicht durch Vertrauens-
              personen i.S.d. § 53 StPO 256 90
           e) Die fehlende Genehmigung nach § 54 StPO 257 91
           f) Die fehlende Zeugenbelehrung nach § 55 Abs. 2 StPO . 258 91

g) Die Zeugnisverweigerung in der Hauptverhandlung ... 259   92
h) Die fehlerhafte Belehrung des Beschuldigten nach
§ 136 Abs. 1 StPO 260   92
i) Fehler bei der körperlichen Untersuchung nach
§ 81a StPO 265   94
j) Fehler bei der Überwachung der Telekommunikation .. 266   94
k) Fehler bei der Durchsuchung 268   94
l) Eingriffe in das allgemeine Persönlichkeitsrecht 269   96
m) Von Privatpersonen rechtswidrig gewonnene Beweise . 270   96
n) Verdeckte Ermittlungen 272   97
o) Fernwirkung von Beweisverboten 273   97

§ 11 **Das Urteil** 274   98
    I. Arten und Gegenstand des Urteils 274   98
        1. Das Urteil 274   98
        2. Die Tat im prozessualen Sinne 276   99
    II. Die Urteilsabsprachen 278 100
        1. Die Voraussetzungen 279 100
        2. Die Bindungskraft 280 103
        3. Ungültige Vereinbarungen 281 104
    III. Die Rechtskraft 282 105
        1. Die formelle Rechtkraft 282 105
        2. Die materielle Rechtskraft 283 106
        3. Die Beseitigung der Rechtskraft 286 107
        4. Die Rechtskraft von Beschlüssen 287 107

§ 12 **Rechtsmittel und außerordentliche Rechtsbehelfe** 288 108
    I. Allgemeines 288 108
        1. Allgemeine Zulässigkeitsvoraussetzungen der
           Rechtsmittel 290 108
        2. Das Verbot der reformatio in peius 292 109
        3. Die Teilanfechtung 293 109
        4. Verzicht und Rücknahme 294 110
    II. Die Berufung 296 111
        1. Die Einlegung 297 111
        2. Die Entscheidungsmöglichkeiten 298 111
    III. Die Revision 299 112
        1. Die Einlegung 300 112
        2. Die Revisionsgründe 301 113
           a) Verfahrensrüge 302 113
           b) Sachrüge 305 114
        3. Die Entscheidungsmöglichkeiten 306 115
        4. Die Revisionserstreckung 308 115
    IV. Die Beschwerde 309 115
        1. Arten, Einlegung und Ausschluss der Beschwerde 309 115

			313	116
	2.	Die Entscheidungsmöglichkeiten	313	116
	V.	Die Wiedereinsetzung in den vorigen Stand	314	117
	VI.	Die Wiederaufnahme des Verfahrens	316	117

§ 13 Besondere Verfahren 318 118

    I. Das Strafbefehlsverfahren 318 118
    II. Das beschleunigte Verfahren 321 119
    III. Das Privatklageverfahren 322 119
    IV. Die Nebenklage 323 120
    V. Das Adhäsionsverfahren 324 120

Wiederholungsfragen 121

Sachverzeichnis 127

Abkürzungsverzeichnis

a.A.	andere Ansicht
a.a.O.	am angegebenen Ort
Abs.	Absatz
a.F.	alte Fassung
AG	Amtsgericht
Arg.	Argument
BGH	Bundesgerichtshof
BGHSt	Entscheidungen des Bundesgerichtshofs in Strafsachen
BRAO	Bundesrechtsanwaltsordnung
BT-Drucks.	Bundestagsdrucksache
BVerfGE	Entscheidungen des Bundesverfassungsgerichts
diff.	differenzierend
d.h.	das heißt
EMRK	Europäische Konvention zum Schutze der Menschenrechte und Grundfreiheiten
f, ff.	folgend (e)
GG	Grundgesetz
ggf.	gegebenenfalls
grds.	grundsätzlich
GrS	Großer Senat
GVG	Gerichtsverfassungsgesetz
h.L.	herrschende Lehre
h.M.	herrschende Meinung
Hs.	Halbsatz
i.d.R.	in der Regel
i.e.S.	im engeren Sinne
insb.	insbesondere
i.S.v.	im Sinne von
i.V.m.	in Verbindung mit
i.w.S.	im weiteren Sinne
JGG	Jugendgerichtsgesetz
krit.	kritisch
LG	Landgericht
LOStA	Leitender Oberstaatsanwalt
m.w.N.	mit weiteren Nachweisen
NJW	Neue Juristische Wochenschrift

Abkürzungsverzeichnis

NStZ	Neue Zeitschrift für Strafrecht
OLG	Oberlandesgericht
RegE	Regierungsentwurf
RiStBV	Richtlinien für das Straf- und Bußgeldverfahren
Rn.	Randnummer
Rspr.	Rechtsprechung
S.	Satz
sog.	sogenannt
StA	Staatsanwaltschaft
StGB	Strafgesetzbuch
StPO	Strafprozessordnung
StrVerfAusgG	Gesetz zur effektiveren und praxistauglicheren Ausgestaltung des Strafverfahrens
StV	Strafverteidiger (Zeitschrift)
TKÜ	Telekommunikationsüberwachung
t.v.A.	teilweise vertretene Ansicht
v.a.	vor allem
vgl.	vergleiche
z.B.	zum Beispiel

Literaturverzeichnis

Lehrbücher

Beulke	*Beulke, Werner*, Strafprozessrecht, 13. Aufl. 2016. Zitiert: *Beulke*
Fezer	*Fezer, Gerhard*, Strafprozessrecht, 2. Aufl. 1995. Zitiert: *Fezer*
Haller/Conzen	*Haller, Klaus/Conzen, Klaus*, Das Strafverfahren, 7. Aufl. 2014. Zitiert: *Haller/Conzen*
Heger	*Heger, Martin*, Strafprozessrecht, 2013. Zitiert: *Heger*
Heinrich/Reinbacher	*Heinrich, Bernd/Reinbacher, Tobias*, Examinatorium Strafprozessrecht, 2. Aufl. 2017. Zitiert: *Heinrich/Reinbacher*
Hellmann	*Hellmann, Uwe*, Strafprozessrecht, 2. Aufl. 2006. Zitiert: *Hellmann*
Kindhäuser	*Kindhäuser, Urs*, Strafprozessrecht, 4. Aufl. 2015. Zitiert: *Kindhäuser*
Klesczewski	*Klesczewski, Diethelm*, Strafprozessrecht, 2. Aufl. 2013. Zitiert: *Klesczewski*
Kramer	*Kramer, Bernhard*, Grundlagen des Strafverfahrensrechts, 8. Aufl. 2014. Zitiert: *Kramer*
Krey	*Krey, Volker*, Deutsches Strafverfahrensrecht Bd. 1, 2006, Bd. 2, 2007. Zitiert: *Krey*
Kühne	*Kühne, Hans-Heiner*, Strafprozessrecht, 9. Aufl. 2015. Zitiert: *Kühne*
Lesch	*Lesch, Heiko Hartmut*, Strafprozessrecht, 2. Aufl. 2001. Zitiert: *Lesch*
Murmann	*Murmann, Uwe*, Prüfungswissen Strafprozessrecht, 3. Aufl. 2015. Zitiert: *Murmann*
Ostendorf	*Ostendorf, Heribert*, Strafprozessrecht, 2. Aufl. 2015. Zitiert: *Ostendorf*
Putzke/Scheinfeld	*Putzke, Holm/Scheinfeld, Jörg*, Strafprozessrecht, 7. Aufl. 2017. Zitiert: *Putzke/Scheinfeld*
Roxin/Schünemann	*Roxin, Claus/Schünemann, Bernd*, Strafverfahrensrecht, 29. Aufl. 2017. Zitiert: *Roxin/Schünemann*
Schroeder/Verrel	*Schroeder, Friedrich-Christian/Verrel, Torsten*, Strafprozessrecht, 7. Aufl. 2017. Zitiert: *Schroeder/Verrel*
Volk/Engländer	*Volk, Klaus/Engländer, Armin*, Grundkurs StPO, 8. Aufl. 2013. Zitiert: *Volk/Engländer*

Kommentare

AnwK	Anwaltkommentar Strafprozessordnung (Hrsg. *Krekeler/Löffelmann*), 2. Aufl. 2010. Zitiert: AnwK-*Bearbeiter*
BeckOK	Beck'scher Online-Kommentar Strafprozessordnung (Hrsg. *Graf*), Stand: 1.10.2016. Zitiert: BeckOK-*Bearbeiter*
DDRK	*Dölling, Dieter/Duttge, Gunnar/Rössner, Dieter/König, Stefan*, Gesamtes Strafrecht, 4. Aufl. 2017. Zitiert: DDRK-*Bearbeiter*
Eisenberg	*Eisenberg, Ulrich*, Beweisrecht der StPO, 10. Aufl. 2017. Zitiert: *Eisenberg*
HK	Heidelberger Kommentar zur Strafprozessordnung (Hrsg. *Gercke* u.a.), 5. Aufl. 2012. Zitiert: HK-*Bearbeiter*
Joecks	*Joecks, Wolfgang*, Studienkommentar Strafprozessordnung, 4. Aufl. 2015. Zitiert: *Joecks*

Literaturverzeichnis

KK	Karlsruher Kommentar zur Strafprozessordnung (Hrsg. *Hannich*), 7. Aufl. 2013. Zitiert: KK-*Bearbeiter*
KMR	KMR Kommentar zur Strafprozessordnung (Hrsg. *von Heintschel-Heinegg/Stöckel*), Loseblatt, Stand November 2017. Zitiert: KMR-*Bearbeiter*
LR	Löwe-Rosenberg (Hrsg. *Erb u.a.*) Die Strafprozessordnung und das Gerichtsverfassungsgesetz mit Nebengesetzen, 26. Aufl. 2007 ff. 27. Aufl. 2016. Zitiert: LR-*Bearbeiter*
Meyer-Goßner/ Schmitt	*Meyer-Goßner, Lutz/Schmitt, Bertram*, Strafprozessordnung, 59. Aufl. 2016. Zitiert: *Meyer-Goßner/Schmitt*
MüKo	Münchener Kommentar zur Strafprozessordnung (Hrsg. *Kudlich*), 2014 ff. Zitiert: MüKo-*Bearbeiter*
Radtke/Hohmann	*Radtke, Henning/Hohmann, Olaf*, Strafprozessordnung, 2011. Zitiert: Radtke/Hohmann-*Bearbeiter*
SK	Systematischer Kommentar zur Strafprozessordnung und zum Gerichtsverfassungsgesetz (Hrsg. *Degener* u.a.), 5. Aufl. 2015 f. Zitiert: SK-*Bearbeiter*
SSW	*Satzger, Helmut/Schluckebier, Wilhelm/Widmaier, Gunter*, Strafprozessordnung, 3. Aufl. 2018. Zitiert: SSW-*Bearbeiter*

§ 1 Überblick über Ziele, Quellen und Gang des Strafverfahrens

I. Ziele des Strafverfahrens

Das materielle Strafrecht bestimmt, welche Verhaltensweisen als Straftat gelten und mit welchen Sanktionen sie geahndet werden sollen. Hingegen regelt das Strafprozessrecht, auf welche Weise das Vorliegen einer Straftat ermittelt und die Strafverfolgung durchgesetzt wird. Dabei dient das Strafverfahren drei grundlegenden Zielen:

- **Wahrheit:** Niemand soll zu Unrecht bestraft werden. Das Strafverfahren bezweckt die Feststellung des Sachverhaltes, wie er sich tatsächlich abgespielt hat, um auf dieser Grundlage eine materiell-rechtlich richtige Entscheidung treffen zu können.
- **Rechtsstaatlichkeit:** Niemand soll unverhältnismäßigen Eingriffen und einem Missbrauch staatlicher Machtmittel ausgesetzt werden. Das Strafverfahren bezweckt daher eine rechtsstaatliche Steuerung der Strafverfolgung.
- **Rechtsfrieden:** Das Strafverfahren soll schließlich durch eine abschließende verbindliche Entscheidung die Geltung der Rechtsordnung bekräftigen und dadurch Rechtsfrieden schaffen.

Freilich harmonieren diese Ziele nicht notwendig miteinander; sie können u.U. auch miteinander in Konflikt geraten.

Fall 1a: A ist angeklagt, seine Ehefrau getötet zu haben. Da die Leiche niemals gefunden wurde, kommt als einziges Beweismittel ein Zeugenbeweis durch den Polizisten P in Betracht, demgegenüber A nach Dunkelhaft und ständigem Stören im Schlaf ein – später widerrufenes – Geständnis abgelegt hatte.

Lösung: Hier besagt die Regelung des § 136a Abs. 1, Abs. 3 S. 2 StPO (verbotene Vernehmungsmethoden), dass das Geständnis des A nicht verwertet werden darf. Das Ziel der Wahrheitsfindung muss damit hinter das kollidierende Ziel eines rechtsstaatlichen Verfahrens zurücktreten. A wäre demzufolge freizusprechen.

Fall 1b: Jahre später brüstet sich der rechtskräftig freigesprochene A gegenüber seinem Freund F damit, seine Ehefrau getötet und die Leiche beseitigt zu haben, ohne dass ihm die Ermittlungsbehörden auf die Schliche gekommen seien.

Lösung: Hier ist nach § 362 Nr. 4 StPO ausnahmsweise eine Wiederaufnahme des Verfahrens zu Ungunsten des A zulässig. Die Urteilsgrundlage gilt in einem solchen Fall als so erschüttert, dass das Ziel eines fortdauernden Rechtsfriedens durch eine rechtskräftige Entscheidung hinter dem Ziel der Wahrheitsfindung zurückstehen muss. A könnte so in einer neuen Hauptverhandlung wegen Totschlags oder Mordes verurteilt werden.

II. Quellen des Strafverfahrens

3 Strafprozessuale Vorschriften finden sich nicht nur in der StPO, sondern in vielen Gesetzen. Dabei sind vor allem zu beachten:

StPO: Sie stellt die Hauptquelle des Verfahrensrechts dar und regelt insb. den Ablauf des Verfahrens.

GVG: Das GVG bestimmt Aufbau, Zusammensetzung und Zuständigkeit der Gerichte und die Organisation der StA.

GG: Prozessrelevant sind insb. das Rechtsstaatsprinzip in Art. 20 Abs. 3 GG, die Regelungen über die Judikative in Art. 92 ff. GG sowie die grundrechtsgleichen Rechte aus Art. 101, 103, 104 GG.

JGG: Hier werden die Besonderheiten des Verfahrens gegen Jugendliche und Heranwachsende geregelt.

StGB: Das StGB enthält Vorschriften zu Verfolgungsvoraussetzungen wie dem Strafantragsrecht, §§ 77 ff. StGB, und zu Verfolgungshindernissen wie der Verjährung, §§ 78 ff. StGB.

EMRK: Wichtig ist hier vor allem Art. 6 EMRK, der die grundlegenden Rechte des Angeklagten beinhaltet.

Neben diesen gesetzlichen Grundlagen sind noch die Richtlinien für das Straf- und Bußgeldverfahren (RiStBV) von besonderer Bedeutung. Diese Verwaltungsvorschriften leiten vor allem das genauere Vorgehen der StA.

III. Gang des Strafverfahrens

Das Strafverfahren lässt sich zunächst in zwei große Abschnitte untergliedern:

4 **Erkenntnisverfahren:** Hier wird geklärt, ob sich ein Beschuldigter einer Straftat schuldig gemacht hat. Das Erkenntnisverfahren besteht aus drei Teilen:

– **Ermittlungsverfahren:** Im Ermittlungsverfahren – auch Vorverfahren genannt – (§§ 160–177 StPO) ermittelt die StA (i.d.R. zunächst die Polizei, von sich aus oder auf Anweisung der StA), ob „genügender Anlass zur Erhebung der öffentlichen Klage" besteht, d.h. ob der Beschuldigte der Tat **hinreichend verdächtig** ist. Ergeben die Ermittlungen keinen solchen Verdacht oder erweist sich die Tat als nicht verfolgungswürdig, stellt die StA das Verfahren ein. Anderenfalls erhebt sie **Anklage**, § 170 Abs. 1 StPO (ausf. Rn. 96 ff.).

– **Zwischenverfahren:** Hat die StA Anklage erhoben, prüft das Gericht im Zwischenverfahren (§§ 199–211 StPO), ob der von der StA behauptete hinreichende Tatverdacht gegen den Angeschuldigten tatsächlich besteht. Bejaht es dies, beschließt das Gericht, das Hauptverfahren zu eröffnen und die Anklage zur Hauptverhandlung zuzulassen, §§ 203, 207 StPO (ausf. Rn. 181 ff.).

Schaubild 1: Ablauf des Erkenntnisverfahrens

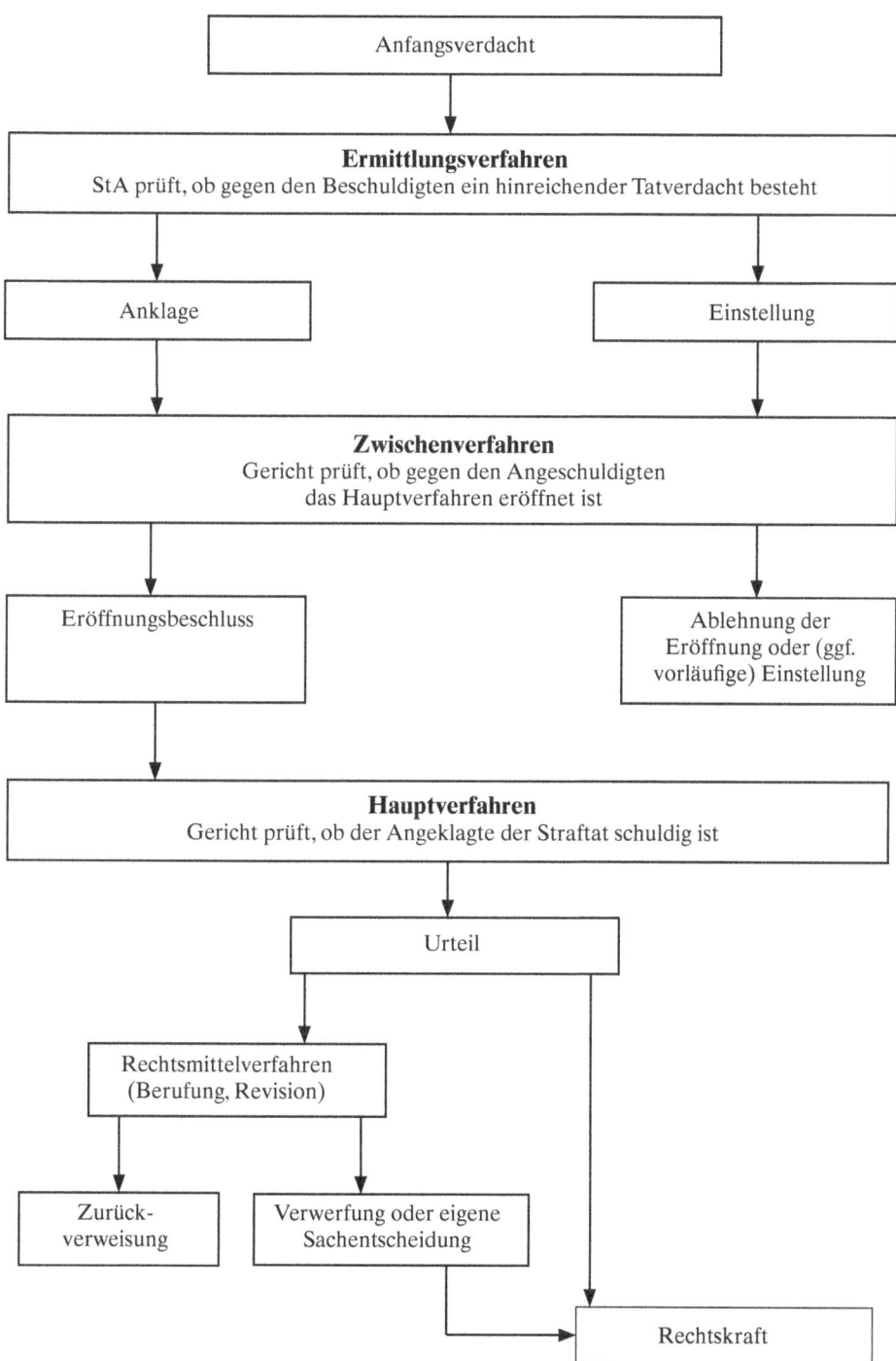

– **Hauptverfahren:** Im Hauptverfahren (§§ 213–358 StPO), das sich in die **Vorbereitung** (§§ 213 ff. StPO) und die **Durchführung** (§§ 226 ff. StPO) der Hauptverhandlung untergliedern lässt und das i.d.R. mit einem **Urteil** endet, § 260 StPO, wird geprüft, ob sich der Angeklagte tatsächlich der ihm vorgeworfenen Straftat schuldig gemacht hat. Der Hauptverhandlung erster Instanz kann sich noch ein **Rechtsmittelverfahren** (§§ 296 ff. StPO), d.h. **Berufung** (bei Urteilen des AG) und **Revision**, anschließen. Auch das Rechtsmittelverfahren ist noch Teil des Hauptverfahrens, da dieses erst mit einem rechtskräftigen Urteil endet (ausf. Rn. 186 ff.).

5 **Vollstreckungsverfahren:** Wird der Angeklagte rechtskräftig verurteilt, schließt sich an das Erkenntnisverfahren das von der StA geleitete Vollstreckungsverfahren (§§ 449–463d StPO) an.

§ 2 Die Prozessvoraussetzungen

I. Wichtige Prozessvoraussetzungen

6 Damit ein Gericht zu einem Sachurteil (= inhaltliche Entscheidung zu einem Anklagevorwurf durch Freispruch oder Verurteilung) gelangen kann, müssen bestimmte Zulässigkeitsbedingungen, sog. **Prozessvoraussetzungen**, erfüllt sein. Umstände, die vorliegen müssen, werden dabei als positive und Umstände, die nicht vorliegen dürfen, als negative Prozessvoraussetzungen bezeichnet. Das Fehlen einer Prozessvoraussetzung stellt ein Verfahrenshindernis dar. Es darf dann keine Entscheidung in der Sache ergehen, sondern das Verfahren ist durch Einstellung zu beenden. Prozessvoraussetzungen sind grds. in jedem Verfahrensstadium, in dem sie vorliegen müssen, **von Amts wegen** zu prüfen (zur Anwendbarkeit des in-dubio-Grundsatzes vgl. **Fall 6**).

7 Wichtige Prozessvoraussetzungen sind:
– **sachliche und örtliche Zuständigkeit** des Gerichts (vgl. Rn. 32 ff.)
– **Strafmündigkeit:** Personen unter vierzehn Jahren sind schuldunfähig, § 19 StGB und damit auch nicht strafmündig.
– **Verhandlungsfähigkeit:** Der Beschuldigte muss fähig sein, in und außerhalb der Verhandlung seine Interessen wahrzunehmen, die Verteidigung in verständlicher und verständiger Weise zu führen sowie Prozesserklärungen abzugeben und entgegenzunehmen.
– **keine anderweitige Rechtshängigkeit:** Das Verfahren darf noch nicht bei einem anderen Gericht rechtshängig sein. Die Rechtshängigkeit tritt nach h.M. mit Erlass des Eröffnungsbeschlusses ein (BGHSt 29, 341, 343; a.A. *Roxin/Schünemann*, § 40 Rn. 10).
– **keine entgegenstehende Rechtskraft:** Die Strafklage darf durch eine rechtskräftige Entscheidung in derselben Sache nicht bereits verbraucht sein, vgl. Art. 103 Abs. 3 GG.

- **keine Verjährung:** Die Verjährung ist geregelt in §§ 78 ff. StGB.
- **wirksamer Strafantrag bei Antragsdelikten** (es sei denn, der fehlende Antrag kann durch Bejahung eines besonderen öffentlichen Interesses ersetzt werden, vgl. Rn. 13)
- **wirksame Anklage und wirksamer Eröffnungsbeschluss:** Nach h.M. können allerdings noch **während der Hauptverhandlung** erster Instanz sowohl wesentliche Mängel der Anklageschrift und des Eröffnungsbeschlusses geheilt als auch ein fehlender Eröffnungsbeschluss nachgeholt werden (zu Letzterem BGHSt 29, 224; a.A. *Beulke*, Rn. 284).
- **kein Tod des Beschuldigten:** Auch beim Tod des Beschuldigten endet – entgegen der früheren Rspr. – das Verfahren allerdings nicht von selbst, sondern es muss eingestellt werden (BGHSt 45, 108).

Umstritten ist, ob auch eine **unzulässige Tatprovokation** ein Verfahrenshindernis begründet und somit zur Einstellung des Verfahrens zwingt (näher dazu unten Rn. 166). Vom 2. Senat des BGH wird das nunmehr bejaht (BGHSt 60, 276; a.A. der 1. Senat: BGHSt 60, 238).

Keine Verfahrenshindernisse sind dagegen nach h.M.: 8
- **überlange Verfahrensdauer** (vgl. Rn. 28)
- **begrenzte Lebenserwartung:** Eine Ausnahme gilt nur dann, wenn auf Grund des schlechten Gesundheitszustandes des Beschuldigten dessen Tod gerade durch das Strafverfahren mit an Sicherheit grenzender Wahrscheinlichkeit zu erwarten ist.

II. Fehlen von Prozessvoraussetzungen

Das **endgültige** Fehlen von Prozessvoraussetzungen, d.h. das Bestehen von endgültigen Verfahrenshindernissen, hat folgende Konsequenzen: 9
- **im Ermittlungsverfahren:** Die StA muss das Verfahren nach § 170 Abs. 2 StPO einstellen.
- **im Zwischenverfahren:** Das Gericht beschließt, das Hauptverfahren nicht zu eröffnen, § 204 StPO.
- **im Hauptverfahren:** Vor bzw. außerhalb der Hauptverhandlung wird das Verfahren durch Beschluss eingestellt, § 206a StPO; während der Hauptverhandlung ist das Verfahren durch **Prozessurteil**, d.h. ohne inhaltliche Entscheidung zum Anklagevorwurf, einzustellen, § 260 Abs. 3 StPO. Ausnahmsweise hat allerdings ein Urteil in der Sache zu ergehen, wenn bereits feststeht, dass der Angeklagte freizusprechen wäre – sog. **Vorrang des Freispruchs** vor der Einstellung.

Liegt hingegen nur ein **vorübergehendes** Verfahrenshindernis vor, wird das Verfahren 10 vor Anklageerhebung von der StA nach § 154f StPO und danach vom Gericht nach § 205 StPO **vorläufig eingestellt**. Im Hauptverfahren besteht alternativ auch die Möglichkeit einer Aussetzung oder Unterbrechung der Hauptverhandlung, § 228 StPO.

§ 3 Die Prozessmaximen

I. Das Rechtsstaatsprinzip

11 Aus dem Rechtsstaatsprinzip folgt für das Strafverfahren, dass es nach klaren Grundregeln ablaufen muss, vor einem **gesetzlich feststehenden** und **unabhängigen Richter** stattzufinden hat, Art. 97 Abs. 1, 101 Abs. 1 S. 2 GG, und die Beachtung der **Grundrechte** gewährleistet wird. Das bedeutet insbesondere:
- Der Beschuldigte darf nicht bloßes Untersuchungsobjekt sein, sondern er ist **Prozesssubjekt mit eigenen prozessualen Rechten**, Art. 1 Abs. 1 i.V.m. Art. 2 Abs. 1 GG.
- **Rechtliches Gehör**, Art. 103 Abs. 1 GG, muss grds. vor jeder nachteiligen Entscheidung gewährt werden.
- Die Aufklärung der Tat steht unter dem **Verbot jeglichen Willenszwangs** (vgl. § 136a StPO) und unter dem **Grundsatz der Verhältnismäßigkeit**.
- Die Verurteilung erfordert einen **zweifelsfreien Schuldbeweis**.

II. Das Offizialprinzip

1. Inhalt

12 Das Offizialprinzip besagt, dass die Einleitung und die Durchführung des Strafverfahrens allein **dem Staat** obliegt. Die Strafverfolgung erfolgt **von Amts wegen** (ex officio), d.h. auch unabhängig vom Willen des Opfers. Damit unterscheidet sich das Strafverfahren fundamental vom Zivilprozess, in dem die Parteien selbst über Einleitung und Betreiben des Verfahrens befinden. Einschränkungen und Ausnahmen unterliegt das Offizialprinzip allerdings bei den Antragsdelikten, den Ermächtigungsdelikten und den Privatklagedelikten.

2. Die Antragsdelikte

13 Bei den Antragsdelikten kann die Strafverfolgung zwar von Amts wegen begonnen werden (vgl. §§ 127 Abs. 3, 130 StPO), aber es darf grds. nicht ohne Strafantrag Anklage erhoben bzw. verurteilt werden. Dabei ist zu unterscheiden:
- **Reine Antragsdelikte:** Bei den reinen Antragsdelikten (z.B. Hausfriedensbruch, § 123 StGB; Haus- und Familiendiebstahl, § 247 StGB) ist das Vorliegen eines Strafantrages **zwingend**. Fehlt ein solcher und kann er auch nicht mehr gestellt werden, handelt es sich um ein endgültiges Prozesshindernis und das Verfahren muss eingestellt werden. Dabei ist das Vorliegen des Strafantrages grds. in jeder Phase des Verfahrens von Amts wegen zu prüfen.
- **Relative Antragsdelikte:** Bei den relativen Antragsdelikten (z.B. einfache vorsätzliche oder fahrlässige Körperverletzung, § 230 StGB) kann die StA den fehlenden

Strafantrag ersetzen, indem sie ein **besonderes öffentliches Interesse** an der Strafverfolgung bejaht. Das braucht sie nicht explizit zu tun; es genügt die konkludente Erklärung durch Erhebung der Anklage. Nach h.M. ist diese Entscheidung nicht gerichtlich überprüfbar (BGHSt 16, 225; für eine eingeschränkte Überprüfbarkeit *Kühne*, Rn. 298).

Fall 2: A ist wegen gefährlicher Körperverletzung nach §§ 223, 224 StGB angeklagt. In der Hauptverhandlung kann ihm jedoch ein Körperverletzungsvorsatz nicht nachgewiesen werden. Daher kommt nur noch eine Verurteilung wegen fahrlässiger Körperverletzung nach § 229 StGB in Betracht. Ein Strafantrag nach § 230 StGB ist allerdings nicht gestellt. Der StA erklärt, er mache keine Angaben zum öffentlichen Interesse.

Lösung: Nicht in jeder Anklageerhebung liegt konkludent die Bejahung des öffentlichen Interesses. Erfolgt die Anklage unter anderen rechtlichen Gesichtspunkten, etwa wegen des hinreichenden Verdachts einer Tat, bei der die StA – wie im vorliegenden Fall – eine Pflicht zur Strafverfolgung trifft, dann ist mit ihr noch keine Ermessensentscheidung über das Bestehen eines öffentlichen Interesses verbunden. Eine entsprechende Erklärung durch die StA kann zwar grds. jederzeit nachgeholt werden. Wird sie aber vom StA verweigert, obwohl die Verfahrenslage sie erfordert, gilt das öffentliche Interesse als verneint (BGHSt 19, 377, 379 ff.). Das Verfahren gegen A ist daher wegen eines Verfahrenshindernisses durch Prozessurteil nach § 260 Abs. 3 StPO einzustellen.

3. Die Ermächtigungsdelikte

Bei den Ermächtigungsdelikten (z.B. Verunglimpfung des Bundespräsidenten, § 90 StGB; Verfassungsfeindliche Verunglimpfung von Verfassungsorganen, § 90b StGB) ist die Strafverfolgung an die Ermächtigung eines bestimmten politischen Organs gebunden.

4. Die Privatklagedelikte

Im Falle eines Privatklagedelikts (vgl. Katalog des § 374 StPO) erfolgt eine Strafverfolgung durch die StA nur, wenn sie im **öffentlichen Interesse** liegt, § 376 StPO. Ansonsten kann der Verletzte die Straftat im Privatklageweg **selbst** verfolgen.

III. Das Akkusationsprinzip

Nach dem Akkusationsprinzip ist das Gericht zur Untersuchung einer Straftat nur befugt, wenn zuvor Anklage erhoben wurde, § 151 StPO. Staatliche Anklagebehörde ist allein die StA, § 152 Abs. 1 StPO; sie besitzt das **Anklagemonopol** (Ausnahme: bei Privatklagedelikten). Um eine strikte Trennung von Ankläger und Richter zu gewährleisten, bildet die StA dabei eine von den Gerichten unabhängige Instanz, § 150 GVG. Das Gericht ist bei seiner Untersuchung und Entscheidung an die in der Anklage bezeichnete Tat gebunden, §§ 155 Abs. 1, 264 Abs. 1 StPO. Als Tat gilt hier nach dem sog. **strafprozessualen Tatbegriff** nicht die materiell-rechtliche Straftat, sondern das gesamte Verhalten des Beschuldigten**, soweit es mit dem in der Anklage beschriebenen Sachverhalt nach allgemeiner Lebensauffassung einen **einheitlichen Vorgang** bildet (BGHSt 45, 211, 212; vgl. Rn. 275 f.).

IV. Das Legalitätsprinzip

1. Inhalt

17 Inhalt des Legalitätsprinzips ist die **rechtliche Pflicht** der StA, bei zureichenden tatsächlichen Anhaltspunkten – dem sog. **Anfangsverdacht** – Ermittlungen aufzunehmen und, sofern sich diese Anhaltspunkte zu einem **hinreichenden Tatverdacht** verdichten, Anklage zu erheben, §§ 152 Abs. 2, 160, 170 Abs. 1 StPO. Ein Anfangsverdacht liegt vor, wenn auf Grund der konkreten tatsächlichen Anhaltspunkte das Vorliegen einer verfolgbaren Straftat **nach kriminalistischer Erfahrung möglich** erscheint. Dabei steht der StA ein gewisser Beurteilungsspielraum zu (KK-*Diemer*, § 152 Rn. 8). Nach h.M. sind auch **Vorermittlungen** zulässig, mit denen das Vorliegen zureichender Anhaltspunkte geklärt werden soll (SSW-*Schnabl*, § 152 Rn. 8; krit. SK-*Wohlers*, § 163 Rn. 3).

Zweck des Legalitätsprinzips ist es, die Verfolgung jeder Straftat ohne Ansehen der Person des Täters sicherzustellen. Rechtlich abgesichert wird es prozessual durch das **Klageerzwingungsverfahren**, §§ 172 ff. StPO (vgl. dazu Rn. 114 ff.), und materiellstrafrechtlich durch den Straftatbestand der Strafvereitelung im Amt, § 258a StGB.

Das Legalitätsprinzip gilt nicht unbeschränkt. Die §§ 153 ff. StPO enthalten Ausnahmeregelungen, die die Strafverfolgungsbehörden aus Zweckmäßigkeitserwägungen zum Absehen von der Strafverfolgung berechtigen (vgl. dazu Rn. 108 ff.). Als Leitprinzip fungiert damit in diesen Fällen das **Opportunitätsprinzip**.

Im Einzelnen ist die Reichweite des Legalitätsprinzips umstritten. Problematisch sind dabei die Fälle des außerdienstlich erlangten Wissens und der Bindung an die höchstrichterliche Rspr.

2. Außerdienstlich erlangtes Wissen

18 Das Legalitätsprinzip gilt unbedingt bei dienstlicher Kenntniserlangung. Gewinnt dagegen ein Staatsanwalt oder ein Polizist auf privatem Weg Wissen über eine mögliche Straftat, muss das Legalitätsprinzip gegen sein Recht auf Schutz der Privatsphäre abgewogen werden.

Fall 3: StA S sitzt im Tennisklub auf der Vereinsterrasse und erfährt von seinem Doppelpartner D, dass ihr gemeinsamer Freund, der Lehrer T, die 17-jährige Schülerin O im Anschluss an den Sportunterricht bedrängt und „begrapscht" hat. S möchte die Sache unter den Tisch fallen lassen.
Lösung: Hier besteht ein Anfangsverdacht hinsichtlich eines sexuellen Missbrauchs von Schutzbefohlenen, § 174 Abs. 1 Nr. 2 StGB. Fraglich ist nun, ob S nicht nur ermitteln darf, sondern auch ermitteln **muss**: Eine t.v.A. lehnt eine Verfolgungspflicht bei außerdienstlicher

Kenntniserlangung vollständig ab (*Volk/Engländer*, § 8 Rn. 11). Die h.M. differenziert: Nach einer t.v.A. ist die Pflicht zur Verfolgung auf die im Katalog des § 138 StGB (*Roxin/Schünemann*, § 39 Rn. 3) oder des § 100a StPO (*Kramer*, Rn. 177) genannten Straftaten beschränkt. Eine a.A. grenzt danach ab, ob es sich bei der in Betracht kommenden Straftat um ein Vergehen oder ein Verbrechen handelt und bejaht eine Verfolgungspflicht nur bei Letzteren (HK-*Zöller*, § 158 Rn. 8). S wäre demnach nicht zur Strafverfolgung verpflichtet, da § 174 Abs. 1 Nr. 2 StGB weder in § 138 StGB genannt ist noch ein Verbrechen darstellt. Der BGH nimmt dagegen eine Pflicht zur Verfolgung auch außerhalb des Katalogs des § 138 StGB und unabhängig von der Klassifikation als Verbrechen oder Vergehen an, wenn es sich um Straftaten handelt, die nach Art und Umfang öffentliche Interessen in besonderem Maße berühren, so z.B. auch bei Umweltdelikten und bei organisierter Kriminalität (BGHSt 12, 277, 280 f.; 38, 388, 392). Diese Abgrenzungsformel erscheint jedoch auf Grund ihrer Vagheit und Ungenauigkeit durchaus problematisch – insb. im Hinblick auf die strafrechtlichen Konsequenzen aus § 258a StGB bei Nichtverfolgung (allerdings verneint das BVerfG einen Verstoß gegen das Bestimmtheitsgebot aus Art. 103 Abs. 2 GG; BVerfG NJW 2003, 1030). Folgt man dem BGH, ist im vorliegenden Fall ein besonderes öffentliches Interesse daran, dass im Schulwesen als Sonderrechtsverhältnis die Schüler vor sexuellen Übergriffen seitens des Lehrpersonals geschützt werden, wohl zu bejahen. S wäre demnach zur Strafverfolgung verpflichtet.

3. Die Bindung der StA an die höchstrichterliche Rechtsprechung

Umstritten ist ferner, ob das Legalitätsprinzip die StA nicht nur an das Gesetz, sondern auch an dessen **Interpretation** durch die höchstrichterliche Rspr. bindet.

Fall 4: Geschäftsfrau G bietet dem A 500 €, wenn er ihren Konkurrenten K mal so richtig „aufmischt". A geht zum Schein darauf ein und nimmt das Geld an. Er ist allerdings von vornherein fest entschlossen, die Tat nicht zu begehen und sieht nur eine günstige Gelegenheit, die G um die 500 € zu erleichtern. Kurze Zeit später fliegt die Sache auf. Die ermittelnde StA möchte das Verfahren gegen A einstellen. Sie hält die Rspr. des BGH, wonach auch zu verbotenen Zwecken eingesetztes Geld von § 263 StGB geschützt wird (vgl. BGHSt 29, 300; BGH NStZ 2002, 33), für falsch und möchte einer Auffassung aus dem Schrifttum folgen, die in diesen Fällen eine Strafbarkeit wegen Betruges ablehnt (so z.B. *Mitsch*, Strafrecht BT 2, 2. Aufl., 2003, § 7 Rn. 41 ff.).

Lösung: Eine t.v.A. lehnt eine Bindung der StA an die Rspr. (außer bei Urteilen des BVerfG, § 31 Abs. 2 BVerfGG) ab, weil die StA nach § 150 GVG ein von den Gerichten unabhängiges selbstständiges Rechtspflegeorgan sei und auch Art. 20 Abs. 3 GG nur an „Gesetz und Recht", nicht auch an die Rspr. binde (*Roxin/Schünemann*, § 9 Rn. 14). Nach einer a.A. ist zu differenzieren: Erachte die StA entgegen der Rspr. ein Verhalten für strafbar, sei sie an einer Anklage nicht gehindert, da anderenfalls eine Korrektur einer einmal etablierten Rspr. unmöglich würde (*Kleszczewski*, Rn. 95; a.A. *Kühne*, Rn. 143). Halte sie es aber anders als die Rspr. für straflos, müsse sie zumindest bei gefestigter Rspr. auf Grund ihrer Pflicht, auf eine einheitliche Rechtsanwendung zu achten, anklagen und versuchen, im gerichtlichen Verfahren auf eine Änderung der Rspr. hinzuwirken (*Beulke*, Rn. 89 f.). Zum gleichen Ergebnis gelangt hier auch der BGH, der die Bindungswirkung damit begründet, dass nach dem Gewaltenteilungsprinzip nur die Gerichte zur Entscheidung darüber befugt seien, ob ein Strafgesetz verletzt ist, und zudem anderenfalls die Einheit der Rechtsordnung gefährdet würde (BGHSt 15, 155, 158 ff.). Nach den letzten beiden Auffassungen müsste die StA hier anklagen.

19

V. Der Untersuchungsgrundsatz (Ermittlungs- oder Instruktionsprinzip)

20 Der Untersuchungsgrundsatz besagt, dass die StA und das Gericht verpflichtet sind, das wirkliche Geschehen von Amts wegen zu erforschen und aufzuklären. Sie müssen folglich auch unabhängig von Beweisanträgen Ermittlungen zur Wahrheitsfindung anstellen. Es gilt damit anders als im Zivilprozess, in dem das Gericht grds. nur über den von den Parteien beigebrachten Streitstoff befindet, das Prinzip der **materiellen Wahrheit**, §§ 160 Abs. 2, 244 Abs. 2 StPO. Besondere Probleme wirft in diesem Zusammenhang die Praxis der Urteilsabsprachen auf (näher dazu Rn. 277 f.).

VI. Der Unmittelbarkeitsgrundsatz

21 Nach dem Unmittelbarkeitsgrundsatz muss das Gericht die für die Urteilsfindung bedeutsamen Tatsachen in der Hauptverhandlung selbst feststellen, § 261 StPO. Das bedeutet insb., dass der mögliche Personalbeweis durch Vernehmung in der Hauptverhandlung nicht durch Verlesung des Protokolls über eine frühere Vernehmung oder eine Erklärung ersetzt werden darf, § 250 StPO (zu den vielfältigen Einschränkungen dieses Grundsatzes in den §§ 251 ff. StPO näher Rn. 227 ff.). Ein allgemeines Gebot, bei der Beweisaufnahme grds. das sachnächste Beweismittel zu verwenden, beinhaltet der Unmittelbarkeitsgrundsatz dagegen nach h.M. nicht (*Volk/Engländer*, § 18 Rn. 26); damit ist die Vernehmung eines Zeugen vom Hörensagen, d.h. eines Zeugen, der über die Äußerungen eines anderen Zeugen berichtet, prinzipiell zulässig.

VII. Das Mündlichkeitsprinzip

22 Das Mündlichkeitsprinzip besagt, dass bei der Entscheidungsfindung nur berücksichtigt werden darf, was in der Hauptverhandlung mündlich vorgetragen wurde, vgl. § 261 StPO. Damit ist ausgeschlossen, den bloßen Akteninhalt ohne mündliche Erörterung zur Urteilsgrundlage zu machen. Selbst beim Beweis durch Urkunden sind diese in der Hauptverhandlung grds. zu **verlesen**, § 249 Abs. 1 StPO. Allerdings kann von der Verlesung unter den Voraussetzungen des § 249 Abs. 2 StPO abgesehen werden, sog. **Selbstleseverfahren**.

Fraglich ist, ob es gegen das Mündlichkeitsprinzip verstößt, wenn die Schöffen vor oder während der Hauptverhandlung Einsicht in die Akten, insb. in die Anklageschrift, erhalten. Die frühere h.M. hat dies mit dem Argument bejaht, dass bei Schöffen im Unterschied zu den Berufsrichtern mangels entsprechender Schulung sonst die Gefahr bestehe, nicht zwischen den Eindrücken aus der Hauptverhandlung und jenen aus den Akten unterscheiden zu können (BGHSt 13, 73). Dagegen geht die jetzige h.M. von einem Akteneinsichtsrecht der Schöffen aus, da diese nach § 30 Abs. 1 GVG den Berufsrichtern gleichgestellt sind (SSW-*Güntge*, § 30 GVG Rn. 2; siehe auch BGHSt 43, 36, 39).

VIII. Der Grundsatz der freien richterlichen Beweiswürdigung

1. Inhalt

Das Gericht darf die Beweismittel nach freiem Ermessen würdigen, § 261 StPO. Es ist daher weder an ein Geständnis des Angeklagten, noch an Sachverständigengutachten oder andere feste Beweisregeln gebunden. Begrenzt wird dieser Grundsatz allerdings durch Bindungen an die **Regeln der Logik, gefestigte naturwissenschaftliche Erkenntnisse** (z.B. die Promillewerte zur Feststellung der Fahruntüchtigkeit), **gesetzliche Bestimmungen** (z.B. § 190 StGB, § 274 StPO) sowie **übergeordnete Verfahrensgrundsäze** – hier insb. die Beweisverwertungsverbote (zu diesen ausf. Rn. 251 ff.). 23

2. Das Schweigen des Angeklagten

Problematisch ist insbesondere, ob das Gericht ein prozessual zulässiges Schweigen des Angeklagten, § 243 Abs. 5 S. 1 StPO, frei würdigen darf. 24

> **Fall 5:** A ist der Untreue angeklagt. In der Hauptverhandlung macht er von seiner Aussagefreiheit Gebrauch. Das Gericht möchte dieses Schweigen gegen ihn verwenden, da ein Unschuldiger, der nichts zu verbergen habe, auch aussagen könne.
> **Lösung:** Aus einem **vollständigen Schweigen** des Angeklagten dürfen keine für ihn nachteiligen Schlussfolgerungen gezogen werden. Anderenfalls würden das **nemo-tenetur-Prinzip** (nemo tenetur se ipsum accusare: niemand ist verpflichtet, sich selbst zu belasten) unterlaufen und die Rechte des Beschuldigten entwertet. Gleiches gilt auch für ein **zeitweises Schweigen**, bei dem der Angeklagte sich zunächst nicht äußert und erst zu einem späteren Zeitpunkt entlastende Angaben macht (BGH NStZ 2014, 666). Anders verhält es sich nach h.M. bei einem **teilweisen Schweigen**. Darunter versteht man die Fälle, in denen sich der Angeklagte zwar grundsätzlich zur Sache einlässt, dann aber auf bestimmte Fragen keine oder nur unvollständige Antworten gibt. Durch seine prinzipielle Einlassung macht sich der Angeklagte hier selbst freiwillig zum Beweismittel und setzt sich damit der freien Beweiswürdigung aus (BGHSt 20, 298, 300; krit. KMR-*Stuckenberg*, § 261 Rn. 58). Da A sich hier grundsätzlich auf seine Aussagefreiheit beruft, darf das Gericht sein Schweigen nicht gegen ihn verwenden. Die gleichen Grundsätze gelten i.Ü. auch bei einem Zeugen, der berechtigterweise von einem Zeugnisverweigerungsrecht Gebrauch macht (BGHSt 22, 113).

IX. Der Grundsatz „in dubio pro reo"

Gelingt es dem Gericht nach Ausschöpfung aller prozessual zulässigen Beweismittel nicht, den Sachverhalt nach seiner Überzeugung zweifelsfrei zu klären, ist von der für den Angeklagten günstigeren Möglichkeit auszugehen. Die Rechtsgrundlage hierfür bilden Art. 6 Abs. 2 EMRK und das Schuldprinzip i.V.m. § 261 StPO. 25

Unstreitig gilt der in-dubio-Grundsatz für Tatsachen, die die **Schuld- und Straffrage** (z.B. die Strafzumessung) betreffen. Keine Anwendung findet er dagegen ebenso unstreitig bei der Gesetzesinterpretation. Nach h.M. gilt er ferner nicht bei sonstigen materiellen und prozessualen Rechtsfragen (z.B. hinsichtlich des Vorliegens von Verfahrensfehlern; BGHSt 16, 164, 167; krit. *Kühne*, Rn. 966). Umstritten ist allerdings, ob der in-dubio-Grundsatz auf **Prozessvoraussetzungen** anwendbar ist.

> **Fall 6:** A ist wegen Unterschlagung angeklagt. In der Hauptverhandlung kann nicht mehr geklärt werden, ob die Tat zum Zeitpunkt der ersten Vernehmung bereits etwas mehr als fünf Jahre zurücklag oder ob noch keine fünf Jahre vergangen waren.
> **Lösung:** Läge die Tat länger als fünf Jahre zurück, wäre sie nach § 78 Abs. 3 Nr. 4 StGB verjährt. Eine Unterbrechung i.S.v. § 78c Nr. 1 StGB käme nicht mehr in Betracht. Es wäre somit ein Verfahrenshindernis gegeben. Anderenfalls könnte A hingegen noch verurteilt werden. Während früher der in-dubio-Grundsatz vorwiegend auf das Schuldprinzip bezogen und damit seine Anwendung auf Prozessvoraussetzungen abgelehnt wurde, plädiert inzw. ein Teil des Schrifttums für seine generelle Geltung auch in diesem Bereich. Da die Prozessvoraussetzungen fundamentale rechtsstaatliche Bedingungen eines Sachurteils darstellten, müsse im Zweifelsfall das Verfahren eingestellt werden (z.B. *Volk/Engländer*, § 14 Rn. 10; krit. *Krey*, Bd. 1 Rn. 11). Der BGH will dies für jede einzelne Prozessvoraussetzung gesondert bestimmen, bejaht die Anwendbarkeit des in-dubio-Grundsatzes aber jedenfalls für die Verjährung (BGHSt 18, 274), die Verhandlungsfähigkeit (BGH NStZ 1984, 520) und den Strafklageverbrauch (BGH NStZ 2010, 160). Das Gericht hat hier daher das Verfahren gegen A nach dem in-dubio-Satz wegen Verjährung einzustellen.

X. Der Grundsatz der Öffentlichkeit

26 Gemäß dem Grundsatz der Öffentlichkeit muss die Verhandlung vor dem erkennenden Gericht einschließlich der Verkündung des Urteils und der Beschlüsse öffentlich sein, § 169 GVG, Art. 6 EMRK. Das bedeutet, dass im Rahmen der tatsächlichen Gegebenheiten des Verhandlungsortes die Möglichkeit des Eintritts beliebiger Zuhörer zu gewährleisten ist. Dies gilt auch bei einem Termin außerhalb des Gerichtssaals (z.B. bei einer Vernehmung des erkrankten Angeklagten im Krankenhaus). Der Presse dürfen aufgrund ihrer besonderen Bedeutung Plätze reserviert werden. Gibt es mehr Bewerber als Plätze, muss ein faires Auswahlverfahren – ggf. unter Differenzierung nach Medienarten (z.B. Rundfunk, Print, ausländische Presse bei entsprechenden Bezügen des Falles) – durchgeführt werden (BVerfG NJW 2013, 1293). Zwecke der Herstellung der Öffentlichkeit sind der Schutz vor einer Geheimjustiz, die Stärkung des Vertrauens in die Rechtsprechung sowie die Berücksichtigung des Informationsinteresses der Allgemeinheit.

27 **Einschränkungen:** Dieses Zugangsrecht der Öffentlichkeit unterliegt aber bestimmten Schranken, die sich z.T. aus tatsächlichen Umständen, z.T. aber auch aus rechtlichen Gründen ergeben:
- Die Öffentlichkeit kann beschränkt werden, soweit dies zur **ordnungsgemäßen Durchführung des Verfahrens** notwendig ist (z.B. bei begrenztem Platz eine Auswahl nach dem Prioritätsprinzip oder die Ausgabe von Einlasskarten; mittelbare Beschränkung durch Ausweiskontrollen, Durchsuchungen auf Waffen). Unzulässig ist allerdings die Einschränkung ohne triftigen Grund (z.B. die Wahl eines kleineren Sitzungssaals allein, um dadurch eine kleinere Zuhörerzahl zu erreichen).

Fall 7: In einem spektakulären Mordprozess gegen den bekannten Schauspieler S herrscht enormes Publikumsinteresse. Der Vorsitzende Richter ordnet aus diesem Grund eine Verlegung des Verhandlungsortes in die Stadthalle an.

Lösung: Nicht nur eine willkürliche Beschränkung der Öffentlichkeit, sondern auch eine beliebige Erweiterung der Öffentlichkeit kann unzulässig sein. So ist die Verlegung der Verhandlung in eine große Halle nicht gestattet, sofern hierdurch der Angeklagte zum Schauobjekt gemacht wird und dies einen Verstoß gegen seine Menschenwürde begründet (*Meyer-Goßner/Schmitt*, § 169 GVG Rn. 5).

- Die **gesamte Öffentlichkeit** kann aus den in §§ 170 ff. GVG genannten Gründen zum **Schutz besonderer persönlicher oder öffentlicher Interessen** ausgeschlossen werden (z.B. zum Schutz der Intimsphäre eines Zeugen). Dem Schutz persönlicher Interessen dient auch § 48 JGG, nach dem die Hauptverhandlung gegen **Jugendliche** nichtöffentlich ist.
- Der Ausschluss **einzelner Personen** wird geregelt in §§ 175 ff. GVG. Darüber hinaus ist er auch aus vorrangigen Verfahrensgrundsätzen zulässig (z.B. bei Zeugen, Arg. aus § 58 Abs. 1 StPO).
- Schließlich bedeutet Öffentlichkeit nicht Publizität. Das Verbot von **Rundfunkaufnahmen** (Hörfunk/Fernsehen) sowie von sonstigen Ton- und Filmaufnahmen während der Verhandlung und der Urteilsverkündung zum Zweck der Veröffentlichung, § 169 Abs. 1 S. 2 GVG, verstößt damit nicht gegen den Öffentlichkeitsgrundsatz und ist auch verfassungskonform (BVerfGE 103, 44). Allerdings hat der Gesetzgeber jüngst verschiedene Ausnahmeregelungen eingefügt. Mit Genehmigung des Gerichts sind
  - für die Presse Tonübertragungen (nicht dagegen auch Bildübertragungen) in einen Medienarbeitsraum möglich, § 169 Abs. 1 S. 3 GVG,
  - bei zeitgeschichtlich herausragenden Verfahren (wie z.B. dem NSU-Prozess) Tonaufnahmen zu wissenschaftlichen und historischen Zwecken zulässig, § 169 Abs. 2 GVG,
  - in besonderen Fällen Ton- und Filmaufnahmen von Entscheidungsverkündungen des BGH erlaubt, § 169 Abs. 3 GVG.

Es entscheidet dabei stets das Gericht im Einzelfall nach pflichtgemäßem Ermessen. Sein Beschluss ist nicht anfechtbar, § 169 Abs. 4 GVG. Mitschriften sind dagegen immer zulässig.

XI. Der Beschleunigungsgrundsatz

Der aus Art. 20 Abs. 3 GG, Art. 6 Abs. 1 EMRK abgeleitete Beschleunigungsgrundsatz besagt, dass der Beschuldigte **innerhalb eines angemessenen Zeitrahmens** vor Gericht zum Strafvorwurf gehört werden und Klarheit erhalten muss. Die Verletzung dieses Gebotes führt nach h.M. indes nicht zu einem Verfahrenshindernis; jedoch ist im Falle der Verurteilung in der Urteilsformel auszusprechen, dass zur Entschädigung für die überlange Verfahrensdauer ein bezifferter Teil der verhängten Strafe als **vollstreckt** gilt (BGHSt 52, 124). Ist eine solche Wiedergutmachung nicht möglich (z.B. beim Freispruch) oder hat der Beschuldigte auch einen Vermögensschaden erlitten, kommt eine Entschädigung nach Maßgabe der §§ 198, 199 GVG in Betracht. Ausnahmsweise kann allerdings in extremen Fällen auf Grund der schwerwiegenden Belastungen des Beschuldigten die Fortsetzung des Verfahrens aus rechtsstaatlichen Gründen nicht mehr hinnehmbar sein, sodass dann das Verfahren einzustellen ist (BGHSt 46, 159).

29 **Konzentrationsmaxime:** Eine Konkretisierung des Beschleunigungsgrundsatzes für die Hauptverhandlung bildet die Konzentrationsmaxime. Danach soll die Hauptverhandlung möglichst in einem Zug durchgeführt werden; die Möglichkeiten einer **Unterbrechung** sind entsprechend begrenzt, §§ 228 Abs. 1, 229 StPO. Bei längeren Verzögerungen muss das Verfahren **ausgesetzt** werden, was eine komplett neue Hauptverhandlung erforderlich macht, §§ 228 Abs. 1 S. 1, 1. Alt, 229 Abs. 4 StPO.

> **Fall 8:** In der Hauptverhandlung gegen den Angeklagten A wird der Zeuge X vernommen. Anschließend unterbricht die Vorsitzende Richterin die Verhandlung für 14 Tage. Im nächsten Termin werden lediglich die Einträge des A in das Bundeszentralregister verlesen und die Verhandlung dann für weitere 14 Tage bis zur Vernehmung des Zeugen Y unterbrochen.
>
> **Lösung:** Zur Fristwahrung i.S.d. § 229 Abs. 1 StPO kommen nur solche Termine in Betracht, die das Verfahren **sachlich fördern.** Bloße **Schiebetermine** – wie die ausschließliche Verlesung von Briefen oder Registerauszügen – bleiben dagegen unberücksichtigt und setzen keine neue Frist in Gang (BGH NJW 1996, 3019). Das bedeutet, dass das Verfahren hier erst nach vier Wochen fortgesetzt wurde. Damit muss das Verfahren nach § 229 Abs. 4 S. 1 StPO von neuem begonnen werden.

XII. Das Prinzip „nemo tenetur se ipsum accusare"

30 Der Beschuldigte darf **nicht gezwungen** werden, an seiner eigenen Überführung **aktiv mitzuwirken.** Dieser aus Art. 2 Abs. 1 i.V.m. Art. 1 Abs. 1 GG abgeleitete Grundsatz wird in der StPO insb. durch ein umfassendes Schweigerecht des Beschuldigten im Ermittlungs- und Hauptverfahren abgesichert, §§ 136 Abs. 1 S. 2, 243 Abs. 5 S. 1 StPO. Allerdings muss er Angaben zur Person machen und ggf. körperliche Eingriffe **dulden,** § 81a StPO. Umstritten ist, ob der nemo-tenetur-Grundsatz den Beschuldigten auch vor **täuschungsbedingten Selbstbelastungen** schützen soll (näher dazu **Fälle 52a–52d**).

XIII. Der Grundsatz des fairen Verfahrens (fair trial)

31 In zunehmendem Maße greifen Rspr. und Lit. zur Begründung von Rechten und Pflichten der am Strafverfahren Beteiligten direkt auf den aus der Verfassung abgeleiteten (Art. 1 Abs. 1, 20 Abs. 3, 101 Abs. 1 S. 2, 103 Abs. 1 GG) Grundsatz des fairen Verfahrens zurück. Genauer Inhalt und Reichweite dieser Prozessmaxime sind allerdings noch nicht abschließend geklärt (vgl. näher LR-*Kühne*, Einl Abschn. I Rn. 103 ff.). Jedenfalls kann man aber in ihr die Direktive sehen, dass in Konfliktsituationen die Interessen des Beschuldigten nicht einfach zu Gunsten der Effizienz der Strafrechtspflege geopfert werden dürfen (*Volk/Engländer*, § 18 Rn. 9). Besondere Bedeutung kommt dem fair-trial-Prinzip in der Rspr. des EGMR zu, der die in Art. 6 Abs. 1 u. 3 EMRK aufgeführten Justizgrundrechte als Ausprägungen eines übergreifenden Rechts auf ein faires Verfahren versteht. Dabei kommt es nach dem EGMR immer auf die Fairness des Verfahrens in seiner **Gesamtheit** an (Prinzip der Gesamtabwägung); ein Verstoß gegen einzelne Verfahrensgarantien begründet daher keine Verletzung des fair trial-Prinzips, wenn das Verfahren insgesamt noch fair war (näher dazu *Esser*, Europäisches und Internationales Strafrecht, 2. Aufl. 2018, § 9 Rn. 218 ff.).

§ 4 Die Gerichtszuständigkeit und -organisation

I. Die sachliche Zuständigkeit in der ersten Instanz

Die sachliche Zuständigkeit der Gerichte wird durch das GVG bestimmt, § 1 StPO. Dort wird festgelegt, auf welcher Stufe die Sache in der ersten Instanz beginnt: ob beim AG, LG oder OLG. Der BGH wird nie in erster Instanz tätig, sondern nur im Revisionsverfahren.

1. Das Amtsgericht

Das AG ist nach § 24 Abs. 1 GVG zuständig

- wenn nicht die **zwingende Zuständigkeit** des LG oder OLG begründet ist (Nr. 1),
- nicht eine höhere Strafe als **vier Jahre Freiheitsstrafe** oder die Unterbringung in einem psychiatrischen Krankenhaus oder in Sicherungsverwahrung zu erwarten ist (Nr. 2), und
- nicht die StA wegen der **besonderen Schutzbedürftigkeit** von Verletzten der Straftat, die als Zeugen in Betracht kommen (v.a. aufgrund besonderer Belastungen, die mutmaßlich mit ihrer Vernehmung verbunden sein werden, vgl. Abs. 1 S. 2), oder wegen des **besonderen Umfangs** oder der **besonderen Bedeutung** Anklage beim LG erhebt (Nr. 3).

Fall 9: Bauunternehmer B ist der Bestechung in einem besonders schweren Fall nach §§ 334, 335 StGB hinreichend verdächtig. Der Fall hat dabei große Aufmerksamkeit in den Medien und der Öffentlichkeit erfahren. Obwohl keine höhere Strafe als vier Jahre Freiheitsstrafe zu erwarten ist, entschließt sich die StA deshalb, Anklage beim LG zu erheben. B hält dies für nicht zulässig: Die Bestimmung des gesetzlichen Richters dürfe sich nicht nach der „Sensationslust" der Öffentlichkeit richten.

Lösung: Nach h.M. verstößt die **bewegliche Zuständigkeitsregelung** des § 24 Abs. 1 Nr. 3 GVG nicht gegen das Recht auf den gesetzlichen Richter aus Art. 101 Abs. 1 S. 2 GG (BVerfGE 9, 223; krit. SK-*Degener*, § 24 GVG Rn. 23 ff.). Die StA verfügt hier über keinen Ermessensspielraum. Vielmehr ist sie bei Vorliegen eines besonderen Umfangs bzw. einer besonderen Bedeutung des Falls **verpflichtet**, Anklage beim LG zu erheben. Dabei

ist die Entscheidung der StA gerichtlich voll überprüfbar und kann ggf. nach § 209 StPO korrigiert werden. Ein besonderer Umfang bzw. eine besondere Bedeutung kommt einem Fall zu, wenn er sich aus tatsächlichen oder rechtlichen Gründen aus der Masse der durchschnittlichen Strafsachen nach oben abhebt. Als Kriterien gelten hierbei:
- das Ausmaß der Rechtsverletzung und die Auswirkungen der Straftat,
- der Umfang und die Schwierigkeit der zu erwartenden Beweisaufnahme,
- das Bedürfnis nach Klärung einer Grundsatzfrage durch den BGH,
- das Interesse der Medien und der Öffentlichkeit (vgl. BGHSt 44, 34, 36 f.).

Angesichts des öffentlichen Interesses hat die StA im vorliegenden Fall daher zutreffend Anklage beim LG erhoben.

34 Spruchkörper des AG sind der **Strafrichter** als Einzelrichter und das **Schöffengericht**, das aus **einem Berufsrichter** und **zwei Schöffen** (ehrenamtliche Richter, § 31 GVG) besteht, § 29 Abs. 1 GVG (bei besonders umfangreichen Sachen kann auf Antrag der StA ein zweiter Berufsrichter zugezogen werden, sog. erweitertes Schöffengericht, § 29 Abs. 2 GVG).

35 • **Strafrichter:** Der Strafrichter ist zuständig bei **Vergehen**, § 25 GVG
   - wenn sie im Wege der Privatklage verfolgt werden (Nr. 1), oder
   - wenn eine höhere Strafe als zwei Jahre Freiheitsstrafe nicht zu erwarten ist (Nr. 2).

Fall 10: Gegen den Angeklagten A wird das Hauptverfahren vor dem Strafrichter eröffnet. Der Strafrichter hält nach Durchführung der Beweisaufnahme eine Freiheitsstrafe von zwei Jahren und sechs Monaten für tat- und schuldangemessen.
Lösung: Stellt sich im Einzelfall die Straferwartung als falsch heraus, reicht die Strafgewalt des Einzelrichters bis zu Vierjahren Freiheitsstrafe, § 24 Abs. 2 GVG. Eine Verweisung an das Schöffengericht gem. § 270 StPO ist hier weder geboten noch zulässig (KK-*Barthe*, § 25 GVG Rn. 4).

36 • **Schöffengericht:** Das Schöffengericht urteilt über die Fälle der mittleren Kriminalität. Es ist zur Entscheidung aller in den Kompetenzbereich des AGs fallenden Strafsachen berufen, für die nicht der Strafrichter zuständig ist, § 28 GVG.

2. Das Landgericht

37 Das LG ist zuständig
   - für die in § 74 Abs. 2 GVG ausdrücklich aufgeführten Verbrechen sowie
   - für alle weiteren Verbrechen und Vergehen, die nicht in den Zuständigkeitsbereich des AG oder des OLG fallen, § 74 Abs. 1 GVG.

38 Spruchkörper des LG ist die **Strafkammer**, § 60 GVG. Besetzt ist die Strafkammer in der ersten Instanz mit **drei Berufsrichtern** und **zwei Schöffen** – sog. **große Strafkammer**, § 76 Abs. 1 S. 1, 1. Alt. GVG. Erscheint die Mitwirkung von drei Berufsrichtern nach Umfang oder Schwierigkeit der Sache nicht notwendig, beschließt die Kammer, in der Hauptverhandlung nur mit zwei Berufsrichtern zu tagen, § 76 Abs. 2 S. 3 Nr. 3, S. 4 GVG. Bleibt im Einzelfall zweifelhaft, welche Gerichtsbesetzung für die sachge-

rechte Verfahrensbehandlung geboten ist, gebührt der Dreierbesetzung wegen ihrer strukturellen Überlegenheit – sachgerechtere Aufteilung der Aufgaben, intensivere Würdigung des Tatsachenstoffes, bessere Bewältigung schwieriger Rechtsfragen – der Vorrang (BGH NJW 2010, 3045). Dauert die Hauptverhandlung voraussichtlich länger als zehn Tage oder ist die große Strafkammer als Wirtschaftsstrafkammer zuständig, darf von der Mitwirkung des dritten Berufsrichters in der Regel nicht abgesehen werden, § 76 Abs. 3 GVG. Eine begonnene Hauptverhandlung ist – abgesehen vom Ausnahmefall des § 76 Abs. 5 GVG – grds. in der einmal beschlossenen Besetzung zu Ende zu führen (BGH NStZ 2013, 181).

Neben der allgemeinen Strafkammer gibt es noch besondere Strafkammern, die sich allerdings in Besetzung und Kompetenz nicht von jener unterscheiden. Zuständig sind: 39
- für die Kapitaldelikte des § 74 Abs. 2 GVG die große Strafkammer (zwingend mit drei Berufsrichtern, § 76 Abs. 2 S. 3 Nr. 1 GVG) als **Schwurgericht**,
- für Wirtschaftsstrafsachen i.S.d. § 74c Abs. 1 GVG die **Wirtschaftsstrafkammer**, und
- für die Staatsschutzdelikte des § 74a GVG bei den Landgerichten, in deren Bezirk ein OLG seinen Sitz hat, die **Staatsschutzkammer** für den gesamten OLG-Bezirk.
- Ferner kann eine **Jugendschutzkammer** gebildet werden, § 74b GVG.

> **Fall 11:** Die StA möchte den A wegen Totschlags anklagen. Im Rahmen der Ermittlungen hat sich zudem ein hinreichender Tatverdacht hinsichtlich einer – mit dem Tötungsdelikt in keinem Zusammenhang stehenden – einfachen Nötigung ergeben.
>
> **Lösung:** Für den Totschlag ist die Zuständigkeit des Schwurgerichts beim LG gegeben, § 74 Abs. 2 Nr. 5 GVG; für die Nötigung wäre hingegen an sich (wohl) der Strafrichter beim AG zuständig, § 25 Nr. 2 GVG. Nach § 2 Abs. 1 S. 1 StPO können allerdings zusammenhängende Straftaten, die einzeln zur Zuständigkeit von Gerichten verschiedener Ordnung gehören würden, **verbunden** beim Gericht mit der **höheren Zuständigkeit** anhängig gemacht werden. Ein solcher Zusammenhang besteht u.a., wenn eine Person mehrerer Straftaten beschuldigt wird, § 3 StPO. Die StA kann somit hier sowohl den Totschlag als auch die Nötigung beim LG anklagen.

3. Das Oberlandesgericht

Das OLG ist zuständig für die in § 120 Abs. 1 GVG genannten Staatsschutzdelikte, des Weiteren für die in § 120 Abs. 2 GVG aufgeführten Straftaten, sofern der Generalbundesanwalt wegen der besonderen Bedeutung des Falles die Verfolgung übernimmt, und gem. § 120b GVG bei Bestechung/Bestechlichkeit von Mandatsträgern. 40

Spruchkörper des OLG ist der **Strafsenat**, § 116 GVG. Er entscheidet über die Eröffnung des Hauptverfahrens mit **fünf Berufsrichtern**. Bei Eröffnung beschließt er, dass er in der Hauptverhandlung mit **drei Berufsrichtern** besetzt ist, sofern nicht nach Umfang und Schwierigkeit der Sache die Mitwirkung zweier weiterer Richter erforderlich erscheint, § 122 Abs. 2 GVG. 41

II. Die örtliche Zuständigkeit in der ersten Instanz

Die örtliche Zuständigkeit der Gerichte (der Gerichtsstand) wird in §§ 7 ff. StPO geregelt.

42 **Ordentliche Gerichtsstände:** Hierbei handelt es sich insb. um
- den **Tatort**, § 7 StPO (zum Begriff des Tatorts vgl. § 9 Abs. 1 StGB),
- den **Wohnsitz** oder **Aufenthaltsort** des Angeschuldigten, § 8 StPO,
- den **Ergreifungsort**, § 9 StPO.

Weitere ordentliche Gerichtsstände finden sich in §§ 10–11a StPO. Bei mehreren Gerichtsständen kann die StA nach pflichtgemäßem Ermessen wählen. Ist das mehrfach geschehen, gilt der Prioritätsgrundsatz, § 12 Abs. 1 StPO.

43 **Außerordentliche Gerichtsstände:** Hierbei handelt es sich um
- den **Gerichtsstand des Zusammenhangs** für zusammenhängende Straftaten (§ 3 StPO), die einzeln zur Zuständigkeit verschiedener Gerichte gehören würden, § 13 StPO, und
- den **Gerichtsstand der gerichtlichen Bestimmung**, wenn ein ordentlicher Gerichtsstand nicht besteht, § 13a StPO, bei einem **Kompetenzstreit** zwischen mehreren Gerichten, § 14 StPO, wenn das an sich zuständige Gericht **verhindert** ist oder eine **Gefahr für die öffentliche Sicherheit** befürchtet, § 15 StPO.

III. Die Zuständigkeit in Rechtsmittelverfahren

44 **Landgericht:** Das LG entscheidet über **Berufungen** gegen Urteile des AG, § 74 Abs. 3 GVG. Zuständig ist dabei die **kleine Strafkammer**, d.h. **ein Berufsrichter** und **zwei Schöffen**, § 76 Abs. 1 S. 1, 2. Alt. GVG. Bei Berufungen gegen ein Urteil des erweiterten Schöffengerichts muss ein **zweiter Berufsrichter** zugezogen werden, § 76 Abs. 6 S. 1 GVG. Über **Beschwerden** gegen Verfügungen des Richters beim AG und Beschlüsse des AGs entscheidet die große Strafkammer **ohne** Mitwirkung der Schöffen, § 309 StPO, §§ 73, 76 Abs. 1 S. 2 GVG.

45 **Oberlandesgericht:** Das OLG entscheidet in der Besetzung von **drei Berufsrichtern**, § 122 Abs. 1 GVG, über die **Revision** gegen Berufungsurteile des LG, § 121 Abs. 1 Nr. 1b GVG, und über die **Sprungrevision** gegen Urteile des AG, § 335 Abs. 2 StPO i.V.m. §§ 74 Abs. 3, 121 Abs. 1 Nr. 1b GVG (sowie die sehr seltenen Fälle des § 121 Abs. 1 Nr. 1c GVG). Ferner entscheidet es über die Beschwerden gegen Beschlüsse des LG, § 121 Abs. 1 Nr. 2, 3 GVG.

46 **Bundesgerichtshof:** Der BGH entscheidet über die **Revision** gegen erstinstanzliche Urteile des OLG und des LG (soweit nicht ein Fall des § 121 Abs. 1 Nr. 1c GVG vorliegt, § 135 GVG. Spruchkörper ist der **Strafsenat**, § 130 Abs. 1 GVG. Er entscheidet über Revisionen in der Besetzung mit **fünf Berufsrichtern**, § 139 Abs. 1 GVG. Ferner entscheidet der BGH, i.d.R. mit **drei Berufsrichtern**, über bestimmte Beschwerden (§§ 135 Abs. 2, 139 Abs. 2 GVG).

Schaubild 2: Instanzenzug

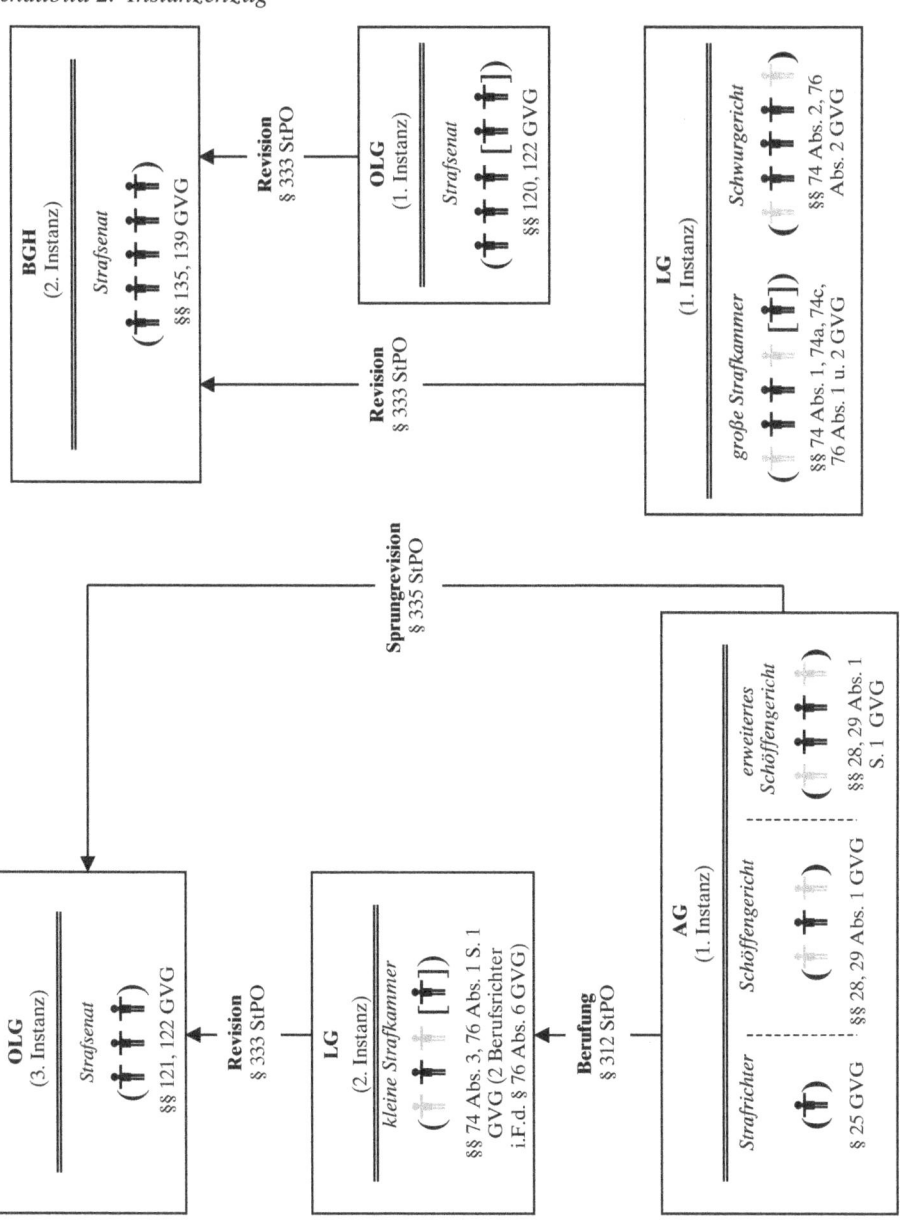

IV. Die Zuständigkeit des EGMR

47 Vor dem EGMR (Europäischer Gerichtshof für Menschenrechte) mit Sitz in Straßburg kann jedermann gem. Art. 34 EMRK **Verletzungen seiner EMRK-Grundrechte** geltend machen, wenn er den innerstaatlichen Rechtsweg erschöpft hat und seit der endgültigen innerstaatlichen Entscheidung nicht mehr als sechs Monate verstrichen sind, Art. 35 EMRK (ausf. zum Ganzen *Esser*, Europäisches und Internationales Strafrecht, 2. Aufl. 2018, § 9 Rn. 4 ff.) Über die Individualbeschwerde entscheidet i.d.R. die **Kammer**, Art. 27, 29 EMRK.

48 Im Falle eines EMRK-Verstoßes kann der EGMR dem Betroffenen zwar ggf. eine Entschädigung zusprechen, Art. 41 EMRK, jedoch die Entscheidungen der nationalen Gerichte nicht aufheben. Urteile des EGMR haben somit **keine kassatorische Wirkung**. Allerdings sind die Mitgliedsstaaten in allen Rechtssachen, in denen sie Partei sind, dazu verpflichtet, das Urteil des EGMR zu befolgen, Art. 46 Abs. 1 EMRK, d.h. einen konventionsgemäßen Zustand herzustellen. Dem hat der deutsche Gesetzgeber dadurch Rechnung getragen, dass die Bejahung einer EMRK-Verletzung durch den EGMR einen Wiederaufnahmegrund zugunsten des Verurteilten nach § 359 Nr. 6 StPO begründet.

49 Ferner trifft die deutschen Gerichte grds. die Pflicht, die einschlägige Rspr. des EGMR zu beachten und – solange im Rahmen der geltenden methodischen Standards Auslegungs- und Abwägungsspielräume eröffnet sind – der **konventionsgemäßen Auslegung** den Vorrang zu geben (BVerfGE 111, 307).

§ 5 Die Verfahrensbeteiligten

I. Die Staatsanwaltschaft

50 Die StA erfüllt im Strafverfahren drei Hauptaufgaben:
- Sie leitet das **Ermittlungsverfahren** (vgl. § 161 Abs. 1 StPO),
- sie vertritt im Zwischen- und im Hauptverfahren die **Anklage**, und
- sie ist zuständig für die **Strafvollstreckung**, § 451 StPO.

1. Die Organisation der StA

51 Bei der StA handelt es sich um ein von den Gerichten unabhängiges, **hierarchisch aufgebautes** Organ der Rechtspflege, § 150 GVG. Sie ist parallel zu den Gerichten organisiert, §§ 141 ff. GVG. Ihre örtliche Zuständigkeit bestimmt sich nach derjenigen des Gerichts, für das sie bestellt wurde, § 143 Abs. 1 S. 1 GVG. An ihrer Spitze steht ein **Behördenleiter**, für den der einzelne StA immer als **Vertreter** handelt, § 144 GVG – sog. **monokratische Struktur** der StA. Im Einzelnen:

- auf Bundesebene gibt es parallel zum BGH eine **Bundesanwaltschaft** mit dem **Generalbundesanwalt** an der Spitze, § 142 Abs. 1 Nr. 1 GVG,
- beim OLG die StA mit dem **Generalstaatsanwalt** als Behördenleiter,
- beim LG die StA mit dem **Leitenden Oberstaatsanwalt (LOStA)** als Behördenchef, und
- beim AG die **Amtsanwaltschaft**, deren Kompetenzen nach dem Landesrecht aber sehr begrenzt ist, sodass ein großer Teil der staatsanwaltschaftlichen Funktionen beim AG von der StA beim LG mit ausgeübt wird.

Anders als die Gerichte ist die StA nicht unabhängig, sondern untersteht als Behörde dem jeweiligen **Landesjustizminister** mit Ausnahme der Bundesanwaltschaft, die dem **Bundesjustizminister** untersteht. 52

Ausprägungen der monokratischen und hierarchischen Struktur der StA sind folgende Rechte: 53

- **Devolutivrecht:** Die ersten Beamten (Behördenleiter) der StA sind berechtigt, jederzeit einzelne Amtsverrichtungen oder auch den gesamten Fall **selbst** zu übernehmen, § 145 Abs. 1, 1. Alt. GVG. Dem Justizminister dagegen steht dieses Recht mangels StA-Eigenschaft nicht zu.
- **Substitutionsrecht:** Die Behördenleiter sind befugt, jederzeit einen **anderen** als den zunächst zuständigen StA mit der Wahrnehmung einer Aufgabe zu betrauen, § 145 Abs. 1, 2. Alt. GVG. Dieses Substitutionsrecht steht anders als das Devolutivrecht ebenfalls dem Justizminister kraft seines Leitungsrechts nach § 147 GVG zu. Auch die Beauftragung einer anderen Staatsanwaltschaft ist zulässig.
- **Weisungsrecht:** Justizminister und die Behördenleiter sind berechtigt, ihren Beamten dienstliche Anweisungen zu geben, denen diese nachkommen müssen, §§ 146, 147 GVG. Das Weisungsrecht der Justizminister, § 147 Nr. 1, 2 GVG wird als **externes Weisungsrecht**, dasjenige der Behördenleiter als **internes Weisungsrecht** bezeichnet.

2. Die Reichweite der Weisungsgebundenheit

Fraglich ist, wie weit die Weisungsgebundenheit des einzelnen StA reicht, wenn er eine Weisung für rechtlich problematisch hält oder ihr aus anderen persönlichen Gründen nicht folgen möchte. Unstreitig ist er in diesem Fall verpflichtet, zunächst gegen die Weisung zu remonstrieren, d.h. seine Bedenken seinem unmittelbaren Vorgesetzten mitzuteilen, und sich dann ggf. gegen dessen Entscheidung an den nächst höheren Vorgesetzten zu wenden. Bestätigt dieser die Anordnung, muss der StA sie grds. ausführen. Auch hier gibt es aber Grenzen. 54

Fall 12: StA S führt Ermittlungen gegen den hohen Beamten B wegen des Verdachts der Bestechlichkeit. Um einen politischen Skandal kurz vor der Wahl zu vermeiden, erteilt ihm Justizministerin J die Weisung, die Ermittlungen einzustellen.
Lösung: An Weisungen, mit deren Erfüllung er eine **Straftat**, eine **Ordnungswidrigkeit** oder eine **Verletzung der Menschenwürde** beginge, ist der StA nicht gebunden. Gleiches soll nach

einer t.v.A. für Weisungen gelten, die er nicht mit seinem **Gewissen** vereinbaren kann; diesen Konflikt müsse der Vorgesetzte durch Ausübung des Devolutiv- oder Substitutionsrechts lösen (*Heger*, Rn. 134; a.A. die h.M., vgl. KK-*Mayer*, § 147 GVG Rn. 11). Hier würde die Einstellung des Verfahrens eine Strafbarkeit wegen (versuchter) Strafvereitelung im Amt, § 258a StGB, begründen. S ist daher nicht nur berechtigt, sondern – um sich nicht selbst strafbar zu machen – sogar verpflichtet, der Weisung der J keine Folge zu leisten.

3. Die Ablehnbarkeit eines StA wegen Besorgnis der Befangenheit

55 Umstritten ist, ob ein StA wegen Besorgnis der Befangenheit abgelehnt werden kann.

Fall 13: Heiratsschwindler A ist wegen mehrfachen Betruges angeklagt. Als Anklagevertreter fungiert StA S, dem von A vor nicht allzu langer Zeit die Frau ausgespannt worden war und der A daraufhin geschworen hatte, das werde dieser noch bitter bereuen. A ist der Auffassung, S müsse daher abgelöst werden.

Lösung: Eine Besorgnis der Befangenheit dürfte zumindest dann bestehen, wenn einer der in § 22 Nrn. 1–3 StPO genannten Umstände vorliegt (vgl. *Beulke*, Rn. 93 ff.). Von einer t.v.A. wird in solchen Fällen zur Durchsetzung der Ablösung des StA die analoge Anwendung der Regeln zum Ausschluss und zur Ablehnung von Gerichtspersonen, §§ 22 ff. StPO, bejaht (*Arloth*, NJW 1983, 207). Dagegen wendet die h.M. ein, es fehle an einer für die Analogie planwidrigen Gesetzeslücke, weil der Gesetzgeber es mehrfach explizit abgelehnt habe, eine entsprechende Regelung zu treffen. Die Prozessbeteiligten können danach lediglich beim Dienstvorgesetzten des StA darauf hinwirken, dass dieser nach §§ 145, 146 GVG abgelöst wird (*Heinrich/Reinbacher*, 11/19). Teilweise wird aus dem fair trial-Prinzip eine **Pflicht des Gerichts** abgeleitet, auf eine solche Ablösung **hinzuwirken** (*Roxin/Schünemann*, § 9 Rn. 15). Ein **Recht** auf die Ablösung soll allerdings nach h.M. nicht bestehen. Gelinge die Ablösung

Schaubild 3: Die Weisungsrechte bei der StA der Länder

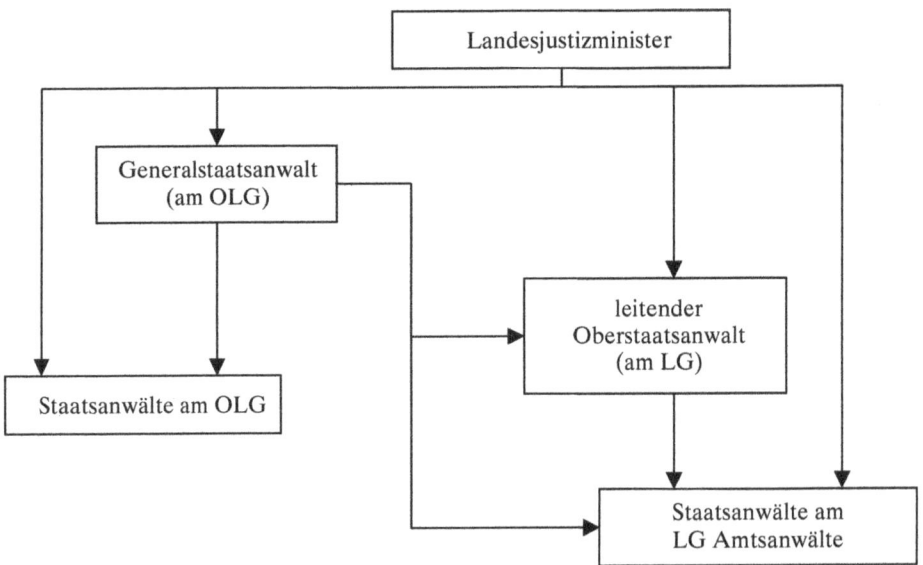

nicht, sei das Hauptverfahren fortzusetzen – jedoch mit dem Risiko eines nunmehr möglicherweise bestehenden Revisionsgrundes i.S.v. § 337 StPO (SSW-*Kudlich/Noltensmeier*, § 22 Rn. 5; einschränkend *Meyer-Goßner/Schmitt*, Vor § 22 Rn. 7). Besonderheiten bestehen indes dann, wenn der StA im gleichen Prozess als Zeuge vernommen wird; sog. **Zeugenstaatsanwalt**. Soweit im Plädoyer diese Aussage zu würdigen ist, muss der StA durch einen anderen StA ersetzt werden. (Unterbleibt dies, liegt ein Verstoß gegen den Grundsatz des fairen Verfahrens und somit ein relativer Revisionsgrund nach § 337 StPO vor; zweifelnd allerdings BGH NStZ 2008, 353.) Ansonsten darf der als Zeuge vernommene StA nach h.M. aber weiter auftreten (BGHSt 21, 85; krit. AnwK-*Werner*, § 24 Rn. 16). Im vorliegenden Fall könnte der A daher nur beim LOStA des S dessen Ablösung anregen. Das Gericht wäre zudem wohl verpflichtet, darauf hinzuwirken.

II. Die Polizei

Die Polizei hat eine **Doppelfunktion**, d.h. ihr sind zwei unterschiedliche Aufgaben zugewiesen: 56

- **Präventive Tätigkeit:** Die Polizei wird **präventiv** tätig zur Abwehr von Gefahren für die öffentliche Sicherheit und Ordnung. Ihre Zuständigkeiten und Kompetenzen sind dabei geregelt in den Polizei- und Sicherheitsgesetzen der Länder.
- **Repressive Tätigkeit:** Sie wird **repressiv** tätig zur Aufklärung begangener Straftaten. Hierfür sind die Regeln des Strafprozessrechts (v.a. StPO und GVG) maßgebend.

Fraglich ist die Einordnung der polizeilichen Tätigkeit als repressiv oder präventiv, wenn Aufgaben der Gefahrenabwehr und der Strafverfolgung zusammentreffen (sog. **doppelfunktionale Maßnahmen**).

Fall 14: In einer Bankfiliale hält der Bankräuber B mehrere Geiseln in seiner Gewalt. Die Polizei stürmt das Gebäude und nimmt B fest.

Lösung: Das Handeln der Polizei kann hier sowohl der Rettung der Geiseln (Gefahrenabwehr) als auch der Ergreifung des Täters (Strafverfolgung) dienen. Nach einer t.v.A. genießt im Zweifelsfall die Gefahrenabwehr Vorrang, so dass sich die Rechtmäßigkeit der Maßnahme nach Polizeirecht beurteilt (*Pieroth/Schlink/Kniesel*, Polizeirecht, 9. Aufl. 2016, § 2 Rn. 12 f.). Eine a.A. bejaht dagegen wegen des Legalitätsprinzips einen Primat der Strafverfolgung (KK-*Schmidt/Schoreit*, 6. Aufl. 2008, § 152 GVG Rn. 18). Die h.L. stellt darauf ab, wo aus der Sicht eines objektiven Beobachters der **Schwerpunkt** der Maßnahme liegt (*Beulke*, Rn. 103; MüKo-*Kölbel*, § 160 Rn. 10). Das ist bei einer Geiselnahme i.d.R. der Zweck der Gefahrenabwehr; folglich wären hier die polizeirechtlichen Regelungen einschlägig. Dem BGH zufolge können Gefahrenabwehr und Strafverfolgung parallel betrieben werden, so dass als Eingriffsgrundlagen das Polizeigesetz und die StPO **nebeneinander** in Betracht kommen (BGH NJW 2017, 3173, 3176). Danach könnte die Polizei die Festnahme auch auf § 127 Abs. 2 StPO stützen.

Im Rahmen ihrer repressiven Tätigkeit fungiert die Polizei als **Helfer** der StA. Zwar 57 kann die StA die Ermittlungen über das Vorliegen und die Umstände einer Straftat auch selbst führen, § 161 Abs. 1 S. 1, 1. Alt. StPO, doch ist sie meist schon aus Kapazitätsgründen dazu nicht in der Lage. Sie bedient sich daher i.d.R. der Polizei, § 161

Abs. 1 S. 1, 2. Alt. StPO. Die Polizei ist dabei verpflichtet, nach den Vorgaben der StA tätig zu werden, § 161 Abs. 1 S. 2 StPO:
- Die StA kann sich mit einem **Ersuchen** an die Polizeibehörde wenden, deren Leiter dann die Polizeibeamten bestimmt, die die Ermittlung durchführen.
- Bestimmte Polizeibeamte sind zugleich **Ermittlungspersonen der StA** (festgelegt i.d.R. in einer Landes-VO) und haben in dieser Eigenschaft eine Reihe besonderer Kompetenzen – insb. bei der Anordnung von Zwangsmaßnahmen (z.B. die Anordnung einer Durchsuchung bei Gefahr im Verzug, § 105 Abs. 1 S. 1 StPO). Ihnen kann die StA direkt einen **Auftrag** erteilen. Sie sind verpflichtet, den Anordnungen der StA Folge zu leisten, § 152 GVG.
- Nach § 163 Abs. 1 StPO hat die Polizei auch unabhängig von einer Weisung der StA das Recht und die Pflicht des **ersten Zugriffs**. Sie ist damit bei entsprechenden Anhaltspunkten berechtigt und verpflichtet, **von sich aus** das Vorliegen einer Straftat zu untersuchen, muss dann aber den Vorgang **unverzüglich** an die StA weiterleiten, § 163 Abs. 2 S. 1 StPO. (In der Praxis ermittelt die Polizei insb. bei kleineren Sachen allerdings den Fall zunächst aus und macht erst dann Mitteilung an die StA.)

III. Der Beschuldigte

1. Der Beschuldigtenstatus

58 Die Bezeichnung „Beschuldigter" bildet den Oberbegriff für denjenigen, gegen den sich ein Strafverfahren richtet. Nach § 157 StPO heißt der Beschuldigte auch:
- **Angeschuldigter**, nachdem gegen ihn Klage erhoben wurde,
- **Angeklagter**, nachdem die Eröffnung des Hauptverfahrens beschlossen wurde.

59 Der Entscheidung, ob jemand als Beschuldigter zu behandeln ist oder nicht, kommt erhebliche Bedeutung zu, weil mit dem Beschuldigtenstatus **besondere Rechte** verbunden sind. Insb. kann der Beschuldigte wegen der unterschiedlichen Rechte und Pflichten nicht in ein und demselben Verfahren zugleich **Zeuge** sein. Begründet wird die Beschuldigteneigenschaft durch folgende Voraussetzungen:
- **Tatverdacht** (objektive Komponente): Als Beschuldigter kommt nur derjenige in Betracht, gegen den zumindest ein Anfangsverdacht besteht.
- **Verfolgungswille** (subjektive Komponente): Zum Tatverdacht muss noch ein **Willensakt** der Strafverfolgungsbehörde hinzutreten, das Strafverfahren gegen den Tatverdächtigen als Beschuldigten zu führen. Der Tatverdacht **allein** macht noch niemanden zum Beschuldigten, da ein solcher auch bei einem Zeugen bestehen kann, vgl. §§ 55 Abs. 1, 60 Nr. 2 StPO.

Fall 15: Dem Bauern B wird des Nachts die Scheune angezündet. Er erstattet Anzeige bei der Polizei und benennt als mutmaßlichen Täter seinen mit ihm verfeindeten Nachbarn N, der ihm schon mehrfach damit gedroht hatte, Haus und Hof „abzufackeln", und den er am Tatabend in der Nähe der Scheune verdächtig herumschleichen gesehen hat. Die Polizei vernimmt daraufhin den N, allerdings ohne diesen als Beschuldigten zu informieren und zu belehren. N verstrickt sich sofort in Widersprüche. Die Polizei hält ihr Vorgehen für zulässig, da sie das Verfahren „gegen unbekannt" geführt habe. N sei deshalb zum Zeitpunkt der Befragung nicht Beschuldigter, sondern Zeuge gewesen.

Lösung: Haben sich die Verdachtsmomente zu einem konkreten Anfangsverdacht verdichtet, sind die Strafverfolgungsbehörden **verpflichtet**, den Verdächtigen als Beschuldigten zu behandeln. Nach h.M. steht ihnen hierbei zwar ein **Beurteilungsspielraum** zu. Allerdings darf dem Verdächtigen der Beschuldigtenstatus nicht **willkürlich** vorenthalten werden. Zur Begründung der Beschuldigteneigenschaft ist es deshalb auch nicht erforderlich, dass die Strafverfolgungsbehörde **förmlich** erklärt, einen Verdächtigen nunmehr als Beschuldigten zu behandeln (vgl. *Beulke*, Rn. 111 f.). Dies kann auch **konkludent** im Handeln der Behörde zum Ausdruck kommen, insb. bei solchen Maßnahmen, die nur gegen einen Beschuldigten zulässig sind (z.B. vorläufige Festnahme nach § 127 Abs. 2 StPO). Erfolgt eine Vernehmung auf Grund einer gegen den Vernommenen ergangenen Anzeige, gibt die Strafverfolgungsbehörde damit stets zu erkennen, dass sie das Verfahren gegen den Vernommenen als Beschuldigten betreibt (*Meyer-Goßner/Schmitt*, Einl Rn. 77). N war hier daher nicht Zeuge, sondern Beschuldigter und hätte deshalb über seine Rechte belehrt werden müssen (zu den Folgen der unterbliebenen Belehrung vgl. Rn. 249).

2. Die Pflichten des Beschuldigten

Der Beschuldigte ist zwar nicht verpflichtet, **aktiv** zur Sachaufklärung beizutragen, insb. trifft ihn keine **Wahrheitspflicht**, doch treffen ihn die folgenden Duldungs- und Mitwirkungspflichten:

- **Erscheinenspflicht im Ermittlungsverfahren:** Der Beschuldigte muss zu den **Vernehmungen** vor dem Ermittlungsrichter und dem StA **erscheinen**, §§ 133, 163a Abs. 3 S. 1 StPO. Dies gilt selbst dann, wenn er zuvor erklärt hat, nicht zur Sache aussagen zu wollen (*Meyer-Goßner/Schmitt*, § 133 Rn. 5). Bleibt er unentschuldigt aus, kann er **zwangsweise vorgeführt** werden, §§ 133 Abs. 2, 163a Abs. 3 S. 2 StPO. Einer Ladung der Polizei braucht er dagegen nicht nachzukommen (Umkehrschluss aus § 163a Abs. 3 ggü. Abs. 4 StPO).
- **Anwesenheitspflicht in der Hauptverhandlung:** Der Beschuldigte muss zur Hauptverhandlung erscheinen, § 230 StPO, und dort anwesend bleiben, § 231 StPO. Falls er unentschuldigt ausbleibt, ordnet das Gericht seine zwangsweise Vorführung an oder erlässt einen Haftbefehl, soweit dies zur Durchführung der Hauptverhandlung geboten ist, § 230 Abs. 2 StPO. Ausnahmen von der Anwesenheitspflicht sind in § 233 StPO geregelt.
- **Duldung von Zwangsmaßnahmen:** Der Beschuldigte muss bestimmte Eingriffe und Zwangsmaßnahmen gegen sich dulden (dazu Rn. 117 ff.).

3. Die Rechte des Beschuldigten

Dem Beschuldigten steht eine ganze Reihe von Rechten zu. Die wichtigsten sind:
- **Aufklärungsrecht:** Der Beschuldigte hat ein Recht, dass ihm bei Beginn der ersten Vernehmung eröffnet wird, welche Tat ihm zu Last gelegt wird und (außer bei po-

lizeilichen Vernehmungen, § 163a Abs. 4 S. 1 StPO) welche Strafvorschriften in Betracht kommen, § 136 Abs. 1 S. 1 StPO.

62 • **Aussageverweigerungsrecht:** Der Beschuldigte besitzt ein **Aussageverweigerungsrecht**, auf das er bei der ersten Vernehmung, § 136 Abs. 1 S. 2 StPO, aber auch in der Hauptverhandlung, § 243 Abs. 5 S. 1 StPO, hinzuweisen ist.

63 • **Recht auf einen Verteidiger:** Der Beschuldigte hat ein Recht, in jeder Lage des Verfahrens einen **Verteidiger** zu wählen, § 137 StPO. Auf dieses Recht muss er bei der ersten Vernehmung hingewiesen werden, § 136 Abs. 1 S. 2 StPO. In den Fällen der **notwendigen Verteidigung** (z.B. wenn ihm ein Verbrechen zur Last gelegt wird), § 140 StPO, verfügt er sogar über einen Anspruch gegen den Staat auf Beiordnung eines Pflichtverteidigers, §§ 141, 142 StPO. Entsprechendes gilt unter bestimmten Bedingungen, wenn der Beschuldigte vom Ermittlungsrichter vernommen wird, § 141 Abs. 3 S. 4 StPO.

64 • **Akteneinsichtsrecht:** Verfügt der Beschuldigte über keinen Verteidiger, steht ihm unter den Voraussetzungen des § 147 Abs. 4 S. 1 StPO ein Akteneinsichtsrecht zu, soweit die Akten elektronisch geführt werden (zur Form der Akteneinsicht vgl. § 32f Abs. 1 StPO; zu nicht elektronisch geführten Akten s. § 147 Abs. 4 S. 2 StPO). Hat er dagegen einen Verteidiger, steht das Akteneinsichtsrecht nur diesem zu (vgl. Rn. 74).

65 • **Rechtliches Gehör:** Der Beschuldigte besitzt einen **Anspruch auf rechtliches Gehör**, Art. 103 Abs. 1 GG, konkretisiert u.a. in §§ 33, 136 Abs. 1 S. 2 u. Abs. 2, 168c Abs. 2 S. 2, 201 Abs. 1, 243 Abs. 5, 258 Abs. 1 u. 2, 265 StPO.

66 • **Beweisantrags- und Fragerecht:** Der Beschuldigte hat das Recht, Beweisanträge, §§ 219, 244 ff. StPO, und an Zeugen und Sachverständige (nicht dagegen an Mitangeklagte) Fragen, §§ 168 Abs. 2 S. 2, 240 Abs. 2 StPO, zu stellen. Ferner ergibt sich nach der Rspr. des EGMR ein Recht auf **konfrontative Befragung** aus Art. 6 Abs. 3 lit. d EMRK (näher dazu EGMR NJW 2006, 2753, s. auch **Fall 43**).

67 • **Anwesenheitsrecht:** Der Beschuldigte hat nicht nur die Pflicht, sondern auch ein Recht auf **Anwesenheit** in der Hauptverhandlung (ein weiteres Anwesenheitsrecht enthält § 168c Abs. 2 StPO). Dieses Recht wird allerdings in den Fällen der §§ 231 Abs. 2, 231a–233, 247 StPO eingeschränkt, weil der Beschuldigte sonst durch Manipulationen die ordnungsgemäße Durchführung des Verfahrens behindern könnte. Dabei ist folgendes zu beachten:
  – Grds. sind diese Ausnahmevorschriften restriktiv zu interpretieren.
  – Bei § 231 Abs. 2 StPO ist über den Wortlaut hinaus erforderlich, dass das Nichterscheinen des Angeklagten **eigenmächtig** war, d.h., dass er ohne Rechtfertigungs- und Entschuldigungsgründe wissentlich seiner Anwesenheitspflicht nicht genügt hat (BGHSt 37, 249). Eine solche Eigenmächtigkeit des Sich-Entfernens bejaht der BGH auch, wenn der Angeklagte während der Hauptverhandlung einen Suizidversuch unternimmt, solange er nicht an einer krankhaften seelischen Störung oder schweren anderen seelischen Abartigkeit leidet – wofür eine mittelgradige depressive Episode regelmäßig nicht ausreichen soll (BGHSt 56, 298; diff. Radtke/Hohmann-*Britz*, § 231 Rn. 14).
  – Sobald der Angeklagte wieder an der Hauptverhandlung teilnimmt, muss er über den wesentlichen Inhalt der Verhandlung in seiner Abwesenheit informiert

werden, §§ 231a Abs. 2, 231b Abs. 2, 247 S. 4 StPO. Im Falle einer Entfernung nach § 247 StPO soll die Unterrichtung auch schon durch eine simultane Videoübertragung der Vernehmung in den Aufenthaltsraum des Angeklagten erfolgen können; eine solche habe aufgrund des Rechts auf eine effektive Verteidigung zudem Vorrang vor der nachträglichen Information durch den Vorsitzenden (BGH NJW 2017, 3397; a.A. noch BGH NStZ 2009, 582).

Fall 16: Auf Anordnung des Gerichts wird der angeklagte Bandenchef A während der Vernehmung des Zeugen Z aus dem Sitzungszimmer entfernt. Das Gericht befürchtet, bereits die Anwesenheit des A werde den Z so einschüchtern, dass dieser nicht die Wahrheit sagen wird. Nach der Aussage des Z wird über seine Entlassung verhandelt. Dann wird A wieder zugelassen. Das Gericht entlässt den Z, anschließend informiert die Vorsitzende Richterin den A über den wesentlichen Inhalt der Aussage des Z.

Lösung: Die Entfernung des A war gestattet nach § 247 StPO. Allerdings muss der Angeklagte **sofort** nach Ende der Vernehmung wieder zugelassen und unterrichtet werden. Daher liegt im vorliegenden Fall ein zweifacher Verstoß vor. Zum einen hätte das Gericht den A bereits **vor** der Verhandlung über die Entlassung des Z wieder zulassen müssen (ggf. kann allerdings in einer solchen Situation die vorübergehende Entfernung des Zeugen geboten sein), da dieser Vorgang wegen seiner selbstständigen verfahrensrechtlichen Bedeutung nicht mehr zur Vernehmung gehört. Dieses Versäumnis stellt einen absoluten Revisionsgrund nach § 338 Nr. 5 StPO dar, denn die Verhandlung über die Entlassung bildet einen wesentlichen Teil der Hauptverhandlung – mit der Entlassung des Zeugen endet nämlich das Fragerecht der Verfahrensbeteiligten. Jedoch gilt der Verstoß als geheilt, wenn der Angeklagte erklärt, keine Fragen mehr zu haben, oder wenn der Zeuge erneut geladen und befragt wird (BGHSt 55, 87). (Zu teilweise abweichenden Ergebnissen gelangt die Rspr. allerdings im Hinblick auf die Verhandlung über die Vereidigung des Zeugen, zu der der Angeklagte nicht rechtzeitig wieder zugelassen worden ist. Hier soll kein Revisionsgrund nach § 338 Nr. 5 StPO vorliegen, wenn der Zeuge unvereidigt geblieben ist und dies weder kontrovers erörtert noch zum Gegenstand einer gerichtlichen Entscheidung nach § 238 Abs. 2 StPO gemacht wurde; BGHSt 51, 81). Zum anderen ist § 247 S. 4 StPO so zu verstehen, dass die Vorsitzende verpflichtet war, den A sofort nach seiner Rückkehr noch vor der Entlassung des Z zu informieren (vgl. BGHSt 3, 384). Dieser Verstoß kann ggf. eine Revision nach § 337 StPO begründen.

Ein weiteres Anwesenheitsrecht des Beschuldigten enthält § 168c Abs. 2 StPO für **richterliche Zeugen- und Sachverständigenvernehmungen** im Ermittlungsverfahren (nicht aber auch für Vernehmungen durch die StA). Einschränkungen dieses Rechts finden sich in den Abs. 3–5.

IV. Der Verteidiger

1. Der Verteidigerstatus

Der Verteidiger ist als Rechtsanwalt ein **unabhängiges Organ der Rechtspflege**, § 1 BRAO. Entgegen einer t.v.A., die den Verteidiger allein als Interessenvertreter bzw. Vertragspartner (LR-*Lüderssen/Jahn*, Vor § 137, Rn. 33 ff.) des Beschuldigten ansieht, folgert die h.M. daraus, dass er als **Beistand** (nicht Vertreter) des Beschuldigten auch

68

dem **öffentlichen Interesse** an der Gewährleistung einer rechtsstaatlichen Strafverfolgung dienen soll (*Beulke*, Rn. 150 m.w.N.). Nicht zulässig ist danach das exzessive Ausnutzen von Verteidigerrechten – z.B. durch laufende Befangenheitsanträge und unzählige Beweisanträge – zur Verfahrensverschleppung, sog. **Konfliktverteidigung** (*Schroeder/Verrel*, Rn. 220). Ferner ist der Verteidiger deshalb auch unabhängig von seinem Mandanten und handelt aus eigenem Recht. Aus diesem Grund kann er für die sachgerechte Wahrnehmung seiner Aufgabe auch **gegen** den Willen des Beschuldigten tätig werden (*Beulke*, Rn. 152; krit. MüKo-*Thomas/Kämpfer*, § 137 Rn. 10), also z.B. Beweisanträge stellen, obwohl der Mandant dies nicht wünscht.

> **Fall 17:** In der Hauptverhandlung gegen den Angeklagten A wird ein Beweisantrag des A durch Gerichtsbeschluss abgelehnt. A fordert seine Verteidigerin V auf, sofort dagegen Rechtsmittel einzulegen. V lehnt dies ab, weil eine Beschwerde hier nach § 305 StPO nicht zulässig ist.
>
> **Lösung:** Grds. ist V nach h.M. nicht an Weisungen ihres Mandanten A gebunden. Zwar besteht eine Ausnahme insoweit, als der Verteidiger nicht gegen den ausdrücklichen Willen des Beschuldigten Rechtsmittel **einlegen** darf, § 297 StPO. Das **Nichteinlegen** eines Rechtsmittels ist jedoch auch bei anders lautendem Verlangen des Mandanten zulässig (*Lesch*, 3/177). V durfte es daher ablehnen, gegen den Gerichtsbeschluss Beschwerde einzulegen.

2. Die Pflichten des Verteidigers

Den Verteidiger treffen im Strafverfahren insb. die folgenden Pflichten:

69 – **Fürsprachepflicht:** Der Verteidiger hat den Auftrag, die Interessen des Beschuldigten wahrzunehmen. Er ist damit zur **Einseitigkeit** verpflichtet, nicht zur Objektivität.

70 – **Verschwiegenheitspflicht:** Belastende Umstände darf der Verteidiger nicht ohne Zustimmung seines Mandanten offenbaren. Rechtlich abgesichert wird diese Pflicht durch den Straftatbestand des § 203 StGB.

71 – **Wahrheitspflicht:** Als Organ der Rechtspflege ist der Verteidiger zur Wahrheit verpflichtet. Aus Sinn und Zweck der Verteidigung folgt allerdings, dass diese Wahrheitspflicht – wie auch § 203 StGB zeigt – nicht die Offenbarung von den Mandanten belastenden Tatsachen verlangt. Der Verteidiger braucht (und darf) nicht im Interesse der Wahrheit intervenieren, wenn dies dem Beschuldigten schaden würde. Die Wahrheitspflicht bedeutet nur, dass er – anders als der Beschuldigte – nicht **lügen** darf (tut er dies dennoch, macht er sich wegen – zumindest versuchter – Strafvereitelung nach § 258 StGB schuldig).

> **Fall 18:** Der wegen Diebstahls angeklagte A beteuert auch gegenüber seinem Verteidiger V seine Unschuld und beruft sich auf seinen Freund Z, der bezeugen könne, dass er zur Tatzeit in einer Bar gewesen sei. V hat einige Zweifel an der Wahrheit dieser Behauptung, benennt aber dennoch den Z als Zeugen.
>
> **Lösung:** Benennt der Verteidiger einen Zeugen in dem Wissen, dass dieser dem Beschuldigten ein falsches Alibi geben wird, verstößt er gegen die Wahrheitspflicht. Er muss daher diese Benennung unterlassen. Hat er dagegen kein positives Wissen, sondern zweifelt nur

an der Richtigkeit der Behauptung seines Mandanten, braucht er nicht untätig zu bleiben. Selbst erhebliche Bedenken hindern ihn hier nicht (BGHSt 38, 345, 348). Die Benennung des Z als Zeuge war aus diesem Grund zulässig.

3. Die Rechte des Verteidigers

Wichtig sind vor allem die folgenden Rechte des Verteidigers:

- **Kontaktrecht:** Der Verteidiger besitzt einen Anspruch auf einen freien und unüberwachten Verkehr mit seinem Mandanten, vgl. § 148 Abs. 1 StPO. Eine Einschränkung gilt nach § 148 Abs. 2 StPO, wenn der Beschuldigte einer Straftat nach § 129a StGB verdächtig ist. Nach § 31 Abs. 2 EGGVG ist hier unter besonderen Voraussetzungen sogar eine **Kontaktsperre** zulässig. 72

- **Anwesenheitsrecht:** Der Verteidiger hat einen Anspruch auf Anwesenheit auch im Ermittlungsverfahren bei **richterlichen Vernehmungen** des Beschuldigten und von Zeugen, § 168c Abs. 1 u. 2 StPO, bei Vernehmungen des **Beschuldigten** durch die StA, § 163a Abs. 3 S. 2 i.V.m. § 168c Abs. 1 StPO, oder durch die Polizei, § 163a Abs. 4 S. 3 i.V.m. § 168c Abs. 1 StPO, sowie bei Gegenüberstellungen eines Zeugen mit dem Beschuldigten, § 58 Abs. 2 S. 2 StPO, nicht hingegen bei der staatsanwaltlichen und polizeilichen Vernehmung von **Zeugen**. 73

- **Akteneinsichtsrecht:** Der Verteidiger verfügt über ein Recht auf Akteneinsicht, § 147 StPO. Im Ermittlungsverfahren kann, solange der Abschluss der Ermittlungen noch nicht in den Akten vermerkt ist, vgl. § 169a StPO, die Akteneinsicht allerdings ausnahmsweise versagt werden, wenn ihre Gewährung den Untersuchungserfolg gefährden würde, § 147 Abs. 2 StPO. Das Akteneinsichtsrecht bezieht sich auf alle Akten, die dem Gericht vorliegen oder bei einer Anklageerhebung vorgelegt werden müssten, so z.B. auch auf **beigezogene Akten** (nicht dagegen nach der **Rspr.** auf **Spurenakten** der Polizei; vgl. BGHSt 30, 131; a.A. *Beulke*, Rn. 160; und nur ausnahmsweise auf Daten der TKÜ; vgl. KG NStZ 2016, 693). Die Form der Akteneinsicht regelt § 32f StPO. Der Verteidiger darf seinen Mandanten grds. umfassend über den Akteninhalt informieren. Fraglich ist allerdings, ob dieses Recht in Ausnahmefällen eine Einschränkung erfährt. 74

Fall 19: Aus den Akten entnimmt Verteidigerin V, dass wohl eine Durchsuchung der Wohnung ihres Mandanten A bevorsteht, und informiert diesen darüber. A entfernt **daraufhin** noch schnell Beweismaterial aus seiner Wohnung.

Lösung: Umstritten ist, ob der Verteidiger seinen Mandanten auch über drohende Maßnahmen, die einen **Überraschungseffekt** haben sollen, in Kenntnis setzen darf. Eine t.v.A. bejaht dies mit dem Argument, die Gefährdung des Untersuchungserfolges falle hier allein in die Risikosphäre der StA, da diese ja die Einsicht in diesen Teil der Akte hätte versagen können (*Volk/Engländer*, § 11 Rn. 6). Nach h.M. ist es dem Verteidiger hingegen in diesen Fällen ausnahmsweise verboten, seinen Mandanten zu informieren (BGHSt 29, 99, 103). Folgt man der h.M., durfte V hier den A nicht über die drohende Durchsuchung der Wohnung in Kenntnis setzen.

75 – **Beweisantrags- und Fragerecht:** Der Verteidiger hat das Recht, Beweisanträge, §§ 219, 244 ff. StPO, sowie Fragen, §§ 168c Abs. 1 S. 2, Abs. 2 S. 2, 240 Abs. 2 StPO, zu stellen.

76 – **Erklärungsrecht:** Der Verteidiger darf jederzeit für den Beschuldigten Erklärungen abgeben. In besonders umfangreichen erstinstanzlichen Verfahren vor dem LG und OLG steht ihm in der Hauptverhandlung noch vor der Vernehmung des Angeklagten zur Sache ein Recht zu einer **Eröffnungserklärung** zu (die freilich den Schlussvortrag nicht vorwegnehmen darf), § 243 Abs. 5 S. 3 u. 4 StPO.

4. Wahlverteidiger und Pflichtverteidiger

77 Der Beschuldigte kann grds. einen oder mehrere (max. drei) Verteidiger frei wählen, sog. **Wahlverteidiger**, §§ 137, 138 StPO. In den Fällen des § 140 StPO (z.B. die Hauptverhandlung erster Instanz findet vor dem OLG oder LG statt; dem Beschuldigten wird ein Verbrechen zur Last gelegt) ist die Mitwirkung eines Verteidigers zwingend vorgeschrieben – sog. **notwendige Verteidigung**. Hat der Beschuldigte – etwa aus finanziellen Gründen – keinen Verteidiger gewählt, wird ihm von Amts wegen ein Verteidiger bestellt – sog. **Pflichtverteidiger**, § 141 StPO. Zuständig für die Bestellung ist dabei v.a. der Vorsitzende des Gerichts, bei dem die Sache anhängig ist, § 141 Abs. 4 S. 1 StPO (zur Zuständigkeit vor Anklageerhebung siehe S. 2). Dabei hat der Beschuldigte ein Mitspracherecht, § 142 Abs. 1 StPO. Nimmt sich der Beschuldigte später doch noch einen Wahlverteidiger, ist die Pflichtverteidigerbestellung rückgängig zu machen, § 143 StPO (ausnahmsweise bleibt nach h.M. allerdings neben einem Wahlverteidiger die Bestellung eines Pflichtverteidigers als sog. **Sicherungsverteidiger** zulässig, etwa wenn zu befürchten ist, dass der Wahlverteidiger die Verhandlung durch Niederlegung des Mandats boykottieren könnte; BGHSt 15, 306, 309; krit. LR-*Lüderssen/Jahn*, § 141 Rn. 39 ff.). Darüber hinaus muss die Bestellung widerrufen werden, wenn ein wichtiger Grund vorliegt – insb. bei **zerstörtem Vertrauensverhältnis** zwischen Mandant und Verteidiger.

5. Das Verbot der Mehrfachverteidigung

78 Die **gleichzeitige** Verteidigung mehrerer derselben Tat Beschuldigter durch einen gemeinsamen Verteidiger ist unzulässig, § 146 StPO. Nicht verboten ist dagegen die sog. **sukzessive** Mehrfachverteidigung, d.h. die Übernahme der Verteidigung eines weiteren Mitbeschuldigten nachdem das frühere Mandat beendet wurde. Allerdings muss der Verteidiger hier prüfen, ob in diesem Falle auf Grund der Interessenlage seiner Mandanten nicht die Gefahr eines Parteiverrates besteht.

6. Der Ausschluss des Verteidigers

Die Möglichkeiten eines Ausschlusses des Verteidigers sind in §§ 138a ff. StPO **abschließend** geregelt. Dabei gelten diese Vorschriften nicht nur für den Wahlverteidiger, sondern auch für den Pflichtverteidiger.

79

> **Fall 20:** In der Hauptverhandlung gegen den Rechtsextremisten Z beginnt dessen Verteidigerin V, eine Art „Parallelverhandlung" zu führen. Sie verhindert ein ordnungsgemäßes Prozessieren, indem sie sich trotz Entziehung des Rederechts an das Publikum wendet und lange Ausführungen über „Nürnberger Scheinprozesse", das erkennende Gericht als „Inquisitionsgericht" und die „Nicht-Existenz des Holocaust" macht. Ferner „belehrt" sie die Laienrichter darüber, dass diese sich infolge der „Fortgeltung" des RStGB von 1941 durch die Ausübung des Richteramtes der „Volksverleumdung" schuldig machten, was mit dem Tode bestraft werden könne.
>
> **Lösung:** Die V darf hier nach § 138a Abs. 1 Nr. 3 StPO ausgeschlossen werden. Durch ihr Verhalten ist sie dringend verdächtig, unmittelbar dazu angesetzt zu haben, das Verfahren gegen Z für geraume Zeit zu verzögern oder einen Abschluss sogar endgültig zu vereiteln. Ihre Handlungen stellen keine zulässigen Verteidigungsmaßnahmen dar, da sie sich nur den äußeren Anschein der Verteidigung geben, tatsächlich aber nach den Maßstäben des Strafverfahrensrechts und des materiellen Strafrechts nichts zu einer solchen beizutragen vermögen, in Wirklichkeit also ein verteidigungsfremdes Verhalten darstellen (BGH NJW 2006, 2421).

V. Der Zeuge

1. Der Zeugenstatus

Zeuge ist nach dem **formellen Zeugenbegriff** eine Person, die im Strafverfahren über ihre **Wahrnehmung von Tatsachen** durch eine Aussage berichten soll, ohne durch eine andere Verfahrensrolle davon ausgeschlossen zu sein. Kein Hindernis bildet dabei nach h.M. eine Funktion als **StA** (vgl. **Fall 13**), als **Verteidiger**, als **Nebenkläger** oder als **Sachverständiger**. Die Vernehmung eines Richters als Zeuge ist möglich; er ist dann allerdings kraft Gesetzes von der Ausübung des Richteramtes in dieser Sache ausgeschlossen, § 22 Nr. 5 StPO. Nicht als Zeuge in Betracht kommen dagegen der **Privatkläger** und der **Mitbeschuldigte**. Die Abgrenzung des Zeugen vom Mitbeschuldigten kann dabei problematisch sein.

80

> **Fall 21:** A ist angeklagt wegen Diebstahls, B der Beihilfe zu diesem Diebstahl. Das Verfahren gegen B wird abgetrennt und nach § 153a StPO eingestellt. In der Hauptverhandlung gegen A soll B nunmehr als Zeuge vernommen werden.
>
> **Lösung:** Eine t.v.A. vertritt einen sog. **materiellen Mitbeschuldigtenbegriff**. Danach ist jeder der Tatbeteiligung Verdächtige unabhängig von seiner formalen Prozessrolle Mitbeschuldigter (*Prittwitz*, NStZ 1981, 463). Dagegen wird eingewendet, diese Auffassung sei nicht mit den §§ 55, 60 Nr. 2 StPO vereinbar, aus denen folge, dass auch ein Verdächtiger Zeuge sein könne. Eine a.A. befürwortet einen sog. **formell-materiellen Mitbeschuldigtenbegriff**. Sie verlangt neben dem Tatverdacht noch einen Willensakt der Strafverfolgungsbehörde, das Strafverfahren gegen den Verdächtigen als Beschuldigten zu führen. Liege dieser Willensakt jedoch einmal vor, bleibe der Betreffende unabhängig von seiner formalen Stellung im Verfahren

Beschuldigter bis zur Beendigung **seines** Verfahrens. Sei sein Prozess allerdings abgeschlossen, könne er als Zeuge vernommen werden (*Beulke*, Rn. 185). Die h.M. propagiert einen rein **formellen Mitbeschuldigtenbegriff**. Mitbeschuldigter ist hier nur derjenige, gegen den im selben Verfahren vorgegangen wird (BGHSt 10, 8). Die Mitbeschuldigteneigenschaft endet danach mit der Abtrennung des Verfahrens. Unzulässig ist dabei allerdings eine Verfahrenstrennung, die allein darauf abzielt, den Mitbeschuldigten, dem die Beteiligung an derselben Tat vorgeworfen wird, zum Zeugen in dieser Sache zu machen – sog. **gezielter Rollentausch** (*Hellmann*, Rn. 720 f.). Nach den beiden letztgenannten Auffassungen kann der B hier als Zeuge vernommen werden.

2. Die Pflichten des Zeugen

Der Zeuge hat im Strafverfahren insb. die folgenden Pflichten:

81 – **Erscheinenspflicht:** Der Zeuge muss vor dem Richter, §§ 48, 51 StPO, und der StA, § 161a Abs. 1 S. 1 StPO, erscheinen. Gegenüber den Ermittlungspersonen der StA trifft ihn eine Erscheinenspflicht, wenn seiner Ladung ein Auftrag der StA zugrunde liegt, § 163a Abs. 3 S. 1 StPO. Darüber hinaus braucht er vor der Polizei nicht zu erscheinen.

82 – **Aussage- und Wahrheitspflicht:** Der Zeuge ist verpflichtet, wahrheitsgemäß zum Gegenstand der Vernehmung auszusagen. Gegenstand der Vernehmung sind dabei nicht nur die Angaben zur Sache, vgl. § 69 StPO, sondern auch die Angaben zur Person, vgl. § 68 StPO. Materiellrechtlich abgesichert wird die Pflicht zur wahrheitsgemäßen Aussage durch die §§ 153 ff. StGB, die allerdings nur für richterliche Vernehmungen gelten, nicht dagegen für Vernehmungen durch die StA oder deren Ermittlungspersonen, da diese keine zur eidlichen Vernehmung zuständigen Stellen sind, vgl. §§ 161a Abs. 1 S. 3, 163 Abs. 3 S. 3 StPO. Die Aussagepflicht entfällt, wenn der Zeuge über ein **Zeugnisverweigerungs-** oder **Auskunftsverweigerungsrecht** verfügt. Macht er davon keinen Gebrauch, muss er selbstverständlich die Wahrheit sagen.
Die Aussagepflicht ist eingeschränkt bei Richtern, Beamten und anderen Personen des öffentlichen Dienstes. Handelt es sich beim Gegenstand der Vernehmung um einen Umstand, der der Amtsverschwiegenheit unterliegt, dürfen sie als Zeugen erst aussagen, wenn ihnen eine **Aussagegenehmigung** erteilt wurde, vgl. § 54 StPO.

83 – **Eidespflicht:** Der Zeuge ist verpflichtet, seine Aussage zu beeiden. Eine Vereidigung erfolgt allerdings nur noch, wenn das Gericht sie wegen der ausschlaggebenden Bedeutung der Aussage oder zur Herbeiführung einer wahren Aussage für notwendig hält, § 59 Abs. 1 S. 1 StPO. Die Regelvereidigung ist damit abgeschafft. Unzulässig ist die Vereidigung bei **eidesunmündigen** bzw. **-unfähigen** Personen, § 60 Nr. 1 StPO, und beim Verdacht der **Tatbeteiligung** sowie der Datenhehlerei, **Begünstigung**, **Strafvereitelung** oder **Hehlerei**, § 60 Nr. 2 StPO.

Fall 22: Zeugin Z wird in der Hauptverhandlung vernommen, auf ihre Aussage vereidigt und entlassen. Zu einem späteren Verhandlungstermin erfolgt eine erneute Vernehmung der Z. Dabei gewinnt das Gericht den Eindruck, dass Z in beiden Vernehmungen zu

Gunsten des Angeklagten in der Absicht, dessen Bestrafung zu verhindern, falsch ausgesagt hat. Das Gericht überlegt, ob die erste Vereidigung der Z zulässig war und ob sie nach der zweiten Vernehmung erneut vereidigt werden darf.

Lösung: Grds. rechtfertigt nur der Verdacht einer **vor** der Hauptverhandlung begangenen Begünstigung oder Strafvereitelung die Anwendung des § 60 Nr. 2 StPO. Nur in diesem Fall besteht für den Zeugen die Zwangssituation, entweder mit einer wahrheitsgemäßen Aussage eine eigene Straftat offenbaren oder einen Meineid leisten zu müssen. Begeht er die Begünstigung oder Strafvereitelung dagegen erst mit seiner Falschaussage in der Verhandlung, hindert das die Vereidigung grds. nicht. Die erste Vereidigung des Z war daher zulässig. Eine Besonderheit besteht aber bei der zweiten Vernehmung. Z ist hier verdächtig, sich mit seiner ersten abgeschlossenen Aussage der versuchten Strafvereitelung strafbar gemacht zu haben. Damit befände sie sich in der Zwangslage bei der zweiten Vernehmung entweder diese Straftat aufzudecken oder einen Meineid zu leisten. Aus diesem Grund liegen in einem solchen Fall ausnahmsweise auch bei einer erst in der Hauptverhandlung begangenen Begünstigung oder Strafvereitelung die Voraussetzungen des § 60 Nr. 2 StPO vor (vgl. BGHSt 34, 68). Z darf daher nicht erneut vereidigt werden.

3. Die Rechte des Zeugen

Dem Zeugen stehen folgende Rechte zu:

– **Zeugnisverweigerungsrecht aus persönlichen Gründen:** Die in § 52 StPO genannten Personen sind auf Grund der potenziellen Konfliktlage, ggf. einen Angehörigen belasten zu müssen, zur Zeugnisverweigerung berechtigt. Nach § 52 Abs. 3 S. 1 StPO müssen sie vor jeder Vernehmung über dieses Recht belehrt werden. Problematisch ist dabei die Reichweite des Zeugnisverweigerungsrechts bei mehreren Beschuldigten. **84**

Fall 23: A und B sind des gemeinschaftlichen Diebstahls angeklagt. Während der Hauptverhandlung stirbt die B plötzlich. Nunmehr soll Z, der Witwer der B, als Zeuge vernommen werden. Der Z möchte nicht aussagen.

Lösung: Steht in einem Verfahren gegen mehrere Mitbeschuldigte ein Zeuge zu einem von ihnen in einem Angehörigenverhältnis i.S.d. § 52 Abs. 1 StPO, hat er hinsichtlich aller Beschuldigter ein Zeugnisverweigerungsrecht, sofern der Vernehmungsgegenstand auch seinen Angehörigen betrifft. Nach früher vertretener Auffassung bestand dieses Recht dauerhaft (vgl. dazu BGHSt 34, 138). Nach heute h.M. entfällt es dagegen, wenn das Verfahren gegen den Angehörigen bereits **rechtskräftig abgeschlossen** ist – etwa durch Verurteilung oder Freispruch. In diesem Fall habe der Angehörige nichts mehr zu befürchten, sodass der Schutzzweck des § 52 StPO wegfalle. Es gebe hier keinen Grund, den nicht verwandten Beschuldigten noch von einem Schweigerecht profitieren zu lassen (BGHSt 38, 96; a.A. *Beulke*, Rn. 192). Gleiches gilt auch, wenn der Angehörige stirbt (BGH NJW 1992, 1118). Dem Z steht damit nach h.M. kein Zeugnisverweigerungsrecht zu.

– **Zeugnisverweigerungsrecht aus beruflichen Gründen:** § 53 StPO dient dem Schutz des Vertrauensverhältnisses zwischen bestimmten Berufsgruppen und denjenigen, die ihre Hilfe und Sachkunde in Anspruch nehmen. Bei einigen Berufsgruppen entfällt dieses Zeugnisverweigerungsrecht, wenn sie von der Verpflichtung zur Ver- **85** schwiegenheit entbunden werden, § 53 Abs. 2 StPO. Diese Befreiung kann jederzeit widerrufen werden, sodass dann ein Zeugnisverweigerungsrecht wieder besteht.

86 – **Auskunftsverweigerungsrecht:** Anders als §§ 52 ff. StPO gewährt § 55 StPO kein generelles Zeugnisverweigerungsrecht, sondern nur ein Recht, auf solche Fragen die Antwort zu verweigern, mit denen der Zeuge sich selbst oder einen Angehörigen, der nicht Beschuldigter in dem betreffenden Verfahren ist, der Gefahr der Strafverfolgung aussetzen würde. Keine solche Gefahr besteht aufgrund des Strafklageverbrauchs gem. Art. 103 Abs. 3 GG (vgl. Rn. 282), wenn der Zeuge oder der Angehörige hinsichtlich der Tat, derer er sich durch seine Antworten verdächtig machen könnte, bereits rechtskräftig veurteilt oder freigesprochen worden ist (zu Ausnahmen s. BGH NStZ 2017, 546). Über sein Auskunftsverweigerungsrecht muss der Zeuge belehrt werden, § 55 Abs. 2 StPO.

87 – **Eidesverweigerungsrecht:** Die nach § 52 Abs. 1 StPO zeugnisverweigerungsberechtigten Personen sind – sofern sie sich zur Aussage entschlossen haben – nach § 61 StPO berechtigt, die Beeidung zu verweigern.

88 – **Zeugenbeistand:** Der Zeuge ist gem. § 68b Abs. 1 StPO berechtigt, zu seiner Vernehmung einen Rechtsanwalt mitzubringen, der ihm hilft, seine Rechte zu wahren. Anders als der Verteidiger hat dieser Zeugenbeistand nach h.M. allerdings keine eigenen Rechte (BVerfGE 38, 105, 112; für ein Akteneinsichtsrecht dagegen KK-*Senge*, § 68b Rn. 8). Nach § 68b Abs. 2 StPO kann dem Zeugen unter bestimmten Voraussetzungen sogar ein Rechtsanwalt auf Staatskosten beigeordnet werden.

VI. Der Sachverständige

89 Der Sachverständige soll auf Grund seiner besonderen **Sachkunde** dem Gericht bei der Beurteilung einer Beweisfrage helfen, indem er in Form eines Gutachtens:
– **Tatsachen** feststellt, zu deren Ermittlung man besonders qualifiziert sein muss – sog. **Befundtatsachen** (z.B. ärztliche Diagnose einer Krankheit),
– **allgemeine Erfahrungssätze** mitteilt (z.B. Regeln über die Wirkung bestimmter Stoffe auf den menschlichen Körper) und
– **Schlussfolgerungen** aus Tatsachen zieht, **Bewertungen** vornimmt oder **Prognosen** abgibt (z.B. über das künftige Fehlverhalten eines psychisch kranken Beschuldigten).

Nicht im Sachverständigengutachten mitgeteilt werden dürfen dagegen sog. **Zusatztatsachen**, die der Sachverständige nur „bei Gelegenheit" seiner Tätigkeit erfährt, ohne dass es zu ihrer Feststellung besonderer Sachkunde bedarf (z.B. der Angeklagte gesteht während der psychiatrischen Begutachtung die Tat). Um sie in das Verfahren einzuführen, muss man den Sachverständigen als Zeugen vernehmen (vgl. *Volk/Engländer*, § 21 Rn. 30).

90 Der Sachverständige wird grds. vom Richter bestimmt, § 73 Abs. 1 S. 1 StPO. Im Ermittlungsverfahren kann ihn nach h.M. die StA auswählen (*Beulke*, Rn. 199; a.A. *Kühne*, Rn. 862), vgl. § 161a Abs. 1 S. 1 StPO. Grds. ist der Sachverständige zur Erstat-

tung des Gutachtens verpflichtet, § 75 StPO, es sei denn, er verfügt ausnahmsweise über ein Gutachtenverweigerungsrecht, § 76 StPO. Der Sachverständige kann aus denselben Gründen abgelehnt werden wie ein Richter (z.B. wegen Besorgnis der Befangenheit, § 24 StPO), § 74 Abs. 1 S. 1 StPO.

Sachverständiger Zeuge: Auch der sachverständige Zeuge sagt über Wahrnehmungen aus, die er nur auf Grund seiner besonderen Sachkunde machen konnte (z.B. Bericht eines zufällig am Unfallort vorbeigekommenen Arztes über das Ausmaß der Verletzungen des Opfers), ohne dass aber ein entsprechender Gutachtenauftrag erteilt wurde. Er ist deshalb nach § 85 StPO nicht als Sachverständiger, sondern als Zeuge zu behandeln. 91

VII. Der Verletzte

Als Verletzter gilt jeder, der durch die behauptete Tat in seinen Rechten, Rechtsgütern oder rechtlich anerkannten Interessen beeinträchtigt ist. Beim Verletzten handelt es sich um ein Verfahrenssubjekt mit eigenen Rechten (z.B. auf Auskunft über den Stand des Verfahrens, Akteneinsicht, Beistand eines Rechtsanwalts, psychosoziale Prozessbegleitung oder Unterrichtung über seine Befugnisse), §§ 406d StPO ff. Ausprägungen finden sich insb. 92

- im **Klageerzwingungsverfahren**, vgl. § 172 StPO,
- bei der **Privatklage**, vgl. §§ 374 ff. StPO,
- bei der **Nebenklage**, vgl. §§ 395 ff. StPO und
- im **Adhäsionsverfahren** (Geltendmachung von vermögensrechtlichen Ansprüchen im Strafverfahren), vgl. §§ 403 ff. StPO.

VIII. Der Richter

Der Richter muss persönlich und sachlich unabhängig sein und seine Aufgabe unparteilich und unvoreingenommen wahrnehmen. Für Konstellationen, in denen die Unparteilichkeit und Unvoreingenommenheit nicht gewährleistet ist, enthalten die §§ 22 ff. StPO Ausschluss- und Ablehnungsvorschriften. Diese gelten nicht nur für den Berufsrichter, sondern nach § 31 Abs. 1 StPO für Schöffen entsprechend (allg. zu den Vor- und Nachteilen der Mitwirkung von Schöffen *Ostendorf*, Rn. 113). 93

1. Der Ausschluss

Liegt eine der in §§ 22, 23 StPO genannten Voraussetzungen vor (z.B. der Richter ist der Vater des Verletzten, vgl. §§ 22 Nr. 3 StPO), ist der Richter bereits **kraft Gesetzes** von der Ausübung des Richteramtes ausgeschlossen. Wird dies nicht bereits von Amts wegen berücksichtigt, kann jederzeit auch ein Ablehnungsgesuch gestellt werden, § 24 Abs. 1 Alt. 1 StPO. Ein Verstoß stellt einen absoluten Revisionsgrund nach § 338 Nr. 2 StPO dar. 94

2. Die Ablehnung

95 Ein Richter kann auch wegen der **Besorgnis der Befangenheit** abgelehnt werden, § 24 StPO. Keine Rolle spielt dabei, ob der Richter tatsächlich befangen ist. Es reicht aus, dass für einen objektiven Beobachter aus der Perspektive des Angeklagten bei verständiger Würdigung der Umstände ein solcher Eindruck entstehen kann (z.B. wenn der Richter die dem Angeklagten vorgeworfenen Vorgänge der Presse als feststehende Tatsachen mitteilt, er noch während der Beweisaufnahme zu erkennen gibt, dass seine Überzeugung von der Schuld des Angeklagten bereits feststeht, er einen Zeugen auffordert, von seinem Zeugnisverweigerungsrecht keinen Gebrauch zu machen oder er auf seiner privaten Facebook-Seite für jedermann zugänglich ein Foto postet, auf dem er ein T-Shirt mit dem Aufdruck „Wir geben ihrer Zukunft ein Zuhause: JVA" trägt; zu letzterem siehe BGH NStZ 2016, 218; ausf. zur Kasuistik MüKo-*Conen/Tsambikakis*, § 24 Rn. 24 ff.).

> **Fall 24:** Der Angeklagte A wird von der Strafkammer unter Mitwirkung der Richterin R verurteilt. Auf seine Revision wird das Urteil aufgehoben und die Sache an eine andere Kammer zurückverwiesen, deren Vorsitzende R mittlerweile geworden ist. A will die Mitwirkung von R verhindern.
>
> **Lösung:** Ein Ausschließungsgrund nach § 23 Abs. 1 StPO liegt nicht vor, weil diese Vorschrift nur die erneute Mitwirkung in einer **höheren Instanz**, nicht dagegen auch in **derselben Instanz** untersagt. Fraglich ist, ob in einem solchen Fall dann auf § 24 StPO zurückgegriffen werden kann. Eine t.v.A. bejaht die Besorgnis der Befangenheit. Auch ein verständiger Beobachter werde hier berechtigte Zweifel haben, ob ein Richter, der schon einmal in dieser Sache ein Urteil getroffen hat, sich von seinen früheren Eindrücken frei machen könne (*Beulke*, Rn. 74; diff. *Volk/Engländer*, § 19 Rn. 16). Die Rspr. lehnt dies hingegen – wenn nicht besondere Umstände vorliegen – ab. Für einen Richter sei es i.d.R. selbstverständlich, dass er sein Urteil nur auf Grund der neuen Verhandlung bilde; davon könne auch der vernünftige Angeklagte ausgehen (BGHSt 21, 334). Danach könnte A hier die R nicht wegen Besorgnis der Befangenheit ablehnen.

Das Ablehnungsrecht steht nur der **StA**, dem **Privatkläger** und dem **Beschuldigten** zu, § 24 Abs. 3 S. 1 StPO, nicht dagegen einem Zeugen oder dem Verteidiger (der aber natürlich ein Ablehnungsgesuch für seinen Mandanten stellen kann). Grds. ist die Ablehnung nur bis zum **Beginn der Vernehmung des (ersten) Angeklagten** zulässig, § 25 Abs. 1 StPO. Ist der Ablehnungsgrund erst später entstanden oder bekannt geworden, muss die Ablehnung **unverzüglich** geltend gemacht werden, § 25 Abs. 2 StPO. Form und Inhalt des Ablehnungsgesuchs sowie das weitere Verfahren sind geregelt in §§ 26 ff. StPO. Auch der **Richter selbst** hat von sich aus mögliche Ablehnungsgründe anzuzeigen, vgl. § 30 StPO.

§ 6 Das Ermittlungsverfahren

I. Die Einleitung

Beim Vorverfahren handelt es sich um ein staatsanwaltliches Ermittlungsverfahren. Die StA ist nach dem Legalitätsprinzip zur Einleitung dieses Verfahrens verpflichtet, wenn ein Anfangsverdacht besteht (vgl. Rn. 17). In Gang gesetzt werden kann das Ermittlungsverfahren dabei auf zwei Weisen: 96

- **Strafanzeige oder Strafantrag:** Jeder Bürger kann bei der StA, der Polizei oder den Amtsgerichten eine **Strafanzeige** erstatten, § 158 Abs. 1 StPO. Darunter versteht man die Mitteilung eines Sachverhaltes, der nach Meinung des Anzeigenden Anlass zur Strafverfolgung bietet. Bringt der Anzeigende über diese bloße **Wissenserklärung** hinaus auch zum Ausdruck, dass er die Strafverfolgung wünscht, wird dies als **Strafantrag i.w.S.** bezeichnet.
Vom Strafantrag i.w.S., den jedermann formlos stellen darf, ist der **Strafantrag i.e.S.** als Prozessvoraussetzung bei den Antragsdelikten zu unterscheiden. Ihn kann nur der Berechtigte i.S.v. § 77 StGB stellen. Hierbei sind die Formerfordernisse des § 158 Abs. 2 StPO zu beachten. Freilich genügt es, wenn der Strafantrag implizit in der schriftlichen Strafanzeige liegt.

- **Amtliche Wahrnehmung:** Die StA erhält auf irgendeine andere Weise als durch Anzeige oder Antrag Kenntnis vom Verdacht einer Straftat, vgl. § 160 Abs. 1 StPO. Dabei kann auch bei den Antragsdelikten das Verfahren zunächst durch amtliche Wahrnehmung eingeleitet werden (und wenn die StA ein besonderes öffentliches Interesse bejaht, darf es bei den relativen Antragsdelikten auch fortgeführt werden). Gleiches gilt auch für die Polizei, vgl. § 163 Abs. 1 StPO (**Pflicht zum ersten Zugriff**, vgl. oben Rn. 58). 97

II. Die Durchführung

Die StA ist verpflichtet, den Sachverhalt zu erforschen, § 160 Abs. 1 StPO. Dabei muss sie nicht nur die den Beschuldigten **belastenden** Umstände, sondern auch die ihn **entlastenden** Umstände ermitteln, § 160 Abs. 2 StPO. Die Ermittlungen kann sie selbst führen, i.d.R. wird sie sich dazu aber der Polizei bedienen (vgl. Rn. 58). 98

Geregelt ist die Befugnis der Strafverfolgungsbehörden zu Ermittlungshandlungen mit Eingriffscharakter in speziellen Vorschriften über die einzelnen Zwangsmaßnahmen (vgl. dazu Rn. 117 ff.). Daneben beinhalten die **Ermittlungsgeneralklauseln** der §§ 161 Abs. 1, 163 Abs. 1 StPO eine Ermächtigung für alle Maßnahmen, die mangels eines tieferen Eingriffs in subjektive Rechte keiner gesonderten Regelung bedürfen (z.B. die kurzfristige Observation oder nach h.M. der Einsatz von Informanten und V-Leuten – vgl. zu Letzterem Rn. 163 ff.). 99

1. Die Vernehmung des Beschuldigten

100 Gemäß § 163a Abs. 1 StPO muss der Beschuldigte spätestens vor Abschluss der Ermittlungen vernommen werden, es sei denn, das Verfahren führt zur Einstellung. In einfachen Fällen genügt es dabei, wenn ihm Gelegenheit zur schriftlichen Äußerung gegeben wird. Möglich ist auch eine Videosimultanvernehmung.

101 Der Vernehmungsablauf ist geregelt v.a. in §§ 136, 136a StPO, auf die § 163a Abs. 3 u. 4 StPO auch für staatsanwaltliche und (mit einer Einschränkung hinsichtlich der Aufklärung über die in Betracht kommenden Strafvorschriften) polizeiliche Vernehmungen verweisen. Fraglich ist dabei, welche Befragungen und Gespräche als Vernehmung aufzufassen sind.

> **Fall 25a:** B ist der gewerbsmäßigen Hehlerei verdächtig. Die StA setzt daraufhin die nichtöffentlich ermittelnde Polizistin X auf ihn an. Im Rahmen eines „Kundengespräches" erklärt B der X seine Geschäftspraxis. Als B später klar wird, mit wem er gesprochen hat, ist er empört. Er ist der Auffassung, dass X ihn über den eigentlichen Zweck des Gespräches hätte aufklären müssen.
>
> **Lösung:** Nach einer t.v.A. liegt eine Vernehmung immer dann vor, wenn eine Person zur Preisgabe von Wissen durch ein Strafverfolgungsorgan, das nicht als solches erkennbar geworden sein muss, direkt oder indirekt veranlasst wird – sog. **funktionaler Vernehmungsbegriff** (LR-*Gleß*, § 136a Rn. 12). Dagegen wendet die h.M. ein, dass dann jedes verdeckte Ermitteln direkt dem strengen Maßstab des § 136 StPO unterfiele und damit praktisch unmöglich würde. Vernehmung sei deshalb nur eine Befragung, in der der Vernehmende dem Beschuldigten in amtlicher Eigenschaft gegenüber trete und in dieser Eigenschaft von ihm Auskunft verlange (BGHSt 42, 139; *Beulke*, Rn. 115) – sog. **formeller Vernehmungsbegriff**. Bei der Befragung des B durch X handelt es sich danach nicht um eine Vernehmung, sodass die Anforderungen des § 136 StPO hierfür nicht einschlägig waren.
>
> **Fall 25b:** Auf der Polizeistation erscheint der T und erklärt gegenüber dem Polizisten P ungefragt, soeben seinen Nachbarn im Streit erschlagen zu haben. P nimmt ihn daraufhin vorläufig fest und transportiert ihn mit seinem Kollegen R zur Kriminalpolizeiinspektion. Auf der Fahrt schildert T den beiden Beamten die Einzelheiten des Tatgeschehens, ohne dass diese ihn zuvor nach § 136 Abs. 1 StPO belehrt haben. Erst der Kriminalkommissar K klärt T zu Beginn der Befragung über seine Beschuldigtenrechte auf.
>
> **Lösung:** Nimmt der Polizeibeamte lediglich passiv sog. **Spontanäußerungen** entgegen, d.h. Äußerungen, die der Beschuldigte von sich aus ohne Aufforderung trifft, handelt es sich nicht um eine Vernehmung, so dass hier noch keine Belehrungspflicht besteht. Gleiches gilt auch für Aussagen im Rahmen einer **informatorischen Befragung**, d.h. der Befragung verdächtiger Personen, ohne dass gegen diese schon ein konkreter Anfangsverdacht besteht (*Meyer-Goßner/Schmitt*, Einl Rn. 79). Allerdings schlägt die bloß passive Entgegennahme einer Spontanäußerung in eine Vernehmung um, wenn sich die Polizisten nach dem pauschalen Geständnis einer schweren Straftat und der darauf erfolgten Festnahme des Tatverdächtigen von der von ihnen ersichtlich als Beschuldigten behandelten Person über eine längere Zeit Einzelheiten der Tat berichten lassen (BGH NJW 2009, 3589). Hier hätte P deshalb T nach der vorläufigen Festnahme über seine Rechte belehren müssen (zu den Folgen der unterbliebenen Belehrung – auch für die weitere Vernehmung durch K – vgl. Rn. 256 ff.).

102 Im Einzelnen läuft die erste Vernehmung wie folgt ab:
- Aufklärung des Beschuldigten, welche Tat ihm zu Last gelegt wird und (außer bei polizeilichen Vernehmungen, § 163a Abs. 4 S. 1 StPO) welche Strafvorschriften in Betracht kommen, § 136 Abs. 1 S. 1 StPO,
- Hinweis auf sein Aussageverweigerungsrecht, § 136 Abs. 1 S. 2, 1. Hs. StPO,
- Hinweis auf das Recht der Verteidigerkonsultation, § 136 Abs. 1 S. 2, 2. Hs. StPO,
- Hinweis auf Beweisantragsrecht, § 136 Abs. 1 S. 3, 1. Hs. StPO,
- Hinweis auf Anspruch gegen den Staat auf Beiordnung eines Pflichtverteidigers unter den Voraussetzungen des § 140 StPO, § 136 Abs. 1 S. 2, 2. Hs. StPO,
- Vernehmung zur Person,
- Vernehmung zur Sache.

> **Hinweis:** Im Interesse des Beschuldigten stellt das StrVerfAusgG v. 17.8.2017 in § 136 Abs. 4 S. 1 StPO klar, dass die Vernehmung auch **audiovisuell aufgezeichnet** werden kann. Darüber hinaus sieht § 136 Abs. 4 S. 2 StPO bei Verfahren wegen eines vorsätzlichen Tötungsdelikts oder bei besonderer Schutzbedürftigkeit des Beschuldigten (z.B. im Falle erkennbar eingeschränkter geistiger Fähigkeiten) eine **Pflicht** zur audiovisuellen Aufzeichnung vor. In Kraft treten wird diese Regelung allerdings erst zum 1.1.2020, damit ausreichend Zeit für die Anschaffung der erforderlichen Technik zur Verfügung steht.

2. Die Einschaltung des Ermittlungsrichters

103 Bestimmte Ermittlungshandlungen – insb. die Anordnung der schwereren Zwangsmaßnahmen (dazu Rn. 117 ff.) – kann die StA nicht selbst vornehmen, sondern sind dem Richter vorbehalten. Hält die StA eine solche richterliche Untersuchungshandlung für erforderlich, stellt sie einen entsprechenden Antrag i.d.R. bei dem Amtsgericht, in dessen Bezirk sie ihren Sitz hat, § 162 Abs. 1 S. 1 StPO (Ausnahmen in S. 2 u. 3). Der im Vorverfahren tätig werdende Richter wird als **Ermittlungsrichter** bezeichnet. Er prüft dabei immer nur die **Rechtmäßigkeit**, nicht die **Zweckmäßigkeit** der beantragten Maßnahme, § 162 Abs. 2 StPO.

104 Bei **Gefahr im Verzug** darf der Richter ausnahmsweise auch ohne vorherigen Antrag der StA die erforderliche Maßnahme treffen, wenn die StA nicht erreichbar ist, § 165 StPO. Er handelt dann als **Notstaatsanwalt**.

105 Die Einschaltung des Ermittlungsrichters durch die StA kann neben der Anordnung von bestimmten Zwangsmaßnahmen auch der **Beweissicherung** dienen. So dürfen z.B. Geständnisse des Beschuldigten vor dem Ermittlungsrichter in der Hauptverhandlung im Wege des Urkundenbeweises verlesen werden, § 254 StPO. Ferner ist im Falle abwesender Zeugen, Sachverständiger und Mitbeschuldigter die Möglichkeit einer Ersetzung ihrer Vernehmung in der Hauptverhandlung durch Verlesung des Protokolls einer früheren richterlichen Vernehmung weiter als bei einer früheren nichtrichterlichen Vernehmung, § 251 StPO (näher Rn. 228 ff.).

III. Der Abschluss

Das Ermittlungsverfahren endet entweder durch Einstellung oder durch Erhebung der öffentlichen Klage.

1. Die Einstellung mangels hinreichenden Tatverdachts

106 Ergeben die Ermittlungen keinen hinreichenden Tatverdacht (vgl. Rn. 112), ist das Verfahren nach § 170 Abs. 2 StPO einzustellen. Diese Einstellung hat allerdings **keinen Strafklageverbrauch** zur Folge, sodass das Verfahren jederzeit wieder aufgenommen werden kann.

2. Die Einstellung mangels öffentlichen Interesses

107 Bei den Privatklagedelikten, § 374 StPO, stellt die StA – sofern sie überhaupt ein Ermittlungsverfahren in Gang gesetzt hat – ebenfalls nach § 170 Abs. 2 StPO ein, wenn sie das öffentliche Interesse verneint, vgl. § 376 StPO, und verweist den Antragsteller auf den Privatklageweg.

3. Die Einstellung aus Opportunitätsgründen

108 Eine Einstellung ist in bestimmten Fällen auch aus Opportunitätsgründen zulässig, §§ 153 ff. StPO. Die wichtigsten Einstellungsgründe sind:
- **Einstellung ohne Auflage bei Geringfügigkeit und fehlendem öffentlichen Interesse:** Nach § 153 StPO kann die StA das Verfahren ohne Auflage einstellen. Hierzu müssen folgende Voraussetzungen erfüllt sein:
  – es handelt sich um ein **Vergehen**,
  – die **Schuld** des Täters **wäre gering** (hypothetische Betrachtung; ausreichend ist die Wahrscheinlichkeit der Verurteilung auf der Basis der bisherigen Ermittlungen),
  – es besteht **kein öffentliches Interesse** an der Strafverfolgung (d.h. die Fortsetzung des Verfahrens erscheint weder aus spezial- und generalpräventiven Gründen noch zum Schuldausgleich erforderlich) und
  – bei Vergehen, deren Strafrahmen **nicht** bei der Mindeststrafe beginnen, vgl. §§ 38, 40 StGB (z.B. die gefährliche Körperverletzung, § 224 StGB), stimmt das erstinstanzlich zuständige Gericht zu (beginnt der Strafrahmen dagegen – wie bei vielen Vergehen, so z.B. der einfachen Körperverletzung, § 223 StGB – bei der Mindeststrafe, bedarf es dieser Zustimmung nicht, wenn die Tatfolgen gering sind).

Diese Entscheidung führt nicht zum Strafklageverbrauch, da keine Sanktion erfolgt. Eine Fortsetzung des Verfahrens ist deshalb jederzeit möglich. (Eine beschränkte Rechtskraft tritt allerdings ein, wenn erst das Gericht im Zwischenverfahren oder Hauptverfahren nach § 153 Abs. 2 StPO einstellt; es gilt nach h.M. § 153a Abs. 1 S. 5 StPO analog; vgl. BGH NStZ 2004, 218; krit. *Joecks*, § 153 Rn. 21).

- **Einstellung mit Auflage bei geringer/mittlerer Schuld und kompensierbarem öffent-** 109
  lichen Interesse: Nach § 153a StPO ist eine Verfahrenseinstellung mit Auflagen und
  Weisungen – insb. den in Abs. 1 S. 1 Nr. 1–7 genannten – unter folgenden Voraussetzungen zulässig:
  - es handelt sich um ein **Vergehen**,
  - die **Schwere** der Schuld steht **nicht entgegen** (anders als bei § 153 StPO muss die Schuld damit im Sinne hinreichenden Tatverdachts festgestellt sein),
  - das öffentliche Interesse an der Strafverfolgung muss durch die Auflagen und Weisungen beseitigt werden können (anders als bei § 153 StPO muss also ein öffentliches Strafverfolgungsinteresse bestehen),
  - der Beschuldigte **stimmt zu** und
  - bei Vergehen, deren Strafrahmen nicht bei der Mindeststrafe beginnen oder bei denen die Tatfolgen nicht gering sind, stimmt das erstinstanzliche Gericht zu, Abs. 1 S. 7 i.V.m. § 153 Abs. 1 S. 2 StPO (bei einer Auflage nach Abs. 1 S. 2 Nr. 7 oder Verhängung einer nicht in § 153a StPO explizit genannten Auflage ist die Zustimmung immer zwingend).

Die Einstellung erfolgt zunächst **vorläufig**. Wird die Auflage erfüllt, muss die StA endgültig einstellen und es tritt ein **beschränkter Strafklageverbrauch** ein.

Fall 26: Der Beschuldigte B ist des Betrugs nach § 263 Abs. 1 StGB hinreichend verdächtig. Mit Zustimmung des Gerichts und des B stellt die StA das Verfahren nach § 153a StPO ein, nachdem B den angeordneten Geldbetrag an eine gemeinnützige Einrichtung gezahlt hat. Später stellt sich heraus, dass B die Tat als Mitglied einer Bande, die sich zur fortgesetzten Begehung von Betrugsstraftaten verbunden hatte, gewerbsmäßig begangen hat. Die StA überlegt, ob sie das Verfahren gegen B noch fortsetzen kann.
Lösung: Ein Strafklageverbrauch i.S.v. Art. 103 Abs. 3 GG liegt nicht vor, weil es sich bei der Auflage nicht um eine Strafe im technischen Sinne handelt. Allerdings hat der Beschuldigte dennoch eine Sanktion erhalten. Aus diesem Grund ordnet § 153a Abs. 1 S. 5 StPO einen beschränkten Strafklageverbrauch an: Die Tat kann nach Erfüllung der Auflagen nicht mehr als Vergehen verfolgt werden. Zulässig bleibt allerdings eine Verfolgung der Tat als **Verbrechen**. Die gewerbsmäßige Begehung eines Betruges als Mitglied einer Bande stellt nach § 263 Abs. 5 StGB ein Verbrechen dar, sodass die StA hier durch die Einstellung nach § 153a StPO nicht an der Fortsetzung des Verfahrens gegen B gehindert ist.

- **Einstellung aus Beschleunigungsinteresse:** Zur Beschleunigung des Verfahrens 110
  kann die StA eine Tat, die neben einer **anderen selbstständigen** prozessualen Tat des Beschuldigten nicht beträchtlich ins Gewicht fällt, nach § 154 StPO einstellen (z.B. der Täter eines Raubes hat kurz zuvor eine geringwertige Sache gestohlen). § 154a StPO ermöglicht dagegen die Abtrennung von Teilen **derselben** prozessualen Tat, die nicht von größerer Bedeutung sind (z.B. der Täter eines Raubes beleidigt dabei sein Opfer).
- **Weitere Einstellungsmöglichkeiten:** Weitere Einstellungsmöglichkeiten bestehen 111
  u.a.:
  - wenn das Gericht von Strafe absehen könnte, § 153b StPO,
  - aus bestimmten staatlichen Interessen, §§ 153c–153f, 154b StPO,
  - zu Gunsten von Nötigungs- und Erpressungsopfern, § 154c StPO.

4. Klageerhebung

112 Liegt ein hinreichender Tatverdacht vor und kommen keine Einstellungsgründe in Betracht, erhebt die StA Klage. Hinreichender Tatverdacht besteht, wenn nach dem Ergebnis der Ermittlungen **die Verurteilung des Beschuldigten mit Wahrscheinlichkeit zu erwarten ist**. Der in-dubio-Grundsatz gilt im Ermittlungsverfahren nicht (zu berücksichtigen ist allerdings, ob das Gericht nach der gegebenen Beweislage unter Anwendung des in-dubio-Grundsatzes wahrscheinlich freisprechen würde). Die Erhebung der Klage erfolgt durch Einreichung der Anklageschrift bei Gericht, § 170 Abs. 1 StPO, oder – in bestimmten Fällen – durch Antrag auf Erlass eines Strafbefehls, § 407 Abs. 1 S. 4 StPO (dazu Rn. 317 ff.). Vor der Klageerhebung ist der Abschluss der Ermittlungen in den Akten zu vermerken, § 169a StPO.

113 Inhalt und Form der Anklage richten sich nach § 200 StPO (zum Aufbau der Anklageschrift vgl. *Haller/Conzen*, Rn. 197 ff.). Die Anklageschrift hat zwei Funktionen:

– **Umgrenzungsfunktion:** Die Anklageschrift bezeichnet die Tat, die dem Angeklagten vorgeworfen wird, und umgrenzt damit den Prozessgegenstand (vgl. dazu auch Rn. 275 f.)

– **Informationsfunktion:** Die Anklageschrift soll den Angeschuldigten über die gegen ihn erhobenen Vorwürfe in Kenntnis setzen.

Schaubild 4: Abschluss des Ermittlungsverfahrens

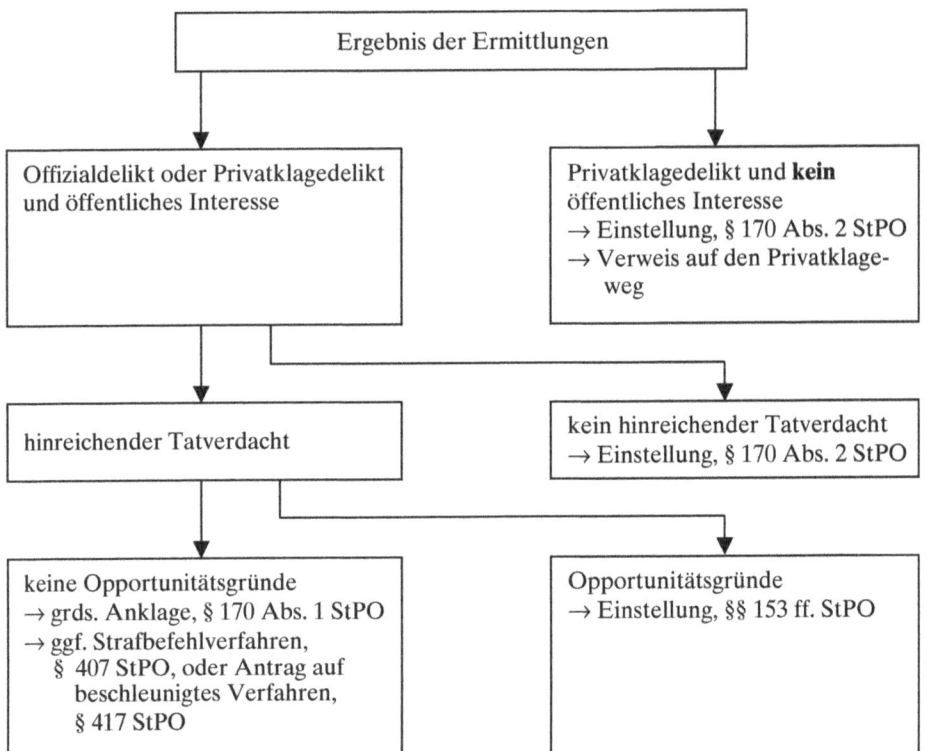

IV. Das Klageerzwingungsverfahren

Das (in der Praxis seltene) Klageerzwingungsverfahren dient den Zwecken, das Legalitätsprinzip sowie das Interesse des Verletzten an der Strafverfolgung prozessrechtlich abzusichern. Stellt die StA das Verfahren ein, kann der Verletzte versuchen, durch das Klageerzwingungsverfahren die StA zur Klageerhebung **verpflichten** zu lassen. **114**

Voraussetzungen: Das Klageerzwingungsverfahren ist sowohl in persönlicher als auch in sachlicher Hinsicht begrenzt. Zulässigkeitsvoraussetzungen sind: **115**

- **Strafantrag:** Das Klageerzwingungsverfahren kann nur betreiben, wer zuvor zumindest konkludent einen Strafantrag i.w.S. (d.h. nicht bloß Strafanzeige) gestellt hat, vgl. § 172 Abs. 1 S. 1 i.V.m. § 171 StPO.
- **Verletzteneigenschaft:** Der Antragsteller muss zugleich Verletzter sein, § 172 Abs. 1 S. 1 StPO. Dieser Begriff ist weit auszulegen. Als Verletzter i.S.v. § 172 StPO gilt jeder, der durch die behauptete Tat – ihre Begehung unterstellt – in seinen **Rechten, Rechtsgütern** oder **rechtlich anerkannten Interessen unmittelbar beeinträchtigt** ist (z.B. die Eltern eines getöteten Kindes). Nicht ausreichend sind dagegen bloß mittelbare Beeinträchtigungen (z.B. der am Gewinn beteiligte Angestellte einer geschädigten GmbH).
- **kein Zulässigkeitsausschluss:** Das Verfahren ist nur zulässig bei Straftaten, für die das Legalitätsprinzip gilt, nicht dagegen bei Privatklagedelikten und Einstellungen aus Opportunitätsgründen, § 172 Abs. 2 S. 3 StPO.

> **Fall 27:** V stellt Strafantrag gegen den B, der ihm durch Drohung mit Schlägen eine Flasche Whisky weggenommen hat. Nach Ableistung von 48 Stunden gemeinnützigen Dienstes in einem Pflegeheim stellt die StA das Verfahren gemäß § 153a StPO ein. V ist empört und will dagegen vorgehen.
>
> **Lösung:** Zwar hat die StA nach § 153a StPO eingestellt, sodass ein Klageerzwingungsverfahren nicht zulässig zu sein scheint. Allerdings hat der V hier Strafantrag hinsichtlich eines Verbrechens, vgl. § 249 StGB, und damit hinsichtlich einer dem Legalitätsprinzip unterliegenden Tat gestellt, die nicht nach § 153a StPO eingestellt werden darf. Der Ausschlussgrund des § 172 Abs. 2 S. 3 StPO findet in diesem Fall keine Anwendung. Verhindert werden soll nur die Kontrolle einer Entscheidung der StA, die sich innerhalb des Anwendungsbereiches der §§ 153 ff. StPO bewegt. Die Einhaltung der rechtlichen Grenzen des Opportunitätsprinzips kann hingegen auf diesem Weg überprüft werden.

Ablauf: Das Klageerzwingungsverfahren verläuft wie folgt: **116**

- Gegen den Bescheid der StA, mit dem diese dem Antragsteller die Einstellung des Verfahrens mitteilen muss, vgl. § 171 StPO, kann der Antragsteller binnen zwei Wochen **Beschwerde** beim Generalstaatsanwalt einlegen, § 172 Abs. 1 StPO.
- Hilft die StA nicht ab und lehnt auch der Generalstaatsanwalt die Beschwerde ab kann der Antragsteller binnen eines Monats **Antrag auf gerichtliche Entscheidung** beim OLG stellen, § 172 Abs. 2–4 StPO, das entweder den Antrag verwirft, § 174 StPO, oder – für die StA verbindlich – die Anklageerhebung beschließt, § 175 StPO.

§ 7 Die Zwangsmittel

I. Die Untersuchungshaft

117 Die Untersuchungshaft dient drei Zielen:
- Sie soll die **Anwesenheit** des Beschuldigten im Strafverfahren **sichern**,
- eine **störungsfreie Tatsachenermittlung** Gewähr leisten und
- die **Strafvollstreckung** ermöglichen.

1. Die Voraussetzungen

118 a) Die U-Haft hat folgende **formelle Voraussetzungen**:
- **Schriftlicher Haftbefehl:** Die U-Haft muss durch einen schriftlichen Haftbefehl angeordnet werden, § 114 Abs. 1 StPO. Den Inhalt regelt § 114 Abs. 2 StPO.
- **Anordnungsbefugnis:** Den Haftbefehl kann nur ein **Richter** erlassen, § 114 Abs. 1 StPO. Im Ermittlungsverfahren ist hierfür der Amtsrichter als Ermittlungsrichter zuständig, der allerdings grds. nur auf Antrag der StA (Ausnahme bei Gefahr im Verzug) tätig werden darf, § 125 Abs. 1 StPO. Nach Anklageerhebung liegt die Zuständigkeit bei dem mit der Sache befassten Gericht (in der Revision beim Gericht, dessen Urteil angefochten wird), § 125 Abs. 2 S. 1 StPO. In dringenden Fällen kann auch der Vorsitzende allein den Haftbefehl erlassen, § 125 Abs. 2 S. 2 StPO.

119 b) **Materiell** ist die U-Haft unter den folgenden Bedingungen zulässig:
- **Dringender Tatverdacht:** Der Beschuldigte muss zunächst der Tat dringend verdächtig sein, § 112 Abs. 1 S. 1 StPO. Dringender Tatverdacht liegt vor, wenn nach dem **aktuellen Stand der Ermittlungen** die **hohe Wahrscheinlichkeit** besteht, dass der Beschuldigte eine Straftat schuldhaft begangen hat. (Vom hinreichenden Tatverdacht unterscheidet er sich daher in zweierlei Hinsicht: Zum einen wird mit der hohen Wahrscheinlichkeit ein höherer Verdachtsgrad gefordert. Zum anderen ist mit dem aktuellen Stand der Ermittlungen der gegenwärtige Kenntnisstand maßgeblich, d.h. die Ermittlungen brauchen noch nicht abgeschlossen zu sein.)

Schaubild 5: Die Verdachtsgrade

- **Anfangsverdacht:** Aufgrund der konkreten tatsächlichen Anhaltspunkte ist das Vorliegen einer verfolgbaren Straftat nach kriminalistischer Erfahrung möglich (geringe Wahrscheinlichkeit genügt).
  → Erforderlich für die Einleitung des Ermittlungsverfahrens, §§ 152 Abs. 2, 160 Abs. 1 StPO.
- **hinreichender Tatverdacht:** Nach Abschluss der Ermittlungen erscheint die Verurteilung des Beschuldigten wahrscheinlich (d.h. wahrscheinlicher als ein Freispruch).
  → Erforderlich für die Anklageerhebung, § 170 Abs. 1 StPO, und die Eröffnung des Hauptverfahrens, § 203 StPO.
- **dringender Tatverdacht:** Nach dem aktuellen Stand der Ermittlungen besteht die hohe Wahrscheinlichkeit, dass der Beschuldigte eine Straftat schuldhaft begangen hat.
  → Erforderlich insb. für die U-Haft, § 112 Abs. 1 S. 1 StPO, und die Unterbringung zur Beobachtung des Beschuldigten in einem psychiatrischen Krankenhaus, § 81 Abs. 2 S. 1 StPO.

- **Haftgrund:** Es muss zudem ein Haftgrund bestehen, § 112 Abs. 1 S. 1 StPO. Dabei kommen in Betracht: **120**
  - **Flucht bzw. Fluchtgefahr:** Ein Haftgrund liegt vor, wenn der Beschuldigte auf der Flucht ist oder die Gefahr einer solchen Flucht besteht, § 112 Abs. 2 Nr. 1 u. 2 StPO. Erforderlich zur Begründung der Fluchtgefahr sind dabei konkrete Tatsachen, die es wahrscheinlich machen, dass der Beschuldigte sich dem Strafverfahren entziehen will; eine hohe Straferwartung **allein** genügt dafür nicht.
  - **Verdunkelungsgefahr:** Bei der Verdunkelungsgefahr müssen konkrete Tatsachen den **dringenden Verdacht** begründen, dass der Beschuldigte in **unzulässiger Weise** auf sachliche oder persönliche Beweismittel einwirken und damit die **Wahrheitsfindung erschweren** wird, § 112 Abs. 2 Nr. 3 StPO.
  - Zulässige Einwirkungen begründen dagegen nie eine Verdunkelungsgefahr, auch wenn sie die Sachverhaltsaufklärung behindern (z.B. die Bitte des Beschuldigten an seine Ehefrau, von ihrem Zeugnisverweigerungsrecht Gebrauch zu machen).
  - **Verdacht eines Kapitaldelikts:** Bei Verdacht einer in § 112 Abs. 3 StPO genannten Katalogtat kann nach dem Wortlaut dieser Vorschrift U-Haft auch **ohne** das Vorliegen eines Haftgrundes i.S.v. Abs. 2 angeordnet werden.

> **Fall 28:** Der 70-jährige gehbehinderte Pensionär B erstattet Selbstanzeige, weil er seine Frau in einem Ehestreit erschlagen habe. Er erklärt, zur Aufklärung der Tat in vollem Umfang beitragen zu wollen und für sein Verbrechen die gerechte Strafe zu erwarten. B wohnt seit 50 Jahren in seinem eigenen Haus am selben Ort und ist dort fest verwurzelt. Wegen dringenden Tatverdachts beantragt die StA Haftbefehl.
>
> **Lösung:** Hier ist der B des Totschlags und damit einer Katalogtat des § 112 Abs. 3 StPO dringend verdächtig. Demnach scheint der Erlass eines Haftbefehls auch ohne Vorliegen eines Haftgrundes zulässig. Dies verstößt jedoch gegen den **Verhältnismäßigkeitsgrundsatz**. Das BVerfG verlangt daher im Wege **verfassungskonformer Interpretation**, dass zumindest eine **abstrakte Flucht-** oder **Verdunkelungsgefahr** bestehen muss (BVerfGE 19, 342). Bei Würdigung der Umstände des Einzelfalles kann man im vorliegenden Fall wohl nicht einmal eine geringe oder entfernte Flucht- oder Verdunkelungsgefahr annehmen, sodass der Richter den Antrag auf Erlass eines Haftbefehls ablehnen wird.

  - **Wiederholungsgefahr:** Nach § 112a StPO begründet bei den dort genannten Delikten auch eine Wiederholungsgefahr einen Haftgrund (der allerdings gegenüber Haftgründen nach § 112 StPO subsidiär ist, § 112a Abs. 2 StPO).
- **Verhältnismäßigkeit:** Die U-Haft darf nicht angeordnet werden, wenn sie **außer Verhältnis** zur Bedeutung der Sache und zur erwarteten Strafe steht, § 112 Abs. 1 S. 2 StPO (vgl. auch § 113 StPO). **121**

2. Der Ablauf

Nachdem der Richter einen Haftbefehl erlassen hat, läuft das Verfahren wie folgt:
- **Verhaftung:** Die Vollstreckung des Haftbefehls erfolgt durch die Verhaftung, die durch die StA veranlasst wird, § 36 Abs. 2 S. 1 StPO. **122**

§ 7 *Die Zwangsmittel*

Schaubild 6: Die U-Haft

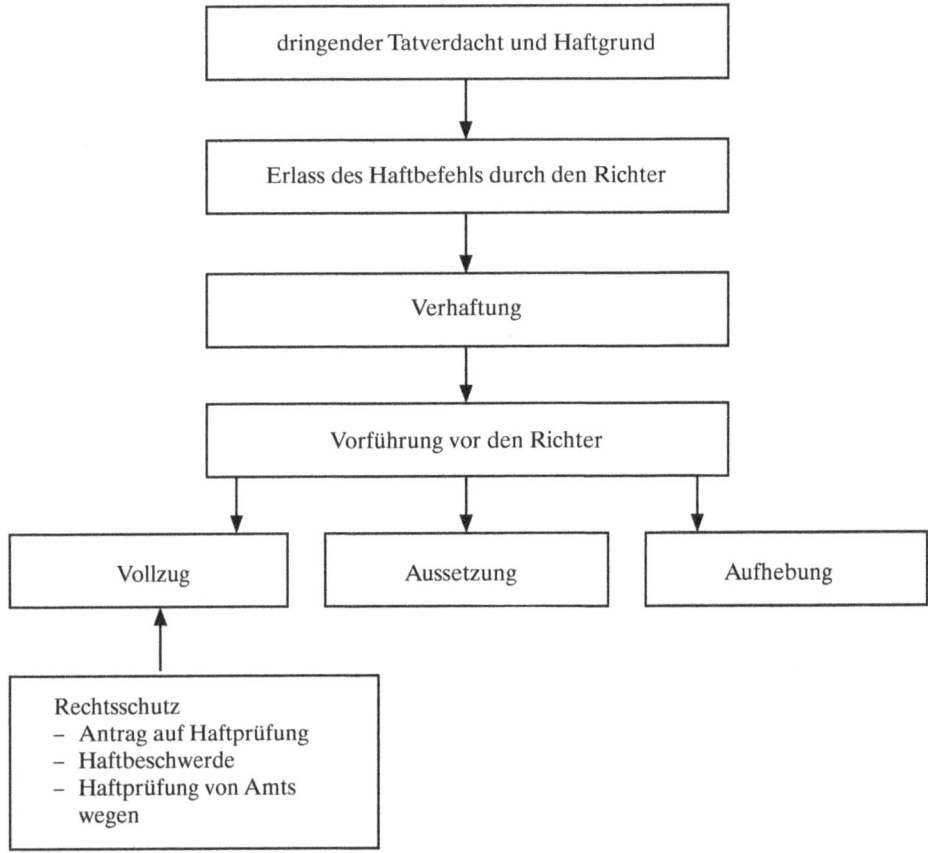

- **Aushändigung des Haftbefehls:** Bei Verhaftung ist dem Verhafteten eine Abschrift des Haftbefehls auszuhändigen, § 114a StPO.
- **Belehrung:** Der Verhaftete muss unverzüglich über seine Rechte belehrt werden, § 114b StPO.
- **Benachrichtigung der Angehörigen:** Ferner ist dem Verhafteten unverzüglich Gelegenheit zu geben, einen Angehörigen oder eine Person seines Vertrauens zu benachrichtigen, sofern dadurch nicht der Zweck der Untersuchung erheblich gefährdet wird § 114c Abs. 1 StPO.
- **Vorführung vor den Richter:** Nach der Verhaftung ist der Beschuldigte **unverzüglich**, d.h. spätestens am Tag nach der Ergreifung, vgl. § 115a Abs. 1 StPO, dem zuständigen Richter vorzuführen, § 115 Abs. 1 StPO. Der Haftrichter muss den Beschuldigten unverzüglich, d.h. spätestens am nächsten Tag, belehren und vernehmen, § 115 Abs. 2 u. 3 StPO. Er entscheidet dann darüber, ob der Haftbefehl **aufrechterhalten, ausgesetzt** oder **aufgehoben** wird. Hält er den Haftbefehl aufrecht, muss er die unverzügliche Benachrichtigung eines Angehörigen oder einer Ver-

123

trauensperson veranlassen, § 114c Abs. 2 StPO. Auch später kann im Rahmen einer
Haftprüfung eine erneute Entscheidung erforderlich werden.
- **Vollzug:** Bei aufrechterhaltenem Haftbefehl erfolgt der Vollzug, der im Wesentlichen in Landesgesetzen geregelt ist. Mit Beginn der U-Haft wird die **Mitwirkung eines Verteidigers** notwendig, § 140 Abs. 1 Nr. 4 StPO. Ggf. muss dem Beschuldigten ein **Pflichtverteidiger** bestellt werden, § 141 Abs. 3 S. 5 StPO. 124

3. Der Rechtsschutz

Gegen den Haftbefehl kann der Beschuldigte zum einen mit einem **Antrag auf Haftprüfung**, § 117 Abs. 1 StPO, und zum anderen mit einer **Beschwerde**, § 304 StPO vorgehen, wobei Letztere gegenüber Ersterer **subsidiär** ist, § 117 Abs. 2 S. 1 StPO. Gegen die richterliche Entscheidung im Haftprüfungsverfahren bleibt die Beschwerde allerdings möglich, § 117 Abs. 2 S. 2 StPO. 125

Nach **sechs Monaten** entscheidet das OLG von Amts wegen über die Fortsetzung der U-Haft, §§ 121, 122 StPO. Ordnet es diese an, muss es alle **drei Monate** wieder eine Haftprüfung vornehmen, § 122 Abs. 4 S. 2 StPO.

II. Die vorläufige Festnahme

§ 127 StPO gewährt unter bestimmten Voraussetzungen ein Festnahmerecht. Hierbei ist zu unterscheiden zwischen der in Abs. 1 StPO geregelten Befugnis, über die **jedermann** (d.h. jeder Bürger und jeder Amtsträger) verfügt, und der Befugnis in Abs. 2 StPO, die nur der StA und der Polizei zukommt. 126

1. Das Jedermann-Festnahmerecht

a) Die Voraussetzungen

Die Befugnis zur vorläufigen Festnahme nach § 127 Abs. 1 StPO besteht unter folgenden Bedingungen:
- **Festgenommener auf frischer Tat betroffen oder verfolgt:** Als Tat gilt hier jede strafbare Handlung. Auf frischer Tat betroffen ist der Täter, wenn er bei Tatbegehung oder direkt danach **am Tatort** oder in **unmittelbarer Nähe** gestellt wird. Auf frischer Tat verfolgt wird er, wenn er sich zwar bereits vom Tatort entfernt hat, aber die Nacheile in **unmittelbarem Anschluss** an die Tat stattfindet. Umstritten ist, ob der Festgenommene **tatsächlich** eine Straftat begangen haben muss. 127

> **Fall 29:** A hört eines Nachts in seinem Haus verdächtige Geräusche. Er geht aus seinem Schlafzimmer nach unten und stellt fest, dass die Wohnungstür aufgebrochen ist und offen steht. Als er aus der Tür stürmt, sieht er, wie eine dunkle Gestalt davon rennt. A nimmt sofort die Verfolgung auf. Drei Straßen weiter hat er die Person, bei der es sich um den Z handelt, eingeholt. Mit einem geübten Judogriff nimmt A den Z fest und schleppt ihn zum Polizeirevier. Dort stellt sich heraus, dass Z in Wirklichkeit gerade auf dem Nachhauseweg

war, als aus A's Haus eine verdächtige Person herausstürzte und Z seinerseits die Verfolgung aufgenommen hatte.

Lösung: Tatbestandsmäßig hat A mit der Festnahme des Z eine Freiheitsberaubung nach § 239 StGB begangen. Nach einer t.v.A. ist eine solche Festnahme nach § 127 Abs. 1 StPO allerdings auch bei **dringendem Tatverdacht** gerechtfertigt (BGH(Z) NJW 1981, 745). Das Festnahmerecht könne wie alle anderen strafprozessualen Zwangsmaßnahmen im Ermittlungsverfahren nur an einen Verdacht anknüpfen. Zudem dürfe an das Handeln des Bürgers, wenn er mit der Festnahme eine öffentliche Aufgabe wahrnehme, kein strengerer Maßstab angelegt werden als an die Strafverfolgungsorgane (*Roxin*, Strafrecht AT I, 4. Aufl., 2006, § 17 Rn. 24 f.). Die h.L. verlangt hingegen, dass der Festgenommene tatsächlich eine Straftat begangen hat. Gegen das Genügenlassen des Tatverdachts spreche, dass dann dem unschuldig Festgenommenen das Notwehrrecht gegen den freiheitsbeschränkenden Angriff genommen werde (*Beulke*, Rn. 235; *Meyer-Goßner/Schmitt*, § 127 Rn. 4). Außerdem verweise § 127 Abs. 1 StPO anders als der nur für die Strafverfolgungsorgane geltende Abs. 2 gerade nicht auf die Voraussetzungen der U-Haft, für die nach § 112 Abs. 1 S. 1 StPO bereits ein dringender Tatverdacht genügt (*Kindhäuser*, § 8 Rn. 28). Eine a.A. will dagegen differenzieren: Grds. sei der h.L. zuzustimmen. Ein dringender Tatverdacht reiche jedoch dann aus, wenn der Festgenommene den Schein einer Straftat zurechenbar verursacht habe (*Lesch*, 4/46). Nach den beiden letztgenannten Ansichten ist A nicht nach § 127 Abs. 1 StPO gerechtfertigt. Allerdings unterliegt er einem sog. **Erlaubnistatumstandsirrtum**, der nach h.M. analog § 16 Abs. 1 S. 1 StGB den Vorsatz bzw. die Vorsatzschuld entfallen lässt.

128 – **Festnahmegrund:** Erforderlich ist zudem ein Festnahmegrund, nämlich entweder die **Unmöglichkeit der sofortigen Identitätsfeststellung** (gilt nicht für die Strafverfolgungsorgane, hier kommt für die Identitätsfeststellung nur § 163b StPO in Betracht, vgl. § 127 Abs. 1 S. 2 StPO) oder der **Fluchtverdacht**. Fluchtverdacht liegt vor, wenn aus der Sicht eines objektiven Beobachters davon auszugehen ist, dass der Täter sich der Strafverfolgung entziehen wird, wenn nicht eine Festnahme erfolgt (einer Fluchtgefahr i.S.v. § 112 Abs. 2 Nr. 2 StPO bedarf es dabei nach h.M. nicht; vgl. *Beulke*, Rn. 236).

b) Der Umfang des Festnahmerechts

129 Nach *h.M.* kann § 127 StPO neben der Freiheitsberaubung auch in eng begrenztem Umfang Körperverletzungen rechtfertigen. Erfasst werden aber nur solche leichten Verletzungen, die mit einer Festnahme i.d.R. unmittelbar verbunden sind (z.B. infolge festen Zupackens). Darüber hinausgehende körperliche Misshandlungen und Gesundheitsbeschädigungen (z.B. lebensgefährdendes Würgen oder Abgabe eines Schusses auf einen Fliehenden) sind dagegen von § 127 StPO nicht mehr gedeckt (*Beulke*, Rn. 237; *a.A.* für Ausnahmefälle KK-*Schultheis*, § 127 Rn. 28).

130 Neben Eingriffen in die Fortbewegungsfreiheit gestattet § 127 StPO nach h.M. als **milderes Mittel** auch eine **Wegnahme** von Sachen, die dem Täter die Flucht ermöglichen (z.B. Autoschlüssel), anhand derer er identifiziert werden kann (z.B. Ausweis), oder durch die der Täter zur Selbstgestellung bei der Polizei veranlasst wird (KK-*Schultheis*, § 127 Rn. 29).

2. Das Festnahmerecht für StA und Polizei

StA und Polizei sind über das Festnahmerecht aus § 127 Abs. 1 StPO hinaus nach Abs. 2 auch dann zur Festnahme berechtigt, wenn: **131**
- die Voraussetzungen des Haftbefehls (dringender Tatverdacht, Haftgrund) vorliegen, und
- **Gefahr im Verzug** ist, d.h. keine Zeit besteht, einen richterlichen Haftbefehl einzuholen.

Ist eine Entscheidung im beschleunigten Verfahren (vgl. dazu Rn. 320) wahrscheinlich, enthält § 127b StPO ein besonderes Festnahmerecht für StA und Polizei, auch wenn die Voraussetzungen von § 127 StPO nicht vorliegen (krit. dazu *Volk/Engländer*, § 10 Rn. 69).

3. Die Richtervorführung

Nach § 128 StPO muss der Festgenommene – sofern er nicht zuvor freigelassen wird – **132** **unverzüglich**, spätestens am Tage nach der Festnahme dem Richter vorgeführt werden. Dabei dürfen StA und Polizei allerdings die Frist des § 128 StPO voll ausschöpfen, um z.B. weitere Ermittlungen anstellen (BGH NStZ 1990, 195). Der Richter vernimmt den Vorgeführten, § 128 Abs. 1 S. 2 StPO, und ordnet dann entweder die Freilassung an oder erlässt einen Haft- bzw. Unterbringungsbefehl, § 128 Abs. 2 StPO.

III. Die körperliche Untersuchung des Beschuldigten

§ 81a StPO regelt die körperliche Untersuchung des Beschuldigten. Darunter fallen **133** neben Betrachtungen auch Eingriffe wie die **Blutprobenentnahme** und **andere körperliche Eingriffe** (körperliche **Durchsuchungen** – z.B. zur Auffindung von Beweismitteln – richten sich dagegen nach § 102 StPO). Für die Zulässigkeit bestehen folgende Voraussetzungen:
- Die körperliche Untersuchung muss grds. vom **Richter** angeordnet sein. Bei Gefährdung des Untersuchungserfolges wegen Verzögerung darf sie ausnahmsweise auch von StA und ihren Ermittlungspersonen angeordnet werden, § 81a Abs. 2 S. 1 StPO. Eine weitere, allgemeine **Ausnahme** vom Richtervorbehalt gilt nach § 81a Abs. 2 S. 2 StPO bei einem Verdacht auf Begehung bestimmter Verkehrsstraftaten. Hier liegt die Befugnis zur Anordnung einer **Blutprobenentnahme** generell bei der StA und ihren Ermittlungspersonen. Bezweckt wird damit, die Beweissicherung bei Trunkenheitsdelikten zu beschleunigen und zu erleichtern.
- Hat die Untersuchung Eingriffsqualität, muss sie von einem **Arzt** nach den Regeln der ärztlichen Kunst vorgenommen werden, § 81a Abs. 1 S. 2 StPO.
- Sie muss der **Feststellung von Tatsachen** dienen, die für das Verfahren von Bedeutung sind, § 81a Abs. 1 S. 1 StPO.
- Es dürfen keine gesundheitlichen Nachteile zu erwarten sein, § 81a Abs. 1 S. 2 a.E. StPO.

134 Auch hier gilt, dass der Beschuldigte nach h.M. nicht zur aktiven Mitwirkung verpflichtet ist; er muss die körperliche Untersuchung lediglich **passiv dulden** (*Beulke*, Rn. 241).

> **Fall 30:** Drogendealer D schluckt bei der Festnahme schnell noch seine Ware in Form von kleinen verpackten Kokainkugeln hinunter. Die StA ordnet die Verabreichung von Brechmitteln an. D weigert sich, das Mittel selbst zu schlucken. Die StA fragt sich, ob D hierzu berechtigt ist und ob ein Arzt ihm stattdessen das Brechmittel zwangsweise durch eine Magensonde verabreichen darf.
>
> **Lösung:** Unstreitig durfte D hier die Einnahme des Brechmittels verweigern, da ihn keine Pflicht zur aktiven Mitwirkung trifft. Fraglich ist allerdings, ob er eine zwangsweise Verabreichung dulden musste. Nach einer t.v.A ist eine solche Maßnahme unzulässig. Sie verstoße gegen das nemo-tenetur-Prinzip, weil der Beschuldigte durch das Erbrechen gezwungen werde, **aktiv** an seiner eigenen Überführung mitzuwirken. Zudem handele es sich um eine gesundheitsgefährdende Maßnahme, die gegen die Menschenwürde, Art. 1 Abs. 1 GG, und das Recht auf körperliche Unversehrtheit, Art. 2 Abs. 2 S. 1 GG, verstoße (OLG Frankfurt NJW 1997, 1647). Nach einer a.A. ist die Verabreichung von Brechmitteln dagegen zulässig, so lange sie im Hinblick auf die Schwere der Tat und anderer Möglichkeiten noch verhältnismäßig ist. Die Menschenwürde und der Grundsatz der Selbstbelastungsfreiheit seien hierdurch nicht verletzt (BVerfG NStZ 2000, 96). Erheblich restriktiver sieht allerdings der EGMR die zwangsweise Verabreichung von Brechmitteln zumindest im Normalfall als Verstoß gegen Art. 3 EMRK (Verbot der Folter). Zum einen würden durch die Maßnahme i.d.R. nicht unerhebliche Gesundheitsgefahren begründet und zum anderen stünden zumeist weniger einschneidende Optionen zur Verfügung. So könne etwa ohne weiteres das Ausscheiden der Betäubungsmittel auf natürlichem Weg abgewartet werden (EGMR NJW 2006, 3117).

135 **Gegenüberstellungen:** Eine t.v.A. sieht in § 81a StPO auch eine Ermächtigungsgrundlage für zwangsweise Gegenüberstellungen des Beschuldigten (*Odenthal*, NStZ 1985, 434). Nach a.A. richtet sich die Zulässigkeit einer solchen Maßnahme dagegen nach § 58 Abs. 2 StPO (*Meyer-Goßner/Schmitt*, § 58 Rn. 9) oder § 81b StPO (*Roxin/Schünemann*, § 33 Rn. 16). Auch die Veränderung der **Bart-** und **Haartracht** des Beschuldigten für eine Gegenüberstellung ist nach t.v.A. von § 81a StPO gestattet (BVerfGE 47, 239); nach a.A. wird sie hingegen von § 81b legitimiert (*Meyer-Goßner/Schmitt*, § 81a Rn. 23, § 81b Rn. 10).

IV. Die molekulargenetische Untersuchung

136 Die Zulässigkeit der molekulargenetischen Untersuchungen (DNA-Analyse) im sog. nichtcodierten Bereich, d.h. Untersuchungen von zellkernhaltigem Material wie Blut, Hautpartikeln, Haare, Speichel und Sperma zum Zwecke der Identifizierung, richtet sich nach §§ 81e–g StPO.

– Sie darf, sofern der Betroffene nicht schriftlich einwilligt, nur vom **Gericht** angeordnet werden, bei Gefahr im Verzug auch von der Staatsanwaltschaft und ihren Ermittlungspersonen, § 81f Abs. 1 S. 1 StPO (für anonyme Spuren gilt der Richtervorbehalt dagegen nicht).

– Die Untersuchung obliegt einem **Sachverständigen**, § 81f Abs. 2 S. 1 StPO.

– Sie darf nur erfolgen, um das **DNA-Identifizierungsmuster**, die **Abstammung** und das **Geschlecht** des Betroffenen festzustellen und diese Feststellungen mit Vergleichsmaterial abzugleichen, § 81e Abs. 1 StPO. Die Einschränkung, dass das zellkernhaltige Material des Betroffenen mit aufgefundenem Material nur abgeglichen werden darf, um zu klären, ob dieses vom Beschuldigten oder vom Verletzten stammt (so noch § 81e Abs. 1 StPO a.F.), hat das Gesetz aufgegeben. Verwertbar ist daher nun auch Material, das lediglich auf ein nahes Verwandtenverhältnis zwischen dem Untersuchten und dem Spurenverursacher hindeutet (sog. **Beinahetreffer**), so etwa, wenn das untersuchte Material darauf schließen lässt, dass das aufgefundene Material von einem Geschwisterteil stammt.

Reihenuntersuchungen: Für Reihenuntersuchungen, sog. DNA-Massenscreenings hat der Gesetzgeber in § 81h StPO eine eigenständige Regelung geschaffen. Danach sind solche Untersuchungen nur bei bestimmten Verbrechen, auf gerichtliche Anordnung und mit schriftlicher Einwilligung der Betroffenen, d.h. nicht gegen ihren Willen (vgl. *Meyer-Goßner/Schmitt*, § 81h Rn. 15), zulässig. Auch hier ist jetzt eine Verwertung von Beinahetreffern möglich, vgl. § 81h Abs. 1 StPO („...ob das Spurenmaterial von diesen Personen oder von ihren Verwandten in gerader Linie oder in der Seitenlinie bis zum dritten Grad stammt...").

137

Speicherung in Gendateien: § 81g StPO gestattet molekulargenetische Untersuchungen auch aus präventiven Gründen zum Zweck der **künftigen** Identitätsfeststellung, wenn zu befürchten ist, dass der Beschuldigte künftig erneut bestimmte schwerwiegende Straftaten begehen wird. Die so erlangten DNA-Identifizierungsmuster dürfen in einer Datei beim BKA gespeichert werden.

138

V. Maßnahmen gegen Dritte

Untersuchungen an anderen Personen als dem Beschuldigten sind gegen ihren Willen nur unter den Voraussetzungen des § 81c StPO zulässig:

139

– Die Person muss als Zeuge in Betracht kommen, sog. **Zeugengrundsatz**, § 81c Abs. 1, 1. Hs. StPO. Nach § 81c Abs. 3 S. 1 StPO besitzt sie ein **Untersuchungsverweigerungsrecht**, wenn ihr ein Zeugnisverweigerungsrecht nach § 52 StPO zusteht (nach h.M. nicht dagegen bei den Rechten aus §§ 53, 55 StPO; vgl. KMR-*Bosch*, § 81c Rn. 23 f.). Über dieses Recht ist sie zu belehren, § 81c Abs. 3 S. 2 2. Hs. i.V.m. § 52 Abs. 3 S. 1 StPO.
– Die Untersuchung muss dem Auffinden von Spuren oder Tatfolgen am Körper des Zeugen dienen, sog. **Spurengrundsatz**, § 81c Abs. 1. StPO. Wegen des Wortlauts „**an ihrem Körper**" sind nur äußerliche Untersuchungen (inklusive der natürlichen Körperöffnungen, z.B. des Mundes) erlaubt, nicht hingegen körperliche Eingriffe (z.B. Röntgenaufnahmen).
– Eine Ausnahme vom Zeugen- und Spurengrundsatz enthält § 81c Abs. 2 StPO, der unter bestimmten Voraussetzungen mit der Blutprobenentnahme auch einen körperlichen Eingriff gestattet.

VI. Die Sicherstellung

140 §§ 94 ff. StPO regeln die Sicherstellung von Gegenständen, die als **Beweismittel** für die Untersuchung von Bedeutung sein können (Gegenstände, die dem Verfall oder der Einziehung nach §§ 74, 74d StGB unterliegen, werden dagegen nach §§ 111b ff. StPO sichergestellt). Zweck ist die Absicherung des Strafverfahrens gegen Beweisverluste.

Gibt der Gewahrsamsinhaber den Gegenstand freiwillig heraus, wird dieser **in Verwahrung** genommen, ohne dass es hierzu besonderer Anordnungen bedarf, § 94 Abs. 1 StPO. Fehlt es an dieser Freiwilligkeit des Gewahrsamsinhabers, muss die Sicherstellung durch eine förmliche Beschlagnahme erfolgen, § 94 Abs. 2 StPO. Als Rechtsfolge der Sicherstellung entsteht ein **öffentlich-rechtliches Verwahrungsverhältnis**.

1. Die Beschlagnahme

141 Die Beschlagnahme nach § 94 Abs. 2 StPO hat folgende Voraussetzungen:
- Sie muss **gerichtlich** angeordnet werden. Bei Gefahr im Verzug genügt ausnahmsweise auch eine Anordnung durch die StA und ihre Ermittlungspersonen (nicht jedoch bei Beschlagnahmen in Redaktionsräumen), § 98 Abs. 1 S. 1 StPO.
- Der Gegenstand muss **potenziell beweisgeeignet** sein.
- Es darf sich um keinen **beschlagnahmefreien Gegenstand** i.S.v. §§ 96, 97 StPO handeln.

> **Fall 31:** Die in U-Haft sitzende Beschuldigte B macht sich zur Vorbereitung ihrer Verteidigung schriftliche Notizen, aus denen sich der Tathergang rekonstruieren lässt. Diese Unterlagen werden beschlagnahmt. In der Hauptverhandlung überlegt das Gericht, ob die Beschlagnahme rechtmäßig war.
>
> **Lösung:** Unmittelbar anwendbar auf Verteidigungsunterlagen ist § 97 StPO nur, wenn sie sich im Gewahrsam des Verteidigers befinden; vgl. § 97 Abs. 2 S. 1 StPO. Nach h.M. ist diese Regelung allerdings entsprechend anzuwenden auf im Gewahrsam des Beschuldigten befindliche Mitteilungen des Verteidigers (*Beulke*, Rn. 248; daneben folgt ein Beschlagnahmeverbot hier auch aus § 148 StPO). Gleiches gilt für solche Unterlagen, die sich der Beschuldigte ersichtlich zur Vorbereitung seiner Verteidigung anfertigt, da anderenfalls sein Recht auf eine effektive Verteidigung erheblich beeinträchtigt wäre (BGHSt 44, 46, 48 f.; a.A. *Beulke*, Rn. 249, der ein Beschlagnahmeverbot ablehnt, jedoch dann ein selbstständiges Beweisverwertungsverbot bejaht). Die Beschlagnahme der Notizen des B war daher nicht rechtmäßig; der Verstoß begründet zudem auch ein Beweisverwertungsverbot.

142 Die Herausgabe kann ggf. durch **Ordnungs-** und **Zwangsmittel** erzwungen werden, § 95 StPO, allerdings nicht von einem Zeugnisverweigerungsberechtigten, § 95 Abs. 2 S. 2 StPO, und nach h.M. wegen des nemo-tenetur-Grundsatzes auch nicht vom Beschuldigten (*Beulke*, Rn. 247).

2. Die Führerscheineinziehung

Die Einziehung des Führerscheins als Dokument (nicht: der Fahrerlaubnis als behörd- 143
licher Berechtigung) richtet sich gem. § 94 Abs. 3 StPO nach §§ 94 ff. StPO; d.h. sie darf anders als die vorläufige Entziehung der Fahrerlaubnis bei Gefahr im Verzug auch durch die StA und deren Ermittlungspersonen erfolgen. Allerdings müssen die materiellen Voraussetzungen der Letzteren vorliegen, d.h. es müssen **dringende Gründe** für die spätere Entziehung der Fahrerlaubnis nach § 111a StPO i.V.m. § 69 StGB sprechen (KK-*Bruns*, § 111a Rn. 15).

3. Die Beschlagnahme von Postsendungen

Besonders geregelt ist in §§ 99, 100 StPO die Beschlagnahme von Postsendungen, die 144
sich **im Postbetrieb**, d.h. im Gewahrsam der Post, befinden. Außerhalb des Postbetriebes gelten die §§ 94 ff. StPO.

VII. Die Überwachung der Telekommunikation

1. Die Voraussetzungen

Die Überwachung der Telekommunikation (TKÜ) ist in §§ 100a, 100d f. StPO ge- 145
regelt. Der Begriff der Telekommunikation bezieht sich dabei nicht nur auf die herkömmlichen Kommunikationsformen wie Telefon oder Telefax, sondern auf **Nachrichtenübermittlungen jeglicher Art** (vom BVerfG als verfassungskonform gebilligt; BVerfG NJW 2016, 3508). Erfasst werden daher bspw. SMS, E-Mail, sowie Daten in der Cloud und in sozialen Netzwerken. Der Anwendungsbereich der §§ 100a, 100d f. endet, sobald die Nachricht beim Empfänger angekommen und der Übertragungsvorgang beendet ist. Hat der Empfänger die Nachricht bei sich auf einem Datenträger gespeichert, kommt eine Beschlagnahme nach §§ 94 ff. StPO in Betracht. Umstritten ist allerdings der Umgang mit **E-Mails**, wenn diese noch beim Provider in der Mailbox des Empfängers zum Abruf bereit liegen. Während im Schrifttum ein Teil eine Zugriffsbefugnis ganz verneint (LR-*Hauck*, § 100a Rn. 73) und ein anderer Teil §§ 100a, 100d f. StPO anwenden will (*Roxin/Schünemann*, § 36 Rn. 6), ging der BGH früher von der Möglichkeit einer Postbeschlagnahme analog § 99 StPO aus (BGH NJW 2009, 1828). Das BVerfG differenziert: Soll der Zugriff heimlich erfolgen, ist er nur unter den Voraussetzungen der §§ 100a, 100d f. zulässig; findet er offen statt, können die E-Mails nach §§ 94 ff. StPO beschlagnahmt werden (BVerfGE 124, 43; krit. zu letzterem *Beulke* Rn. 253b).

Zulässig ist eine TKÜ unter den folgenden Voraussetzungen: 146
– Sie ist **gerichtlich** anzuordnen, § 100e Abs. 1 S. 1 StPO. Bei Gefahr im Verzug kann die Anordnung auch von der StA (nicht aber von deren Ermittlungspersonen) getroffen werden, bedarf dann aber binnen drei Tagen der gerichtlichen Bestätigung, § 100e Abs. 1 S. 2 u. S. 3 StPO.

- Die Anordnung muss die Formvorschriften des § 100e Abs. 3 StPO erfüllen.
- Bestimmte Tatsachen müssen den Verdacht begründen, dass jemand Täter oder Teilnehmer einer der **Katalogtaten** des § 100a Abs. 2 StPO (Staatsschutzdelikte, militärische Straftaten, Schwerstkriminalität, Delikte der organisierten Kriminalität) ist oder durch eine Straftat vorbereitet hat, § 100a Abs. 1 Nr. 1 StPO.
- Die Tat muss auch **im Einzelfall** schwer wiegen, § 100a Abs. 1 Nr. 2 StPO.
- Die Erforschung des Sachverhalts oder die Ermittlung des Aufenthaltsortes des Beschuldigten auf andere Weise muss aussichtslos oder wesentlich erschwert sein, § 100a Abs. 1 Nr. 3 StPO.
- Die Anordnung darf sich nur gegen den **Beschuldigten** und gegen solche Dritten richten, die für den Beschuldigten entweder als **Nachrichtenmittler** tätig werden oder deren Anschluss vom Beschuldigten benutzt wird, § 100a Abs. 3 StPO. Problematisch ist, wie bei Gesprächen des Beschuldigten mit seinem Verteidiger zu verfahren ist.

> **Fall 32:** B ist des gewerbsmäßigen Menschenhandels zum Zweck der sexuellen Ausbeutung nach § 232 Abs. 3 Nr. 3 StGB verdächtig. Gegen ihn wird deshalb die Überwachung seines Telefons angeordnet. Im Rahmen dieser Überwachung erfolgt die Aufzeichnung eines Gesprächs mit seinem Verteidiger V. V selbst war zuvor unter Verdacht geraten, zu Gunsten seines Mandanten Beweismittel beseitigt zu haben. In dem Gespräch macht B detaillierte Angaben zu den ihm vorgeworfenen Taten. Die StA fragt sich, ob sie diese Erkenntnisse verwerten darf.
>
> **Lösung:** Nach einer t.v.A. dürfen wegen des Rechts auf ungehinderten mündlichen Verkehr aus § 148 StPO Gespräche des Beschuldigten mit seinem Verteidiger prinzipiell nicht abgehört werden – zumindest solange Letzterer nicht nach §§ 138a, 138b StPO ausgeschlossen wurde (*Beulke*, Rn. 254). Sobald ersichtlich wird, dass der Beschuldigte mit seinem Verteidiger spricht, muss die Aufnahme daher abgebrochen werden; eine Verwertung von Erkenntnissen aus einer solchen Aufnahme ist unzulässig. (Führt der Verteidiger allerdings ein zulässigerweise überwachtes Gespräch mit einem Dritten, steht § 148 StPO der Verwertung nicht entgegen.) Der BGH macht hingegen eine Ausnahme, wenn der Verteidiger selbst der Täterschaft oder Teilnahme an einer Katalogtat des § 100a Abs. 2 StPO verdächtig ist. Eine Ausdehnung darüber hinaus auf Fälle der Datenhehlerei, Begünstigung, Strafvereitelung oder Hehlerei analog § 97 Abs. 2 S. 2 StPO soll jedoch nicht in Betracht kommen (BGHSt 33, 347). V ist hier zwar einer Strafvereitelung nach § 258 StGB verdächtig. Dabei handelt es sich aber nicht um eine Katalogtat des § 100a Abs. 2 StPO. Aus diesem Grund war die Überwachung des Gesprächs nach beiden Auffassungen unzulässig; die hierdurch erzielten Erkenntnisse dürfen deshalb nicht verwertet werden.

- Es dürfen keine tatsächlichen Anhaltspunkte dafür vorliegen, dass durch die TKÜ **allein** Erkenntnisse aus dem **Kernbereich privater Lebensgestaltung** erlangt werden, § 100d Abs. 1 S. 1 StPO.

147 Nicht als TKÜ gilt, wenn ein Anschlussbenutzer einen Polizisten ein Telefongespräch mithören lässt, ohne dass sein Gesprächspartner davon Kenntnis hat (vgl. dazu auch **Fall 50b**). Ebenfalls keine Kommunikationsüberwachung bildet die Lokalisierung von betriebsbereiten Mobiltelefonen durch Auswertung der stand-by-Daten, da es hierbei nicht um Kommunikationsinhalte geht; ihre Zulässigkeit bestimmt sich nach § 100g StPO (vgl. Rn. 155).

2. Die Raumüberwachung

Fraglich ist, inwieweit § 100a StPO eine sog. Raumüberwachung gestattet, d.h. die **148** Aufnahme einer Unterhaltung, die dadurch möglich wird, dass jemand beim abgehörten Telefon den Hörer nicht richtig aufgelegt hat.

> **Fall 33a:** Gegen Drogendealer A wurde zulässig die TKÜ angeordnet. Als A aus seinem Auto mit seinem Mobiltelefon seinen Geschäftspartner P anrufen will, erreicht er nur dessen Mailbox. Aus Versehen vergisst er, die Taste zur Rufbeendigung zu drücken. Daher wird für die Dauer von fünf Minuten bis zum automatischen Ende der Mailbox-Aufzeichnung ein Gespräch des A mit dem Fahrzeuginsassen I übertragen und von der Polizei aufgezeichnet. Aus diesem Gespräch ergeben sich gravierende Indizien für die Strafbarkeit des A. Die StA möchte die Aufzeichnung daher verwerten; die Verteidigerin des A bestreitet die Zulässigkeit.
>
> **Lösung:** Der BGH hat zunächst erklärt, eine Raumüberwachung werde von § 100a StPO prinzipiell nicht gestattet. Eine Unterhaltung, die ohne Inanspruchnahme einer Telekommunikationseinrichtung stattfinde, falle bereits nicht unter den Begriff der Telekommunikation. Einer erweiternden Auslegung stünde nicht nur das Grundrecht auf Unverletzlichkeit des Fernmeldegeheimnisses aus Art. 10 GG, sondern auch das allgemeine Persönlichkeitsrecht aus Art. 2 Abs. 1 GG entgegen (BGHSt 31, 296). Anders beurteilt der BGH allerdings inzwischen den Fall, dass eine Verbindung von einem Telefon mit einer Mailbox aus Versehen nicht beendet wurde. Solange diese Verbindung bestehe, handele es sich nämlich auch bei der Übertragung eines Raumgespräches um einen Vorgang der Telekommunikation. Dass dieser sich ohne aktuelles Wissen und Willen des Betroffenen vollziehe, sei hierfür nicht maßgeblich. Etwas anderes gelte lediglich dann, wenn die Verbindung zu dem anderen Anschluss von vornherein ohne oder gegen den Willen des Betroffenen hergestellt worden sei (BGH NJW 2003, 2034; krit. AnwK-*Löffelmann*, § 100a Rn. 16). Nach der Auffassung des BGH ist die Aufzeichnung daher verwertbar.
>
> **Fall 33b:** Bei der zulässigen Aufzeichnung eines Telefonats, das der Kapitalanlagebetrüger K mit seinem Mobiltelefon aus seinem Auto führt, wird ein den K belastendes Gespräch mitgeschnitten, das zwei weitere Fahrzeuginsassen im Hintergrund führen.
>
> **Lösung:** Hier besteht nach h.M. kein Verwertungsverbot. Im Rahmen einer zulässigen TKÜ dürfen auch alle **Hintergrundgeräusche** und **-gespräche** mit aufgezeichnet und demzufolge – zumindest gegen den Telefonierenden – verwertet werden (BGH NStZ 2008, 473; *Beulke* Rn. 253).

3. Die Quellen-TKÜ

Umstritten war früher, ob § 100a StPO auch die Überwachung von verschlüsselt über- **149** mittelter Telekommunikation (z.B. Skype, WhatsApp) gestattet, soweit dazu via heimlich installierter Computerprogramme auf die noch unverschlüsselten bzw. wieder entschlüsselten Daten im Endgerät des Nutzers, d.h. an der „Quelle", zugegriffen wird, sog. **Quellen-TKÜ**. Der Gesetzgeber hat nun in § 100a Abs. 1 S. 2 u. 3 StPO eine spezielle Regelung hierfür eingefügt. Zulässig ist die Quellen-TKÜ unter den weiteren Voraussetzungen der §§ 100a, 100d f. StPO, wenn aufgrund der Verschlüsselung eine Überwachung auf normalem Weg nicht oder nur unter unverhältnismäßigen Schwierigkeiten möglich wäre. § 100a Abs. 1 S. 3 StPO ermöglicht zusätzlich den Zugriff auf bereits auf dem Endgerät **gespeicherte Kommunikation** (z.B. WhatsApp-Nachrichten), sofern man diese auch während des verschlüsselten Übertragungsvorgangs hätte überwachen und aufzeichnen dürfen (krit. zur Verfassungsmäßigkeit dieser Regelung *Singelnstein/Derin*, NJW 2017, 2646, 2648).

VIII. Die Online-Durchsuchung

150 §§ 100b, 100d f. StPO gestatten neuerdings auch die Online-Durchsuchung, bei der ein informationstechnisches System (z.B. Computer, Handy, Tablet) mit einer Schadsoftware infiziert wird, die dann den heimlichen Zugriff auf die dort gespeicherten Daten ermöglicht (krit. zu verschiedenen Aspekten der Vorschrift *Singelnstein/Derin*, NJW 2017, 2646, 2647). Dagegen berechtigt diese Regelung nicht zur Erzeugung neuer Daten (z.B. durch die heimliche Aktivierung von Mikrofon oder Kamera); zulässig ist nur die Erhebung von Daten *aus* dem System, nicht *mittels* des Systems. Die Voraussetzungen lehnen sich aufgrund der Schwere des Eingriffs eng an diejenigen der akustischen Wohnraumüberwachung (dazu Rn. 151) an. Erlaubt ist die Online-Durchsuchung nur, wenn kumulativ

– bestimmte Tatsachen den Verdacht begründen, dass jemand als Täter oder Teilnehmer eine der in Abs. 2 aufgelisteten Katalogtaten (z.B. Mord, Bandendiebstahl, gewerbsmäßige Hehlerei) begangen oder – bei Strafbarkeit des Versuchs – zu begehen versucht hat, § 100b Abs. 1 Nr. 1 StPO,

– die Tat auch im Einzelfall besonders schwer wiegt, § 100b Abs. 1 Nr. 2 StPO,

– die Sachverhaltserforschung oder Ermittlung des Aufenthaltsortes des Beschuldigten auf andere Weise wesentlich erschwert bzw. aussichtslos wäre (Subsidiaritätsgrundsatz), § 100b Abs. 1 Nr. 3 StPO,

– keine tatsächlichen Anhaltspunkte dafür vorliegen, dass durch die Maßnahme allein Erkenntnisse aus dem Kernbereich privater Lebensgestaltung erlangt werden, § 100d Abs. 1 S. 1 StPO (weitere Ausgestaltung in Abs. 3),

– keine Daten erhoben werden, die Personen betreffen, denen nach § 53 StPO ein Zeugnisverweigerungsrecht aus beruflichen Gründen zusteht; § 100d Abs. 5 S. 1 (Ausnahme: § 100d Abs. 5 S. 3 i.V.m. § 160a Abs. 4 StPO).

Gegen Dritte kommt die Online-Durchsuchung nur unter den Bedingungen des § 100b Abs. 3 S. 2 StPO in Betracht. Anordnungsbefugt ist die zuständige Staatsschutzkammer des LG, bei Gefahr im Verzug auch der Vorsitzende Richter, § 100e Abs. 2 S. 1 u. S. 2 StPO i.V.m. § 74a Abs. 4 GVG.

IX. Die akustische Wohnraumüberwachung

151 Die Voraussetzungen des Abhörens und Aufzeichnens des nichtöffentlich gesprochenen Wortes in Wohnungen (akustische Wohnraumüberwachung; auch „großer Lauschangriff" genannt) in §§ 100c, 100d f. StPO mussten vor einigen Jahren neu geregelt werden. Das BVerfG hatte beanstandet, dass die Vorgängerregelung nicht in

vollem Umfang mit Art. 1 Abs. 1 GG, dem Verhältnismäßigkeitsprinzip, der Gewährung effektiven Rechtsschutzes aus Art. 19 Abs. 4 GG sowie dem Anspruch auf rechtliches Gehör aus Art. 103 Abs. 1 GG vereinbar war (BVerfGE 109, 279). Herausgekommen sind zwei schwer überschaubare Vorschriften (krit. auch *Meyer-Goßner/ Schmitt*, § 100c Rn. 1), nach denen Abhörmaßnahmen in der Wohnung (dazu gehören auch Arbeits-, Betriebs- und Geschäftsräume) des Beschuldigten nur erlaubt sind, wenn kumulativ

– bestimmte Tatsachen den Verdacht begründen, dass jemand als Täter oder Teilnehmer eine der in Abs. 2 aufgelisteten **Katalogtaten** (z.B. Mord, Bandendiebstahl, schwerer Raub) begangen oder – bei Strafbarkeit des Versuchs – zu begehen versucht hat, § 100c Abs. 1 Nr. 1 StPO,
– die Tat auch im **Einzelfall** besonders schwer wiegt, § 100c Abs. 1 Nr. 2 StPO,
– aufgrund tatsächlicher Anhaltspunkte anzunehmen ist, dass durch die Überwachung Äußerungen des Beschuldigten erfasst werden, die für die Erforschung des Sachverhaltes oder die Ermittlung des Aufenthaltsortes eines Mitbeschuldigten von Bedeutung sind, § 100c Abs. 1 Nr. 3 StPO,
– die Sachverhaltserforschung oder Ermittlung des Aufenthaltsortes des Mitbeschuldigten auf andere Weise **unverhältnismäßig erschwert** bzw. **aussichtslos** wäre (Subsidiaritätsgrundsatz), § 100c Abs. 1 Nr. 4 StPO,
– anzunehmen ist, dass die Überwachung Äußerungen, die dem **Kernbereich der privaten Lebensgestaltung** zuzurechnen sind, nicht erfasst, § 100d Abs. 4 S. 1 StPO (Kernbereichsprognose – ergeben sich während der Überwachung Anhaltspunkte dafür, dass diese Äußerungen, die dem Kernbereich der privaten Lebensgestaltung zuzurechnen sind, doch erfasst, ist das Abhören und Aufzeichnen unverzüglich zu unterbrechen, § 100d Abs. 4 S. 2 StPO; etwaige Aufzeichnungen solcher Äußerungen sind ohne schuldhaftes Zögern zu löschen, § 100d Abs. 2 S. 2 StPO, und aus solchen Äußerungen gewonnene Erkenntnisse dürfen nicht verwertet werden, § 100d Abs. 2 S. 3 StPO; vgl. dazu auch **Fall 59b**),
– keine Gespräche mit Personen, denen nach § 53 StPO ein **Zeugnisverweigerungsrecht aus beruflichen Gründen** zusteht, abgehört und aufgezeichnet werden; § 100d Abs. 5 S. 1 (ergibt sich während oder nach der Überwachung, dass ein solches Gespräch doch erfasst wurde, ist die Aufzeichnung ohne schuldhaftes Zögern zu löschen und eine Verwertung unzulässig, § 100d Abs. 5 S. 1, 2. Hs. i.V.m. Abs. 2 S. 1 u. 2 StPO); erlaubt bleibt das Abhören und Aufzeichnen allerdings, wenn der Zeugnisverweigerungsberechtigte einer Tatbeteiligung oder einer Datenhehlerei, Begünstigung, Strafvereitelung oder Hehlerei verdächtig ist, § 100c Abs. 5 S. 3 i.V.m. § 160a Abs. 4 StPO.

Für Personen, denen nach § 52 StPO aus persönlichen Gründen ein Zeugnisverweigerungsrecht zusteht, gilt nur ein nach Verhältnismäßigkeitsgesichtspunkten eingeschränktes Beweiserhebungs- und Beweisverwertungsverbot, § 100d Abs. 5 S. 2. In Wohnungen Dritter sind Abhörmaßnahmen nur unter den Bedingungen des § 100c Abs. 2 StPO zulässig, d.h. es muss insb. auf Grund bestimmter Tatsachen anzunehmen sein, dass sich der Beschuldigte in ihnen aufhält und entsprechende Maßnahmen in seiner Wohnung allein keinen Erfolg versprechen. Anordnungsbefugt ist die zuständige **Staatsschutzkammer** des LG, bei Gefahr im Verzug auch der Vorsitzende Richter, § 100e Abs. 2 S. 1 u. S. 2 StPO i.V.m. § 74a Abs. 4 GVG.

153 **Zufallserkenntnisse:** Durch eine akustische Wohnraumüberwachung erlangte personenbezogene Daten sind in einem anderen Strafverfahren nur verwertbar, sofern es dort um eine Straftat geht, auf Grund derer eine Maßnahme nach § 100b StPO oder § 100c StPO angeordnet werden dürfte, § 100e Abs. 6 Nr. 1 StPO.

X. Das Abhören und Aufzeichnen des nichtöffentlich gesprochenen Wortes

154 § 100f StPO ermächtigt allein zu entsprechenden Maßnahmen **außerhalb** von Wohnungen (sog. „kleiner Lauschangriff"). Erforderlich ist dabei, dass bestimmte Tatsachen den Verdacht einer Katalogtat des § 100a Abs. 2 StPO (TKÜ) begründen und die Sachverhaltserforschung oder Ermittlung des Aufenthaltsortes des Täters auf andere Weise aussichtslos bzw. wesentlich erschwert wäre. Gegen Dritte sind die Maßnahmen wiederum lediglich unter den Voraussetzungen des § 100f Abs. 2 S. 2 StPO zulässig. Anordnungsbefugt ist nur der **Richter**, bei Gefahr im Verzug auch die StA (nicht aber ihre Ermittlungspersonen), § 100f Abs. 4 i.V.m. § 100e Abs. 1 S. 1 u. 2 StPO.

XI. Die Erhebung von Verkehrsdaten

155 Soll nicht auf die Kommunikationsinhalte einer Telekommunikationsverbindung, sondern auf die **Verkehrsdaten** (z.B. Nummer oder Kennung der beteiligten Anschlüsse, Beginn und Ende der Verbindung nach Datum und Uhrzeit, bei mobilen Anschlüssen die Standortdaten) zugegriffen werden, ist § 100g StPO einschlägig. Voraussetzung ist u.a., dass bestimmte Tatsachen den Verdacht begründen, dass der Beschuldigte eine Straftat von erheblicher Bedeutung (im Fall des Abs. 1) oder eine Katalogtat, die auch im Einzelfall besonders schwer wiegt (im Fall des Abs. 2), begangen hat. Die Zulässigkeit von **Funkzellenabfragen** (= Erhebung aller in einer bestimmten Mobilfunkzelle angefallenen Verbindungsdaten) – etwa zur Feststellung, welche Mobilfunkteilnehmer sich zur Tatzeit in der Funkzelle des Tatorts befunden haben – richtet sich nach Abs. 3.

XII. Der Einsatz technischer Mittel

Der Einsatz weiterer technischer Mittel ist geregelt in §§ 100h, 100i StPO. Darunter fallen Maßnahmen unterschiedlicher Intensität:

1. Lichtbilder und Bildaufzeichnungen

156 Nach § 100h Abs. 1 Nr. 1 StPO dürfen heimliche Bildaufzeichnungen (z.B. Fotos, Videoaufnahmen) des Beschuldigten hergestellt werden, wenn die Erforschung des

Sachverhaltes oder die Ermittlung des Aufenthaltsortes des Täters auf andere Weise weniger Erfolg versprechend bzw. erschwert wäre. Richtet sich die Maßnahme gegen Dritte, muss eine anderweitige Erforschung bzw. Ermittlung **erheblich** weniger Erfolg versprechend bzw. **wesentlich** erschwert sein, § 100h Abs. 2 S. 2 Nr. 1 StPO.

2. Sonstige für Observationszwecke bestimmte technische Mittel

Sonstige für Observationszwecke bestimmte technische Mittel (z.B. Bewegungsmelder, Peilsender) dürfen gemäß § 100h Abs. 1 Nr. 2 StPO nur eingesetzt werden, wenn zusätzlich zur erschwerten anderweitigen Erforschbarkeit des Sachverhaltes oder Ermittelbarkeit des Aufenthaltsortes des Täters eine Straftat von **erheblicher Bedeutung** Gegenstand der Untersuchung ist. Gegen Dritte sind sie lediglich unter den engeren Voraussetzungen von § 100h Abs. 2 S. 2 Nr. 2 StPO zulässig, d.h. es muss insb. auf Grund bestimmter Tatsachen anzunehmen sein, dass der Dritte mit dem Täter in Verbindung steht oder eine solche Verbindung hergestellt wird.

157

3. IMSI-Catcher

§ 100i Abs. 1 StPO erlaubt zum Zweck der Sachverhaltserforschung oder der Ermittlung des Aufenthaltsorts eines Beschuldigten den Einsatz eines sog. IMSI-Catchers, wenn bestimmte Tatsachen den Verdacht begründen, dass der Beschuldigte eine Straftat von erheblicher Bedeutung begangen hat. Mithilfe eines IMSI-Catchers lassen sich die Identität (Geräte- und SIM-Kartennummer) sowie der Standort eines eingeschalteten mobilen Kommunikationsgeräts (z.B. Smartphone, Tablet) ermitteln. Die Maßnahme kann daher sowohl zur Vorbereitung einer TKÜ nach § 100a StPO genutzt werden, als auch zur Unterstützung einer Observationsmaßnahme bzw. zur Erstellung eines Bewegungsprofils. Die unvermeidbare Erhebung der Daten unbeteiligter Dritter regelt Abs. 2, für sog. Nachrichtenmittler gilt gem. Abs. 3 § 100a Abs. 2 StPO entsprechend (dazu o. Rn. 146).

158

XIII. Die Durchsuchung

Die Zulässigkeit von Durchsuchungen, d.h. das Suchen nach Personen und Beweismitteln, richtet sich nach §§ 102 ff. StPO. Anordnungsbefugt ist nach § 105 Abs. 1 S. 1 StPO der **Richter**. In der Anordnung müssen **Rahmen, Grenzen** und **Ziel** der Durchsuchung konkret bestimmt werden. Bei Gefahr im Verzug haben auch die StA und ihre Ermittlungspersonen eine Anordnungsbefugnis (Letztere gemäß § 105 Abs. 1 S. 2 StPO nicht bei einer Durchsuchung nach § 103 Abs. 1 S. 2 StPO). Dabei sind im Hinblick auf Art. 13 Abs. 2 GG an die Begründung einer Gefahr im Verzug erhöhte Anforderungen zu stellen. Erforderlich ist die Angabe **konkreter, einzelfallbezogener Tatsachen** (BVerfGE 103, 142). Hinsichtlich der materiellen Anforderungen ist zu unterscheiden:

159

160 • **Durchsuchung beim Verdächtigen:** § 102 StPO gestattet beim Verdächtigen zum Zwecke seiner Ergreifung **(Ergreifungsdurchsuchung)** sowie zum Auffinden von Beweismitteln **(Ermittlungsdurchsuchung)**
– die Durchsuchung seiner Wohnung und anderer Räume – sog. **Haussuchung**;
– die Durchsuchung seiner Person, d.h. die Suche **am Körper** inkl. der natürlichen Körperöffnungen (nicht: die Suche **im Körper**; hier sind allein §§ 81a ff. StPO maßgeblich).

Da die Durchsuchung nach § 102 StPO das Bestehen eines konkreten Verdachts voraussetzt, darf sie nicht zur Ermittlung von Tatsachen vorgenommen werden, die einen Verdacht erst begründen sollen (BVerfG NJW 2014, 1650).

Ferner handelt es sich bei der Durchsuchung um eine Maßnahme, die auf eine offene, d.h. für den Betroffenen erkennbare Ausführung angelegt ist. Deshalb kann die „verdeckte Online-Durchsuchung" nicht auf § 102 StPO gestützt werden (BGHSt 51, 211). Der Gesetzgeber hat für sie daher in § 100b StPO eine spezielle Eingriffsgrundlage geschaffen (vgl. Rn. 150).

161 • **Durchsuchung bei anderen Personen:** Bei anderen Personen sind nach § 103 StPO die Voraussetzungen der Durchsuchung enger. Hier genügt anders als bei § 102 StPO keine **Vermutung**; es müssen **Tatsachen** vorliegen, aus denen geschlossen werden kann, dass sich die gesuchte Person, Spur oder Sache in den zu durchsuchenden Räumen befindet, § 103 Abs. 1 S. 1 StPO (Ausnahmen in Abs. 1 S. 2, Abs. 2). Fraglich ist, ob § 103 StPO auch eine Personendurchsuchung gestattet.

> **Fall 34:** Es liegen konkrete Anhaltspunkte dafür vor, dass Drogendealer D dem ahnungslosen Passagier P ein Kokainpäckchen in die Jackentasche gesteckt hat.
> **Lösung:** Ausdrücklich gestattet § 103 StPO nur die Durchsuchung von Räumen. Da § 81c StPO aber die gegenüber einer Personendurchsuchung stärkere Maßnahme der körperlichen Untersuchung anderer Personen genehmigt, argumentiert die h.M., dass dann auch die mildere Maßnahme der bloßen Durchsuchung einer solchen Person erlaubt sein müsse (*Beulke*, Rn. 257). P dürfte daher durchsucht werden.

Die **nächtliche Haussuchung** ist nur unter den engeren Voraussetzungen von § 104 StPO zulässig.

162 **Zufallsfunde:** Bei der Durchsuchung gemachte Zufallsfunde, d.h. Gegenstände, die auf die Verübung **anderer Straftaten** hindeuten, können nach § 108 StPO einstweilen in Beschlag genommen werden und sind verwertbar. Das gilt allerdings dann nicht, wenn **gezielt** nach Zufallsfunden gesucht wird.

XIV. Der Einsatz von verdeckt operierenden Personen (Verdeckte Ermittler u.a.)

1. Verdeckt operierende Personen

163 Die Strafverfolgungsbehörden können sich zur Aufklärung von Straftaten auch verdeckt operierender Personen bedienen. Als solche kommen in Betracht:

- **Verdeckte Ermittler** (VE): Sie sind Beamte des Polizeidienstes, die unter einer ihnen verliehenen, auf Dauer angelegten veränderten Identität (Legende) ermitteln, § 110a Abs. 2 S. 1 StPO.
- **nichtöffentlich ermittelnde Polizeibeamte** (noeP): Hierbei handelt es sich um Beamte, die nur gelegentlich verdeckt auftreten (z.B. als Scheinkäufer bei BtM).
- **Informanten:** Darunter versteht man Personen, die im Einzelfall bereit sind, gegen Zusicherung der Vertraulichkeit den Strafverfolgungsbehörden Informationen zu geben.
- **V-Leute** (Vertrauenspersonen): Als solche werden Personen bezeichnet, die bereit sind, die Strafverfolgungsbehörden bei der Aufklärung von Straftaten auf längere Zeit vertraulich zu unterstützen, und deren Identität grds. geheim gehalten wird, die aber nicht selbst einer Strafverfolgungsbehörde angehören.

2. Die Einsatzvoraussetzungen

Gesetzlich geregelt ist nur der Einsatz von Verdeckten Ermittlern. Nach §§ 110a ff. StPO hat er folgende Voraussetzungen: **164**
- Die StA muss zustimmen, § 110b Abs. 1 StPO. Bei Maßnahmen gegen einen bestimmten Beschuldigten oder bei denen der Verdeckte Ermittler eine nicht allgemein zugängliche Wohnung betritt, ist die Zustimmung des **Richters** erforderlich (bei Gefahr im Verzug genügt auch hier die Zustimmung der StA), § 110b Abs. 2 StPO.
- Die Zustimmung muss **schriftlich** erfolgen und **befristet** sein (eine Verlängerung ist jedoch möglich), § 110b Abs. 1 S. 3 u. 4, Abs. 2 S. 5 StPO.
- Der Verdeckte Ermittler darf nur eingesetzt werden zur Aufklärung von
  - Katalogtaten des § 110a Abs. 1 S. 1 StPO, sofern die Aufklärung auf andere Weise aussichtslos oder erheblich erschwert wäre,
  - Verbrechen, bei denen Wiederholungsgefahr besteht und die Aufklärung auf andere Weise aussichtslos oder erheblich erschwert wäre, § 110a Abs. 1 S. 2, 3 StPO,
  - Verbrechen, bei denen die besondere Bedeutung der Tat den Einsatz gebietet und andere Maßnahmen aussichtslos wären, § 110a Abs. 1 S. 4 StPO.

Der Einsatz von Informanten und V-Leuten ist dagegen spezialgesetzlich nicht geregelt; eine analoge Anwendung von §§ 110a ff. StPO kommt nach h.M. nicht in Betracht. Seine prinzipielle Zulässigkeit wird auf die Ermittlungsgeneralklauseln der §§ 161 Abs. 1, 163 Abs. 1 StPO gestützt. Besondere staatliche Befugnisse stehen diesen privaten Ermittlungshelfern allerdings nicht zu (näher *Beulke*, Rn. 424). **165**

3. Die Tatprovokation

Fraglich ist, inwieweit eine verdeckt operierende Person als **agent provocateur** (Lockspitzel) einen anderen zur Begehung einer Straftat bewegen darf. **166**

Fall 35: Der Verdeckte Ermittler E tritt als Großabnehmer im Drogengeschäft auf. Gegenüber dem Verdächtigen V gibt er vor, 10 kg Kokain zu benötigen. Er sei bereit, hierfür einen guten Preis zu zahlen. V geht zunächst nicht darauf ein. Erst nachdem ihn E über mehrere Wochen hartnäckig bedrängt, besorgt er schließlich das Rauschgift. Bei der Übergabe an E wird er festgenommen.

Lösung: Nach der Rspr. des BGH werden die Grenzen einer zulässigen, im Wesentlichen passiven Ermittlungsmaßnahme überschritten, wenn das tatprovozierende Verhalten ein solches Gewicht erlangt, dass demgegenüber der eigene Beitrag des Täters in den Hintergrund tritt – so etwa, wenn der Täter zuvor unverdächtig und nicht tatgeneigt war oder er die Tat nur auf Grund nachhaltigen Drängens begeht (BGHSt 45, 321; BGH NStZ 2016, 232). Der EGMR bejaht eine rechtswidrige Tatprovokation, falls die Tat ohne die Einflussnahme des Provokateurs nicht begangen worden wäre (EGMR NJW 2015, 3631). Nach beiden Auffassungen überschreitet E hier eindeutig die Grenzen zulässigen verdeckten Ermittelns. Fraglich sind die rechtlichen Konsequenzen. Lange Zeit vertrat der BGH die Auffassung, dass die unzulässige Tatprovokation lediglich als Strafmilderungsgrund zugunsten des Täters bei der **Strafzumessung** zu berücksichtigen ist – sog. Strafzumessungslösung (BGHSt 32, 345, 348 ff.; 45, 321, 325 ff.). Dem hat der EGMR widersprochen (EGMR NJW 2015, 3631). Ihm zufolge reicht eine Strafmilderung als Wiedergutmachung für die **Verletzung von Art. 6 Abs. 1 EMRK** nicht aus. Vielmehr gebiete der Grundsatz des fairen Verfahrens, alle durch die Tatprovokation erlangten Beweise auszuschließen oder auf andere Weise vergleichbare Ergebnisse herbeizuführen. Der 2. Senat des BGH nimmt daher nunmehr an, dass eine unzulässige Tatprovokation regelmäßig ein **Verfahrenshindernis** begründet und somit zur Einstellung des Verfahrens zwingt (BGHSt 60, 276). Demgegenüber hält das BVerfG daran fest, dass ein Verfahrenshindernis nur in extremen Ausnahmefällen in Betracht komme. Allerdings sei vor dem Hintergrund der Rspr. des EGMR künftig ein **Verwertungsverbot** im Hinblick auf die unmittelbar durch die Tatprovokation erlangten Beweise zu erwägen (BVerfG NJW 2015, 1083). Auch der 1. Senat des BGH lehnt die Annahme eines regelmäßigen Verfahrenshindernisses ab – freilich ohne näher auszuführen, wie stattdessen der Rspr. des EGMR Rechnung getragen werden soll (BGHSt 60, 238). Zusätzlich zu dieser prozessualen Problemstellung stellt sich die materiell-rechtliche Frage nach der Strafbarkeit des Provokateurs wegen Anstiftung. Nach h.M. fehlt bereits der Anstiftervorsatz, wenn der Provokateur nicht will, dass die Haupttat vollendet wird bzw. eine materielle Rechtsgutsbeeinträchtigung eintritt. Entfällt die Strafbarkeit nicht aus diesem Grund, kann die Provokation durch das Vorliegen von Rechtfertigungsgründen (Einwilligung, mutmaßliche Einwilligung, rechtfertigender Notstand) gerechtfertigt werden (*Wessels/Beulke/Satzger*, Strafrecht AT, 47. Aufl. 2017, Rn. 813a).

167 **Begehung milieubedingter Straftaten:** Grds. dürfen verdeckt operierende Personen selbst keine Straftaten begehen, und zwar auch nicht zur Aufrechterhaltung ihrer Tarnung. Allerdings kann die Strafbarkeit ausnahmsweise entfallen, wenn ein Rechtfertigungs- oder Entschuldigungsgrund vorliegt.

XV. Weitere Maßnahmen im Überblick

Neben den eben ausführlich erörterten Maßnahmen gibt es noch weitere Zwangsmittel. Die wichtigsten im Überblick:

168 – **die Unterbringung zur Beobachtung des Beschuldigten:** Nach § 81 StPO darf der Beschuldigte zur Vorbereitung eines Gutachtens über seinen psychischen Zustand in ein öffentliches psychiatrisches Krankenhaus gebracht und beobachtet werden.

Anordnungsbefugt ist das Gericht nach Anhörung eines Sachverständigen und des Verteidigers. Ferner muss der Beschuldigte **dringend tatverdächtig** und die Maßnahme **verhältnismäßig** sein, § 81 Abs. 2 StPO. Die Unterbringung darf maximal **sechs Wochen** dauern, § 81 Abs. 5 StPO.

- **die erkennungsdienstliche Behandlung:** Nach § 81b StPO dürfen **Lichtbilder** und **Fingerabdrücke** des Beschuldigten auch gegen seinen Willen aufgenommen und Messungen und ähnliche Maßnahmen an ihm vorgenommen werden. 169

- **die Rasterfahndung:** §§ 98a, 98b StPO gestatten bei zureichenden Anhaltspunkten für das Vorliegen einer Katalogtat des § 98a Abs. 1 StPO einen maschinellen Abgleich von personenbezogenen Daten, um Nichtverdächtige auszuschließen – sog. **negative Rasterfahndung** – oder um Personen aufzufinden, die das Verdächtigenprofil erfüllen – sog. **positive Rasterfahndung**. 170

- **die Straßenkontrollen:** Bei Verdacht auf bestimmte schwere Straftaten dürfen nach § 111 StPO auf öffentlichen Straßen und Plätzen **Kontrollstellen** zur Ergreifung des Täters oder zur Sicherstellung von Beweismitteln eingerichtet werden. 171

- **die Ausschreibung zur Fahndung:** §§ 131 ff. StPO regeln die Ausschreibung zur **Festnahme**, zur **Aufenthaltsermittlung** sowie zur Fahndung zwecks sonstiger Maßnahmen. 172

- **die Identitätsfeststellung:** §§ 163b, 163c StPO ermächtigen die StA und die Polizei, die erforderlichen Maßnahmen zur Feststellung der Identität von Verdächtigen, § 163b Abs. 1 StPO, sowie von Unverdächtigen, sofern dies zur Aufklärung einer Straftat geboten ist, § 163b Abs. 2 StPO, zu treffen. Die Dauer einer Freiheitsentziehung zum Zweck der Identitätsfeststellung darf dabei nicht länger dauern, als es unerlässlich ist, § 163c Abs. 1 S. 1 StPO; sie darf auf keinen Fall **zwölf Stunden** überschreiten, § 163c Abs. 2 StPO. 173

- **die Schleppnetzfahndung:** Nach § 163d StPO können bei Massenkontrollen an der Grenze oder an Kontrollstellen i.S.v. § 111 StPO **Kurzzeitdateien** angelegt werden. Die Maßnahme ist gemäß § 163d Abs. 1 S. 1 StPO nur zulässig bei Vorliegen einer Katalogtat des § 111 StPO oder des § 100a Abs. 2 Nr. 6–9 u. 11 StPO. 174

- **die längerfristige Observation:** Bei zureichenden Anhaltspunkten für das Vorliegen einer Straftat von erheblicher Bedeutung darf nach § 163f StPO eine planmäßige Beobachtung des Beschuldigten angeordnet werden, die entweder durchgehend länger als 24 Stunden dauern oder an mehr als zwei Tagen stattfinden soll. 175

XVI. Der Rechtsschutz gegen Zwangsmaßnahmen

1. Allgemeine Regelung

Die geschilderten Zwangsmaßnahmen greifen, zum Teil ganz erheblich, in die Grundrechte der von ihnen betroffenen Personen ein. Damit stellt sich die Frage, wie ein Betroffener sich gegen eine solche Maßnahme rechtlich zur Wehr setzen kann. Allgemein gilt hier folgendes Rechtsschutzsystem: Zunächst ist zu unterscheiden, ob die Zwangsmaßnahme noch bevorsteht bzw. andauert oder ob sie bereits erledigt ist. 176

Rechtsschutz vor Erledigung: Hierbei muss wiederum differenziert werden, wer die Zwangsmaßnahme angeordnet hat:
- Wurde sie **gerichtlich** angeordnet (z.B. eine vom Ermittlungsrichter nach § 81a StPO angeordnete Blutprobenentnahme), ist dagegen die **Beschwerde** nach § 304 StPO zum LG zulässig.
- Erfolgte die Anordnung hingegen durch die **StA** oder die **Polizei** (z.B. die von der Polizei zum Zweck der Gegenüberstellung nach § 81b StPO angeordnete Entfernung des Bartes), kann nach § 98 Abs. 2 S. 2 StPO der Richter am AG angerufen werden. (Nach Erhebung der Klage geht die Zuständigkeit auf das damit befasste Gericht über, § 98 Abs. 2 S. 4 StPO). Der **Antrag auf gerichtliche Entscheidung** gilt zwar unmittelbar nur für die Beschlagnahme; er wird aber zur Schließung von Rechtsschutzlücken analog auch auf die anderen Zwangsmaßnahmen angewendet.
- Wendet sich der Betroffene nur gegen die **Art und Weise der Durchführung**, ist unabhängig davon, wer die Maßnahme angeordnet hat, wiederum § 98 Abs. 2 S. 2 StPO analog einschlägig.
- Lehnt das Gericht den Antrag auf gerichtliche Entscheidung nach § 98 Abs. 2 S. 2 StPO (analog) als unzulässig oder unbegründet ab, kann der Betroffene dagegen **Beschwerde** nach § 304 StPO einlegen.

177 **Rechtsschutz nach Erledigung:** Auch hier ist danach zu unterscheiden, wer die Anordnung trifft:
- Wurde die Maßnahme gerichtlich angeordnet, gewährte die früher h.M. nach Erledigung wegen „prozessualer Überholung" keinen Rechtsschutz (BVerfGE 49, 329). Diese Auffassung berücksichtigte nach heute h.M. jedoch nicht in ausreichendem Maße das Rehabilitationsinteresse des Betroffenen. Daher kann dieser gegen gerichtlich angeordnete Maßnahmen auch im Falle ihrer Erledigung (z.B. die vom Richter angeordnete Wohnungsdurchsuchung wurde bereits vollzogen) die Beschwerde nach § 304 StPO einlegen (BVerfGE 96, 27).
- Bei Anordnung durch die StA oder die Polizei gilt wiederum § 98 Abs. 2 S. 2 StPO analog.
- Bei Beanstandung der Art und Weise der Durchführung (z.B. möchte sich der Beschuldigte dagegen wenden, dass er zur Vollziehung der Blutprobenentnahme von der Polizei gefesselt wurde) musste der Betroffene nach früher h.M. ein Fortsetzungsfeststellungsverfahren nach §§ 23 ff. EGGVG betreiben (BGHSt 28, 206, 208). Die heute h.M. wendet dagegen zur Gewährleistung eines wirksamen und einheitlichen Rechtsschutzes auch hier § 98 Abs. 2 S. 2 StPO analog an (BGHSt 44, 265).
- Zulässigkeitsvoraussetzung der Überprüfung einer erledigten Maßnahme auf ihre Rechtmäßigkeit ist stets das Bestehen eines **Rechtsschutzinteresses** des Betroffenen. Dieses kann sich aus einer Wiederholungsgefahr, einem Rehabilitationsinteresse oder einem tief greifenden Grundrechtseingriff ergeben (BVerfGE 96, 27).
- Im Falle der Anrufung des Richters am AG nach § 98 Abs. 2 S. 2 StPO (analog) ist gegen dessen Entscheidung wiederum Beschwerde nach § 304 StPO möglich.

2. Sonderregelung

Eine **Sonderregelung** enthält § 101 Abs. 7 StPO für die dort aufgezählten heimlichen Maßnahmen (u.a. Postbeschlagnahme, TKÜ, Online-Durchsuchung, akustische Wohnraumüberwachung, Abhören und Aufzeichnen des nichtöffentlich gesprochenen Wortes, Einsatz weiterer technischer Mittel, Einsatz verdeckter Ermittler, Schleppnetzfahndung, längerfristige Observation; vgl. § 101 Abs. 1 StPO; ferner gilt § 107 Abs. 7 StPO auch für die Erhebung von Verkehrsdaten; vgl. § 101a Abs. 6 StPO). **178**

- Zuständig ist zunächst stets der Richter am AG (Ausnahme: für die Online-Durchsuchung und die akustische Wohnraumüberwachung liegt die Zuständigkeit bei einer speziellen Kammer des LG, § 100e Abs. 2 S. 1 StPO i.V.m. § 74a Abs. 4 GVG), also im Unterschied zur allgemeinen Regelung auch dann, wenn die angegriffene Maßnahme auf einer **richterlichen Anordnung** eben dieses Gerichts beruht. Nach Anklageerhebung wechselt die Zuständigkeit zu dem mit der Sache befassten erkennenden Gericht. Dieser Zuständigkeitswechsel tritt auch dann ein, wenn der Antrag auf Überprüfung bereits vor Klageerhebung gestellt wurde, aber noch nicht entschieden worden ist (BGHSt 53, 1, 4 f.).
- Es bedarf **keines Nachweises** eines Rechtsschutzinteresses.
- Der Betroffene kann die Überprüfung nur **binnen zwei Wochen** nach seiner Benachrichtigung über die Maßnahme beantragen.
- Gegen die Entscheidung des Gerichts steht dem Betroffenen dann nicht die einfache, sondern lediglich die wiederum fristgebundene (eine Woche, vgl. § 311 Abs. 2 StPO) **sofortige Beschwerde** offen.

Anwendungsbereich: Fraglich ist, ob § 101 Abs. 7 StPO nur die Fälle regelt, in denen die entsprechenden Maßnahmen bereits erledigt sind, oder ob er auch dann Anwendung findet, wenn noch keine Erledigung eingetreten ist. Aus der Formulierung in § 101 Abs. 4 S. 2 StPO – Hinweispflicht „auf die Möglichkeit nachträglichen Rechtsschutzes nach Absatz 7" – wie auch der Gesetzgebungsgeschichte folgt, dass § 101 Abs. 7 StPO allein für bereits **erledigte** Maßnahmen gelten soll. Für noch nicht erledigte Maßnahmen bleibt es daher bei den allgemeinen Rechtsschutzregeln (*Beulke*, Rn. 327a; a.A. HK-*Gercke*, § 101 Rn. 16). **179**

Verhältnis zu den allgemeinen Rechtsschutzregeln: Liegt eine Erledigung vor, stellt sich des Weiteren das Problem, in welchem Verhältnis § 101 Abs. 7 StPO und die allgemein statthaften Rechtsbehelfe gegen Zwangsmaßnahmen zueinander stehen. **180**

Fall 36: Das zuständige AG ordnet gegen den Beschuldigten B eine Telefonüberwachung an. Nach Beendigung der Maßnahme wird er darüber ordnungsgemäß informiert und korrekt auf die Rechtsschutzmöglichkeit nach § 101 Abs. 7 StPO sowie die dafür vorgesehene Frist hingewiesen. B hält die Telefonüberwachung in seinem Fall für unzulässig und sieht sich in seinem Grundrecht aus Art. 10 GG tiefgreifend verletzt. Nach drei Wochen erhebt er Beschwerde nach § 304 StPO.

Lösung: Einer t.v.A. zufolge tritt § 101 Abs. 7 S. 2 StPO nur ergänzend neben die allgemeinen Rechtsbehelfe. Sein Zweck bestehe darin, den Betroffenen davon zu befreien, ein Rechtsschutzinteresse nachweisen zu müssen. Die Beschwerde bleibe daher zulässig (HK-*Gercke*, § 101 Rn. 16). Der Rspr. zufolge handelt es sich dagegen um eine **abschließende Son-**

derregelung. Anderenfalls liefe die vom Gesetzgeber explizit als notwendig erachtete Befristung des Rechtsbehelfs leer (BGHSt 53, 1). Danach wäre die Beschwerde hier nicht statthaft; eine Umdeutung gem. § 300 StPO in einen Antrag nach § 101 Abs. 7 S. 2 StPO kommt wegen Verfristung nicht in Betracht.

Schaubild 7: Der Rechtsschutz gegen Zwangsmaßnahmen

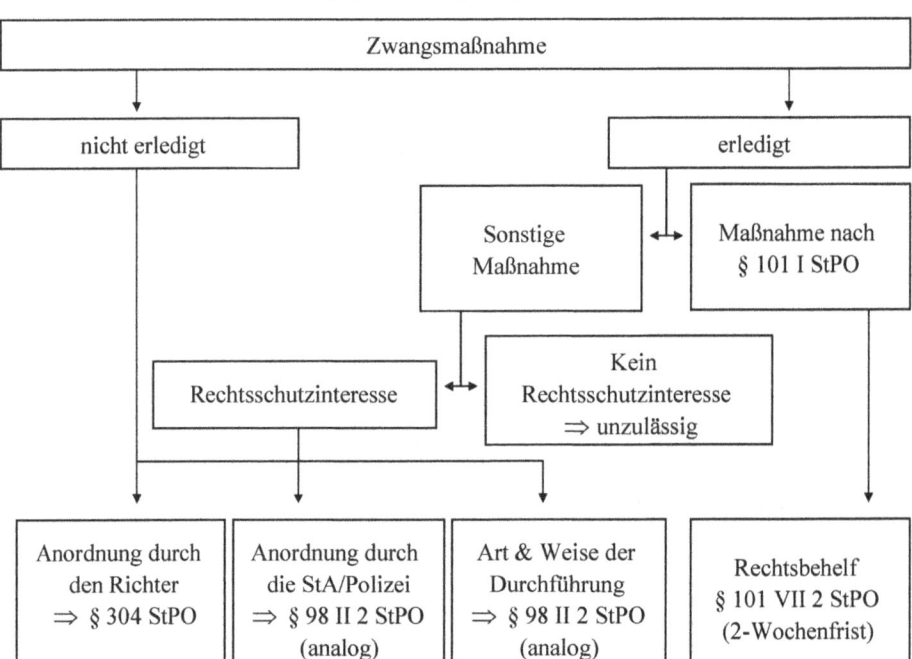

§ 8 Das Zwischenverfahren

I. Einleitung und Durchführung

181 Das Zwischenverfahren wird eingeleitet von der StA durch **Erhebung** der **öffentlichen Klage** beim für die **Hauptverhandlung zuständigen Gericht**, § 199 StPO (es findet allerdings nicht statt im Strafbefehlsverfahren und im beschleunigten Verfahren; vgl. dazu Rn. 317 ff.). Das Gericht (nur die Berufsrichter, §§ 30 Abs. 2, 76 Abs. 1 S. 2 GVG) prüft nun, ob der von der StA behauptete hinreichende Tatverdacht gegen den Beschuldigten, der jetzt als Angeschuldigter bezeichnet wird, § 157 StPO, tatsächlich besteht. Dabei ist es an die in der Anklage bezeichnete Tat gebunden (dazu Rn. 275 f.), nicht aber an die rechtliche Bewertung und die Anträge der StA, § 206 StPO. Das

Gericht teilt die Anklageschrift dem Angeschuldigten mit und gibt ihm die Gelegenheit, Beweisanträge und Einwände vorzubringen, § 201 StPO. In den Fällen notwendiger Verteidigung wird ihm spätestens zu diesem Zeitpunkt ein Verteidiger bestellt, § 141 Abs. 1 StPO.

II. Der Abschluss

Das Zwischenverfahren endet entweder durch Eröffnungsbeschluss oder Ablehnung der Eröffnung bzw. Einstellung:

- **Eröffnungsbeschluss:** Hält das Gericht den Angeschuldigten der Straftat für hinreichend verdächtig, lässt es mit dem Eröffnungsbeschluss die Anklage zur Hauptverhandlung zu und bezeichnet das zuständige Gericht, §§ 203, 207 Abs. 1 StPO. Erachtet es ein Gericht **niedrigerer Ordnung** für sachlich zuständig, eröffnet es das Hauptverfahren vor diesem, § 209 Abs. 1 StPO (hält es dagegen ein Gericht **höherer Ordnung** für sachlich zuständig, muss es diesem die Akten zur Entscheidung vorlegen, § 209 Abs. 2 StPO). Nach § 207 Abs. 2 StPO kann die Zulassung in begrenztem Umfang auch unter inhaltlichen Änderungen der Anklage erfolgen. Der Eröffnungsbeschluss kann vom Angeklagten nicht angefochten werden, § 210 Abs. 1 StPO. **182**

- **Ablehnung der Eröffnung:** Hält das Gericht den Angeschuldigten aus tatsächlichen oder rechtlichen Gründen nicht für hinreichend verdächtig, lehnt es die Eröffnung des Hauptverfahrens ab, § 204 StPO. Die StA kann dagegen sofortige Beschwerde einlegen, § 210 Abs. 2, 1. Alt. StPO. Eine Wiederaufnahme kommt nur bei neuen Tatsachen oder Beweismitteln in Betracht, § 211 StPO. **183**

- **vorläufige Einstellung:** Unter den Voraussetzungen des § 205 StPO ist eine vorläufige Einstellung zulässig (z.B. der Angeschuldigte ist vorübergehend verhandlungsunfähig). **184**

- **Einstellung aus Opportunitätsgründen:** In den Fällen der §§ 153 ff. StPO kann auch das Gericht mit Zustimmung von StA und Angeschuldigtem noch einstellen. **185**

§ 9 Das Hauptverfahren

I. Die Vorbereitung der Hauptverhandlung

Für die Durchführung der Hauptverhandlung sind bestimmte Vorbereitungen zu treffen: **186**
- Der Vorsitzende Richter muss zunächst einen **Termin** zur Hauptverhandlung bestimmen, § 213 StPO.

- Er ordnet ferner die **erforderlichen Ladungen** an, § 214 Abs. 1 StPO. Zu laden sind der **Angeklagte**, § 216 StPO, der **Verteidiger**, § 218 StPO, sowie weitere Prozessbeteiligte wie Privat- oder Nebenkläger, die Zeugen und Sachverständige.
- Spätestens zusammen mit der Ladung ist dem Angeklagten der **Eröffnungsbeschluss zuzustellen**, § 215 StPO.
- Findet die Hauptverhandlung vor dem LG oder dem OLG statt, muss spätestens zu Beginn der Hauptverhandlung die Besetzung des Gerichts mitgeteilt werden, § 222a StPO.
- Ausnahmsweise können Beweiserhebungen auch vor der Hauptverhandlung erfolgen, so die kommissarische Vernehmung von Zeugen oder Sachverständigen unter den Voraussetzungen der §§ 223, 224 StPO.

II. Die Durchführung der Hauptverhandlung

1. Der Ablauf

187 In der Hauptverhandlung hat der Vorsitzende Richter die Sitzungsgewalt, § 176 GVG, d.h. ihm obliegt die Aufrechterhaltung der Ordnung. Ferner leitet er die Hauptverhandlung, § 238 Abs. 1 StPO. Dazu gehört auch, dass er den Angeklagten vernimmt und die Beweisaufnahme durchführt. Die anderen Verfahrensbeteiligten haben allerdings ein umfassendes **Fragerecht**, § 240 StPO (Einschränkungen in §§ 241, 241a StPO). Im Überblick verläuft die Hauptverhandlung wie folgt:

188 – **Aufruf der Sache:** Die Hauptverhandlung beginnt mit dem Aufruf der Sache, § 243 Abs. 1 S. 1 StPO.

189 – **Präsenzfeststellung:** Sodann stellt der Vorsitzende fest, ob der Angeklagte und der Verteidiger anwesend sowie die geladenen Zeugen und Sachverständigen erschienen und die weiteren Beweismittel herbeigeschafft sind, § 243 Abs. 1 S. 2 StPO. Dann erfolgt i.d.R. die gemeinsame **Belehrung der Zeugen** und **Sachverständigen** gemäß §§ 57, 72 StPO. Anschließend verlassen die Zeugen wieder den Sitzungssaal, § 243 Abs. 2 S. 1 StPO (sie werden dann in der Beweisaufnahme einzeln und in Abwesenheit später zu hörender Zeugen vernommen, § 58 Abs. 1 StPO).

190 – **Ggf. Mitteilung der Gerichtsbesetzung:** Findet die erstinstanzliche Hauptverhandlung vor dem LG oder dem OLG statt, muss spätestens hier die Besetzung des Gerichts mitgeteilt werden (freilich kann diese Mitteilung auch schon vor Beginn der Hauptverhandlung erfolgen), § 222a Abs. 1 StPO.

191 – **Vernehmung zur Person:** Nunmehr vernimmt der Vorsitzende den Angeklagten über seine persönlichen Verhältnisse, § 243 Abs. 2 S. 2 StPO. Hierzu muss der Angeklagte Angaben machen.

> **Fall 37:** Im Rahmen der Vernehmung zur Person fragt der Vorsitzende den Angeklagten A nach seinen wirtschaftlichen Verhältnissen. A möchte eigentlich nichts dazu sagen.
> **Lösung:** Die Vernehmung zur Person dient allein der **Identitätsfeststellung** des Angeklagten sowie der Klärung der Verhandlungs- und ggf. Verteidigungsfähigkeit. Nur auf

die hierfür erforderlichen Daten (als Anhaltspunkt dienen die Angaben in § 111 OWiG) bezieht sich daher die Aussagepflicht des Angeklagten. Alle anderen persönlichen Umstände wie z.B. Lebenslauf, Ausbildung, familiäre Situation oder Vorstrafen gehören zur **Vernehmung zur Sache**, weil sie für die Strafzumessung relevant sind. Die Frage des Vorsitzenden ist daher an dieser Stelle nicht zulässig und könnte nach § 238 Abs. 2 StPO beanstandet werden.

- **Verlesung des Anklagesatzes:** Danach verliest der StA den Anklagesatz, § 243 Abs. 3 StPO, d.h. den Teil der Anklage, der die Beschuldigung enthält. 192

- **Mitteilung über Verständigung:** Anschließend teilt das Gericht mit, ob es mit den Verfahrensbeteiligten die Möglichkeit einer Absprache nach § 257c StPO erörtert hat (mitzuteilen ist also auch, dass keine Verständigungsgespräche stattgefunden haben – sog. Negativmitteilungspflicht; BVerfG NStZ 2014, 592) und falls ja, welches der wesentliche Inhalt dieser Erörterungen gewesen ist, § 243 Abs. 4 S. 1 StPO. Das gilt aus Transparenzgründen auch dann, wenn die Verständigungsgespräche gescheitert sind (BGH NStZ 2014, 221). 193

- **Hinweis zur Aussagefreiheit:** Nun muss der Angeklagte darüber belehrt werden, dass es ihm freisteht, sich nicht zur Anklage zu äußern oder nicht zur Sache auszusagen, § 243 Abs. 5 S. 1 StPO. Dies gilt auch dann, wenn der Angeklagte in früheren Verfahrensstadien über sein Schweigerecht belehrt worden war. 194

- **Ggf. Eröffnungserklärung der Verteidigung:** In besonders umfangreichen erstinstanzlichen Verfahren vor dem LG und OLG hat der Verteidiger an dieser Stelle das Recht, noch vor der Vernehmung des Angeklagten zur Sache für diesen eine Erklärung zur Anklage abzugeben, § 243 Abs. 5 S. 3 u. 4 StPO. Diese Erklärung stellt – soweit nicht Gegenteiliges geäußert wird – freilich keine beweisrelevante Einlassung des Angeklagten (vgl. Rn. 207) dar. 195

- **Vernehmung zur Sache:** Es schließt sich die Vernehmung des Angeklagten zur Sache an, § 243 Abs. 5 S. 2 StPO. 196

- **Beweisaufnahme:** Darauf folgt die Beweisaufnahme, § 244 Abs. 1 StPO (vgl. dazu Rn. 205 ff.). 197

- **Schlussvorträge:** Ist die Beweisaufnahme abgeschlossen, werden die Schlussvorträge gehalten, § 258 StPO. Zunächst plädiert der StA, dann der Angeklagte bzw. sein Verteidiger, worauf der StA nochmals entgegnen kann. Der Angeklagte hat das **letzte Wort**, § 258 Abs. 2, 2. Hs. StPO. Tritt das Gericht nach dem letzten Wort nochmals in die Hauptverhandlung ein, muss es erneut Gelegenheit zu Schlussvorträgen geben und dem Angeklagten wiederum das letzte Wort lassen (BGH NStZ 2013, 612). 198

- **Urteilsverkündung:** Die Hauptverhandlung endet mit der Urteilsverkündung, § 260 Abs. 1 StPO (vgl. dazu Rn. 273 f.). Kann das Urteil durch Rechtsmittel angefochten werden, erfolgt noch eine Rechtsmittelbelehrung (das gilt nicht, wenn nur die StA rechtsmittelberechtigt ist), § 35a StPO. Der Urteilsverkündung geht die **geheime Beratung** und **Abstimmung** des Gerichts voraus, die selbst nicht Bestandteil der Hauptverhandlung ist. 199

§ 9 *Das Hauptverfahren*

Ausnahmsweise ist in den Fällen der §§ 153 ff. StPO statt eines Urteils mit Zustimmung von StA und Angeklagtem auch noch eine **Einstellung des Verfahrens** zulässig.

2. Die Anwesenheitspflichten

Während der Hauptverhandlung bestehen die folgenden Anwesenheitspflichten:

200 – **Richter:** Die Richter müssen während der gesamten Hauptverhandlung ununterbrochen anwesend sein, § 226 StPO, d.h. sie dürfen auch nicht wechseln (vorbeugend können bei längeren Verfahren aber **Ergänzungsrichter**, die der Verhandlung beiwohnen und im Falle der Verhinderung eines Richters für ihn eintreten, bestimmt werden, § 192 Abs. 2 u. 3 GVG).

> **Fall 38:** Nach durchzechter Nacht schlummert Schöffe S in der mehrstündigen Hauptverhandlung gegen den A mehrfach für einige Sekunden ein.
>
> **Lösung:** Anwesenheit meint nicht nur körperliche, sondern auch geistige Präsenz. Nach Auffassung des BGH führt aber nicht jede Unaufmerksamkeit des Richters zu einer Abwesenheit und damit zu einem Revisionsgrund nach § 338 Nr. 1 StPO (abw. *Beulke*, Rn. 408, der § 337 StPO anwenden will), sondern nur eine solche über einen längeren Zeitraum (BGHSt 2, 14). Dem wird man allerdings zumindest die Fälle gleichstellen müssen, in denen – wie hier – der Richter mehrfach, wenn auch nur kurz der Verhandlung nicht folgt. Die Hauptverhandlung ist daher im vorliegenden Fall erneut durchzuführen.

201 – **Angeklagter:** Der Angeklagte muss grds. anwesend sein, es sei denn, es besteht ein Ausnahmetatbestand (vgl. Rn. 60).

202 – **StA und Verteidiger:** Auch StA und – in den Fällen notwendiger Verteidigung – Verteidiger haben während der gesamten Hauptverhandlung anwesend zu sein. Allerdings ist hier eine Ablösung durch einen anderen StA bzw. Verteidiger zulässig, § 227 StPO.

3. Das Sitzungsprotokoll

203 Über die Hauptverhandlung ist ein Sitzungsprotokoll zu führen, § 271 StPO. Die erforderlichen Angaben sind in §§ 272, 273 StPO vorgeschrieben. Die Einhaltung der wesentlichen Förmlichkeiten (z.B. Ausschließung und Wiederherstellung der Öffentlichkeit, Anwesenheit der Prozessbeteiligten, Vornahme der erforderlichen Belehrungen etc.) kann **nur** durch dieses Protokoll bewiesen werden, § 274 StPO.

Das bedeutet:
– **positive Beweiskraft:** Was im Protokoll vermerkt ist, gilt als geschehen, auch wenn es tatsächlich nicht zutrifft.
– **negative Beweiskraft:** Was im Protokoll nicht vermerkt ist, gilt als nicht geschehen.

204 Der Inhalt des Protokolls kann grds. nur mit dem Nachweis der Fälschung angegriffen werden, § 274 S. 2 StPO. Darüber hinaus entfällt die Beweiskraft nach h.M. ausnahmsweise auch dann, wenn das Protokoll **offensichtliche Lücken**, **Unklarheiten** oder **Widersprüche** aufweist (*Meyer-Goßner/Schmitt*, § 274 Rn. 16 f; krit. *Kühne*, Rn. 974).

Dann hat das Rechtsmittelgericht im Wege des Freibeweises und in freier Beweiswürdigung zu ermitteln, wie der Verfahrensablauf tatsächlich war (*Joecks*, § 274 Rn. 10). Offensichtlich sind Lücken insb. dann, wenn ein protokollierter Vorgang beweist, dass ein anderer geschehen ist, über den das Protokoll schweigt (z.B. die Wiederherstellung der Öffentlichkeit wurde protokolliert, nicht aber der Ausschluss). Ebenso soll nach dem BGH ein offensichtlicher Mangel vorliegen, wenn das Sitzungsprotokoll Vorgänge beurkundet, die sich nach **aller Erfahrung** so nicht zugetragen haben können (so z.B., dass ein Pflichtverteidiger sich einfach eigenmächtig entfernt, ohne die notwendige Verteidigung sicherzustellen, und darüber hinaus allen anderen Verfahrensbeteiligten entgeht, dass der Angeklagte nicht mehr verteidigt ist; BGH NStZ 2002, 270; krit. dazu *Fezer*, NStZ 2002, 273). Ferner entfällt die Beweiskraft, wenn eine Urkundsperson (d.h. der Richter oder der Protokollführer) den Inhalt nachträglich für falsch erklärt; die Beweiskraft gehe hier auf das Protokoll in der berichtigten Fassung über. Fraglich ist allerdings, ob dies auch dann noch gilt, wenn eine Protokollberichtigung zu Ungunsten des Angeklagten erst nach Erhebung einer zulässigen Verfahrensrüge erfolgt.

Fall 39: A wird wegen Totschlags verurteilt. Laut Sitzungsprotokoll ist ihm allerdings nach den Schlussvorträgen nicht das letzte Wort überlassen worden. Gegen das Urteil wendet er sich deshalb mit der Revision und macht den Revisionsgrund des § 337 i.V.m. § 258 Abs. 2 StPO geltend. Kurze Zeit darauf erklärt der Protokollführer das Sitzungsprotokoll in diesem Punkt jedoch für unzutreffend. Lediglich aufgrund eines Übertragungsfehlers sei die Erteilung des letzten Wortes im Protokoll nicht vermerkt worden; tatsächlich habe der A Gelegenheit dazu erhalten.

Lösung: Nach der früheren Rspr. blieb die Protokollberichtigung hier unberücksichtigt, da sie der Revisionsbegründung des Angeklagten zu dessen Nachteil die Tatsachengrundlage entzieht – sog. **Rügeverkümmerung** (BGHSt 2, 125, 127 f.). Diese Auffassung hat der Große Senat aufgegeben. Der Beschwerdeführer habe keinen Anspruch darauf, aus tatsächlich nicht gegebenen Umständen Verfahrensvorteile abzuleiten. Zudem seien auch die Revisionsgerichte der materiellen Wahrheit verpflichtet. Ferner erhalte die Verpflichtung zur Entscheidung auf der Grundlage eines zutreffenden Sachverhalts durch das Beschleunigungsgebot und den Gesichtspunkt des Opferschutzes (Vermeidung unnötiger weiterer konfrontativer Befragungen) zusätzliches Gewicht. Darüber hinaus ermögliche es die Berücksichtigung einer umfassenden Protokollberichtigung, den Erfolgsaussichten bewusst unwahrer Verfahrensrügen Grenzen zu setzen. Den Schutzinteressen des Beschwerdeführers lasse sich dadurch Rechnung tragen, dass die Urkundspersonen verpflichtet würden, ihn vor einer beabsichtigten Protokollberichtigung anzuhören und im Falle eines substantiierten Widerspruchs weitere Verfahrensbeteiligte zu befragen sowie, falls sie an der Berichtigung festhalten, ihre Entscheidung zu begründen. Auch komme dem berichtigten Teil dann nicht die Beweiskraft des § 274 StPO zu, so dass das Revisionsgericht die Protokollberichtigung zum Schutze des Beschwerdeführers überprüfen und den Sachverhalt erforderlichenfalls im **Freibeweisverfahren** weiter **aufklären** könne. Verblieben dann immer noch Zweifel, gelte das Protokoll in der nicht berichtigten Fassung (BGHSt 51, 298). Eine a.A. wendet hiergegen ein, dass damit die Beweiskraftregelung des § 274 StPO entwertet werde; der Große Senat stelle sich der gesetzgeberischen Entscheidung entgegen und ersetze sie durch eine eigene, als vorzugswürdig empfundene Konzeption (*Beulke*, Rn. 564). Das BVerfG sieht in der Entscheidung des Großen Senats allerdings keine Verletzung der verfassungsrechtlichen Grenzen der richterlichen Rechtsfindung (BVerfGE 122, 248).

§ 10 Das Beweisrecht

I. Allgemeine Grundsätze des Beweisrechts

205 Nach dem Untersuchungsgrundsatz (vgl. Rn. 20) ist das Gericht von Amts wegen zur Erforschung der Wahrheit verpflichtet, § 244 Abs. 2 StPO (für die StA gilt dies nach § 160 Abs. 2 StPO). In der Beweisaufnahme muss es deshalb alle **Tatsachen** und **Erfahrungssätze** ermitteln, die für die Entscheidung über Verfahrensfragen und in der Sache von Bedeutung sind.

1. Die Tatsachen

206 Die für die Entscheidung bedeutsamen Tatsachen können unterschieden werden nach:
- **Haupttatsachen:** Hierbei handelt es sich um Tatsachen, die sich direkt unter einen materiell-rechtlichen Tatbestand subsumieren lassen (z.B. die Abgabe eines tödlichen Schusses durch den Angeklagten auf das Opfer).
- **Indiztatsachen:** Als solche werden Tatsachen bezeichnet, die mittels Erfahrungssätzen einen Schluss auf eine Haupttatsache ermöglichen (z.B. die Tatwaffe im Besitz des Angeschuldigten, die blutbefleckte Kleidung, Schmauchspuren an den Händen).
- **Hilfstatsachen:** Sie betreffen die Beweiskraft von Beweismitteln (z.B. die Zahlung einer Geldsumme durch den Angeklagten an einen Entlastungszeugen).

2. Das Beweisverfahren

Bei der Beweisführung zur Ermittlung der tatsächlichen Entscheidungsgrundlagen ist zwischen zwei Arten des Beweisverfahrens zu differenzieren:

207
- das **Strengbeweisverfahren:** Für alle Beweiserhebungen **innerhalb der Hauptverhandlung**, die die **Schuld** und die **Rechtsfolgen** (z.B. die Möglichkeit der Strafaussetzung zur Bewährung) betreffen, gilt das Strengbeweisverfahren. Das bedeutet, dass der Beweis nur in einem förmlichen Beweisverfahren, geregelt in §§ 239 ff. StPO, mit **gesetzlich bestimmten Beweismitteln** geführt werden kann. Als zulässige Beweismittel kommen nur in Betracht:
  - der **Zeugenbeweis**, §§ 48 ff. StPO,
  - der **Sachverständigenbeweis**, §§ 72 ff. StPO (dabei dürfen Zusatztatsachen nicht durch Sachverständigenbeweis, sondern nur durch Zeugenbeweis in die Hauptverhandlung eingeführt werden; vgl. Rn. 89),
  - der **Augenscheinsbeweis**, §§ 86 ff. StPO (sinnliche Wahrnehmungen, z.B. Ortsbesichtigung, Betrachten der Tatwaffe, Anschauen eines Filmes),
  - der **Urkundenbeweis**, §§ 249 ff. StPO (alle Schriftstücke mit verlesbarem Gedankeninhalt; auch elektronische Dokumente, § 249 Abs. 1 S. 2 StPO),

- die **Einlassung des Angeklagten** (die zwar kein Beweismittel im prozesstechnischen Sinne darstellt, aber – da sie zum Beweis herangezogen wird – als Beweismittel i.w.S. bezeichnet werden kann).
- **das Freibeweisverfahren:** Für alle anderen Beweiserhebungen, d.h. die Beweiserhebungen innerhalb der Hauptverhandlung, die **prozessuale Fragen** betreffen (z.B. die Eidesmündigkeit eines Zeugen, das rechtzeitige Stellen eines Strafantrags), sowie alle Beweiserhebungen **außerhalb** der Hauptverhandlung, gilt dagegen das Freibeweisverfahren. Hier besteht keine Bindung an die gesetzlichen Beweismittel; der Beweis kann auf beliebige Art und Weise geführt werden.

208

> **Fall 40:** A ist wegen Bandendiebstahls angeklagt. Bei seiner polizeilichen Vernehmung hat er die Tat gestanden. In der Hauptverhandlung widerruft er das in den Akten befindliche Geständnis und behauptet, dass er dieses nur wegen Übermüdung nach einem 48-stündigen Dauerverhör abgegeben habe. Zum Beweis beantragt seine Verteidigerin V die Vernehmung der Polizeibeamten, die den A seinerzeit vernommen hatten. Das Gericht hält es für ausreichend, durch telefonische Nachfrage bei der Dienststelle die Umstände der Vernehmung zu klären.
>
> **Lösung:** Hier könnte wegen Ermüdung eine verbotene Vernehmungsmethode nach § 136a StPO vorliegen, die ein Beweisverwertungsverbot hinsichtlich des Geständnisses gemäß § 136a Abs. 3 StPO begründen würde. Ob dies tatsächlich der Fall ist, stellt nach h.M. keine Frage der Schuld, sondern eine prozessuale Frage dar, sodass eine Klärung im Wege des Freibeweisverfahrens möglich ist (BGHSt 16, 164). Bleiben Zweifel am Vorliegen eines Verstoßes, soll die Aussage verwertbar sein, da der in dubio-Grundsatz nicht gelte (BGHSt 16, 164, 167; a.A. MüKo-*Schuhr*, § 136a Rn. 100). Eine t.v.A. sieht hingegen auf Grund der besonderen Bedeutung des § 136a StPO die Notwendigkeit einer Feststellung im Strengbeweisverfahren (*Eisenberg*, Rn. 707). Nach der h.M. war das Gericht hier berechtigt, die Umstände der polizeilichen Vernehmung des A telefonisch zu ermitteln.

Offenkundige Tatsachen: Ausnahmsweise gelten bestimmte Tatsachen als bewiesen, ohne dass es einer Beweisführung bedarf. Solche offenkundige Tatsachen sind:

209

- **allgemeinkundige Tatsachen:** Darunter versteht man Tatsachen, von denen jeder verständige Mensch regelmäßig Kenntnis besitzt oder über die er sich ohne besondere Fachkenntnisse unterrichten kann (z.B. die Tatsache, dass in München das Hofbräuhaus steht).
- **gerichtskundige Tatsachen:** Als solche gelten Tatsachen, von denen das Gericht in amtlicher Eigenschaft Kenntnis erlangt hat (z.B. die Verurteilung eines Zeugen wegen Falschaussage in einem früheren Verfahren durch das erkennende Gericht).

II. Das Beweisantragsrecht

Einige Verfahrensbeteiligte (StA, Angeklagter, Verteidiger, bei Privatklage oder Nebenklage der Verletzte) haben das Recht, mit Anträgen und Anregungen Einfluss auf die Beweisaufnahme zu nehmen. Dabei kommen mehrere Möglichkeiten in Betracht:

1. Der Beweisantrag

210 Der Beweisantrag ist das **Verlangen** des Antragstellers, über eine **bestimmte**, die **Schuld** oder **Rechtsfolge** betreffende **Tatsachenbehauptung** mit einem **gesetzlich bestimmten Beweismittel** Beweis zu erheben.

Voraussetzungen: Ein Beweisantrag enthält daher immer zwei Elemente:

211 – **bestimmte Tatsachenbehauptung:** Zunächst kann Gegenstand des Antrags nur eine Tatsache sein, d.h. Werturteile scheiden aus (z.B. die „Unglaubwürdigkeit" eines Entlastungszeugen; als Antragsgegenstand kommen aber die Tatsachen in Betracht, die ein solches Werturteil begründen können, also bspw. die Zahlung einer Geldsumme durch den Angeklagten an diesen Zeugen). Weiter muss das Beweisthema hinreichend bestimmt sein; nicht ausreichend ist es, nur das **Beweisziel** zu benennen, auf das von der Beweistatsache geschlossen werden soll (z.B. die Behauptung, der Angeklagte sei gar nicht am Tatort gewesen; im Antrag müsste daher der Ort angegeben werden, an dem sich der Angeklagte stattdessen aufgehalten hat). Dabei genügt es, wenn der Antragsteller die Wahrheit seiner Behauptung **für möglich** hält (völlig aus der Luft gegriffene Behauptungen scheiden dagegen aus).

212 – **bestimmt bezeichnetes Beweismittel:** Als Beweismittel kommen nur solche des Strengbeweises in Betracht. Es muss so genau bezeichnet werden, dass es vom Gericht identifiziert werden kann (z.B. der Patient, der zu einem bestimmten Datum in einem bestimmten Zimmer der Chirurgie des „Klinikums rechts der Isar" lag). Zudem muss nach h.M. erkennbar sein, welcher Zusammenhang **(Konnex)** zwischen der Beweistatsache und dem Beweismittel besteht (BGHSt 43, 321, 329 f.; krit. *Beulke*, Rn. 437), d.h. warum das Beweismittel geeignet ist, die aufgestellte Behauptung zu belegen (i.d.R. ergibt sich dies allerdings bereits aus den Umständen).

213 Beweisanträge können auch **bedingt** gestellt werden, etwa unter dem Vorbehalt, dass eine bestimmte Prozesslage eintritt (bspw. dass das Gericht einen anderen Beweisantrag ablehnt). Zulässig sind deshalb auch sog. **Hilfsbeweisanträge**: Sie stellt der Antragsteller für den Fall einer bestimmten Abschlussentscheidung (z.B. der Verteidiger beantragt im Schlussvortrag Freispruch und hilfsweise für den Fall, dass kein Freispruch ergeht, einen Zeugen dazu zu hören, dass das Opfer nicht getötet, sondern nur verletzt werden sollte).

214 **Zeitpunkt und Form:** Beweisanträge können in der Hauptverhandlung bis zum Beginn der Urteilsverkündung, d.h. auch noch nach Abschluss der Beweisaufnahme gestellt werden; es ist nicht zulässig, sie allein wegen zu späten Vorbringens abzulehnen, § 246 Abs. 1 StPO (vgl. aber **Fall 42**). Zur Vermeidung von Verfahrensverzögerungen räumt § 244 Abs. 6 S. 2 u. 3 StPO dem Vorsitzenden allerdings die Möglichkeit ein, nach Abschluss der aus Sicht des Gerichts gebotenen Beweisaufnahme eine **Frist** zum Stellen von (weiteren) Beweisanträgen festzulegen. Anträge, die verspätet gestellt werden, kann das Gericht dann auch im Urteil bescheiden. Das bedeutet, dass es hier den Antrag, sofern ein Ablehnungsgrund vorliegt, ausnahmsweise ohne gesonderten vorherigen Beschluss (dazu Rn. 215) ablehnen darf. Allerdings gilt das nicht, wenn es dem Antragsteller unmöglich war, den Beweisantrag innerhalb der Frist zu stellen – etwa weil er erst nach Fristablauf von der Existenz eines bestimmten Beweismittels

(z.B. einem Entlastungszeugen) erfahren hat. Grds. sind Beweisanträge gemäß dem Mündlichkeitsprinzip mündlich zu stellen; allerdings kann das Gericht in Ausnahmefällen nach § 257a StPO die Schriftform anordnen.

Ablehnung: Beweisanträge dürfen nur aus den in § 244 Abs. 3–5 StPO für nicht präsente Beweismittel und den in § 245 Abs. 2 StPO für präsente Beweismittel genannten Gründen abgelehnt werden (Zeugen gelten nur als präsent, wenn sie geladen wurden und anwesend sind; die bloße Anwesenheit ohne Ladung genügt dagegen nicht). Es bedarf hierzu grds. eines formellen Beschlusses des Gerichts, § 244 Abs. 6 S. 1 StPO, der die wesentlichen Gesichtspunkte enthalten muss, § 34 StPO. Anderenfalls liegt ein absoluter Revisionsgrund nach § 338 Nr. 8 StPO vor. (Eine Ausnahme besteht allerdings bei den Hilfsbeweisanträgen, die grds. erst in den Urteilsgründen zu bescheiden sind, vgl. *Meyer-Goßner/Schmitt*, § 244 Rn. 44a, und bei Anträgen nach Fristablauf, die in den Urteilsgründen beschieden werden können, § 246 Abs. 6 S. 3, 1. Hs. StPO). § 244 Abs. 4 u. 5 StPO enthalten besondere zusätzliche Ablehnungsgründe für Anträge auf Sachverständigenbeweis, Augenscheinseinnahme und Zeugenbeweis bei Auslandszeugen; Abs. 3 betrifft dagegen alle Beweismittel. 215

Die von Letzterem normierten Ablehnungsgründe sind:
- **Unzulässigkeit** (hier **muss** der Beweisantrag abgelehnt werden), 216
- **Offenkundigkeit** (vgl. Rn. 209), 217
- **Bedeutungslosigkeit**, d.h. die behauptete Tatsache ist nicht geeignet, die Entscheidung irgendwie zu beeinflussen, 218
- die Tatsache ist **bereits erwiesen** (nicht dagegen die Begründung, das **Gegenteil** der behaupteten Tatsache sei bereits erwiesen – mit Ausnahme beim Sachverständigenbeweis, § 244 Abs. 4 S. 2), 219
- **völlige Ungeeignetheit**, d.h. das Beweismittel ist evident nicht in der Lage, den behaupteten Beweis zu erbringen (nicht ausreichend zur Begründung der Ungeeignetheit ist dagegen ein geringer oder zweifelhafter Wert des Beweismittels), 220

Fall 41: A ist der sexuellen Nötigung angeklagt. Zum Beweis dafür, dass er den Tatvorwurf zu Recht bestreitet, beantragt er die Untersuchung mit einem Polygraphen (sog. Lügendetektor).
Lösung: Im Gegensatz zu einem staatlich angeordneten Lügendetektortest stellt nach neuerer Rspr. die freiwillige Mitwirkung an einer polygraphischen Untersuchung keine Beeinträchtigung der Freiheit der Willensentschließung und der Willensbetätigung i.S.v. § 136a StPO dar und verstößt auch nicht gegen die Menschenwürde. Mit einer solchen Untersuchung sei es jedoch nach dem aktuellen Forschungsstand nicht möglich, zuverlässige, intersubjektiv überprüfbare und präzise Ergebnisse zu erzielen. Beim Polygraphentest handele es sich deshalb um ein völlig ungeeignetes Beweismittel (BGHSt 44, 308). Dagegen verweist eine a.A. auf neuere Studien, die den Beweiswert polygraphischer Untersuchungen belegen sollen (*Putzke/Scheinfeld*, Rn. 185). Folgt man der Rspr., kann A nicht verlangen, den Lügendetektor zum Beweis seiner Unschuld einzusetzen.

- **Unerreichbarkeit**, d.h. alle bisherigen Bemühungen waren erfolglos und es bestehen keine begründeten Aussichten, das Beweismittel in absehbarer Zeit herbeizuschaffen (im Ausland befindliche Zeugen sind erreichbar, wenn sie im Wege der 221

Rechtshilfe vernommen werden können; hier ist die Ablehnung des Beweisantrags nach § 244 Abs. 5 S. 2 StPO allerdings auch zulässig, wenn die Vernehmung **nicht erforderlich** ist – etwa weil das Gericht im Wege einer ansonsten unzulässigen Beweisantizipation das Gegenteil der behaupteten Tatsache für bereits erwiesen hält),

222 – **Verschleppungsabsicht**, d.h. die Beweiserhebung würde den Abschluss des Verfahrens erheblich hinauszögern (*Meyer-Goßner/Schmitt*, § 244 Rn. 67; BGHSt 51, 333 zufolge soll die Erheblichkeit der Verzögerung allerdings nicht mehr erforderlich sein), nach (hier ausnahmsweise zulässiger) Prognose des Gerichts nichts Sachdienliches erbringen, und der Antragsteller ist sich dieser Umstände bewusst und bezweckt nichts anderes als eine Verfahrensverzögerung,

> **Fall 42:** A ist angeklagt, den O erwürgt zu haben. Die Hauptverhandlung erstreckt sich über mehrere Monate. Nachdem aus Sicht des Gerichts die gebotene Beweisaufnahme abgeschlossen ist, setzt die Vorsitzende am zwölften Verhandlungstag eine Frist zur Stellung von Beweisanträgen, die sie einmalig verlängert. Nach Fristablauf, nämlich am fünfzehnten Verhandlungstag, für den eigentlich der Abschluss der Beweisaufnahme und der Beginn der Schlussvorträge vorgesehen sind, beantragt Verteidiger V, ein weiteres medizinisches Sachverständigengutachten einzuholen. Eine Begründung für den späten Zeitpunkt der Antragstellung gibt er dabei nicht. Die geforderte Beweiserhebung würde mindestens eine Unterbrechung nach § 229 Abs. 2 StPO, womöglich sogar eine Aussetzung erforderlich machen.
>
> **Lösung:** Die Möglichkeit zu einer Fristsetzung sieht § 244 Abs. 6 S. 2 StPO im Interesse des Beschleunigungsgrundsatzes ausdrücklich vor. Wird sodann ein Beweisantrag erst nach Fristablauf gestellt, ohne dass der Antragsteller hierfür die Gründe nachvollziehbar und substantiiert darlegt und drängt auch die Aufklärungspflicht nach § 244 Abs. 2 StPO nicht zur Beweiserhebung, bildet dies nach Auffassung des BGH ein maßgebliches Indiz für eine Verschleppungsabsicht. § 246 Abs. 1 StPO stehe dem nicht entgegen, denn der Beweisantrag werde hier nicht wegen des späten Zeitpunkts seines Vorbringens als solchem abgelehnt, sondern wegen der damit verbundenen Absicht, das Verfahren zu verschleppen (so bereits zur alten Rechtslage, die noch keine ausdrückliche Regelung zur Möglichkeit einer Fristsetzung enthielt, BGHSt 51, 333; 52, 355). Das BVerfG sieht diese Rspr. als verfassungskonform an (BVerfG NJW 2010, 592). Eine Bescheidung des Antrags ist nunmehr auch erst im Urteil möglich (siehe Rn. 214)

223 – **Wahrunterstellung** (nur zulässig bei den Angeklagten entlastenden Umständen, wenn eine weitere Klärung des Sachverhaltes nicht mehr möglich ist).

2. Der Beweisermittlungsantrag und die Beweisanregung

224 Als **Beweisermittlungsanträge** werden alle Aufforderungen des Antragstellers an das Gericht bezeichnet, bestimmte, die Schuld oder die Rechtsfolge betreffende, Tatsachen zu ermitteln, denen eine oder mehrere Voraussetzungen des Beweisantrages fehlen (z.B. der Antrag, Besucher einer Bar ausfindig zu machen, die bezeugen können, dass sich der Angeklagte zur Tatzeit in Wirklichkeit in dieser Bar aufgehalten hat).

225 Wird die Beweiserhebung vom Gericht nicht verlangt, sondern in sein Ermessen gestellt, spricht man von einer **Beweisanregung**. Ebenfalls (nur) als Beweisanregung gel-

ten alle Anträge, die den Beweis eines im Freibeweisverfahren zu klärenden Sachverhaltes zum Gegenstand haben (LR-*Becker*, § 244 Rn. 168).

Sowohl Beweisermittlungsantrag als auch Beweisanregung können ohne Gerichtsbeschluss und unabhängig vom Vorliegen eines Grundes der §§ 244, 245 StPO durch den Vorsitzenden, vgl. § 238 StPO, abgelehnt werden. Allerdings ist das Gericht auch hier an seine Aufklärungspflicht aus § 244 Abs. 2 StPO gebunden und muss in ihrem Rahmen dem Antrag bzw. der Anregung ggf. nachgehen. 226

Schaubild 8: Anträge im Beweisverfahren

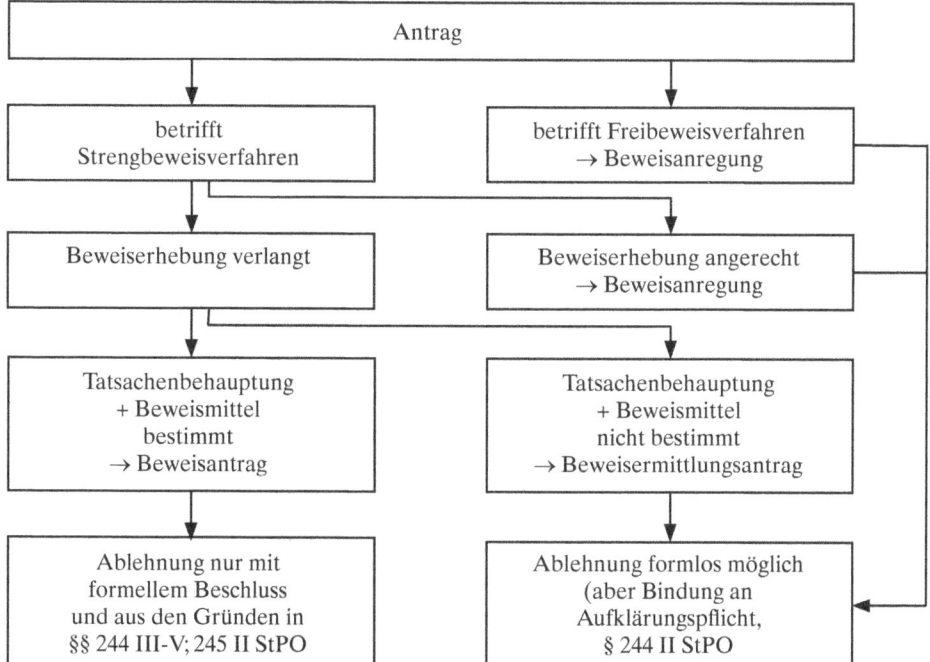

III. Unmittelbarkeitsgrundsatz, Verlesung und audiovisuelle Aufnahmen

Der Unmittelbarkeitsgrundsatz (vgl. Rn. 21) gebietet grds. die persönliche Vernehmung der Zeugen in der Hauptverhandlung. Die Vernehmung darf nicht durch die Verlesung eines Vernehmungsprotokolls ersetzt (wohl aber ergänzt) werden, § 250 S. 2 StPO, sog. **Vorrang des Personalbeweises vor dem Urkundenbeweis**. Das schließt allerdings die Vernehmung des früheren Vernehmenden als **Zeugen vom Hörensagen** nicht aus, da er nicht über eine fremde, sondern über seine eigene Wahrnehmung berichten soll, nämlich darüber, was die von ihm vernommene Person ihm gegenüber ausgesagt hat. (Freilich ist zu beachten, dass seine Aussage nur einen geringeren Beweiswert besitzt.) In folgenden Fällen wird der Grundsatz vom Vorrang des Personalbeweises durchbrochen oder eingeschränkt: 227

§ 10 Das Beweisrecht

1. Die Verlesung insb. bei Abwesenheit

228 § 251 StPO ermöglicht ausnahmsweise die Verlesung von Vernehmungsprotokollen sowie sonstigen Erklärungen von Zeugen, Sachverständigen und Mitbeschuldigten, insb. wenn diese Personen aus bestimmten Gründen nicht vernommen werden können. Dabei ist zu unterscheiden:

229
- **nichtrichterliche und richterliche Vernehmungen:** Protokolle sowohl über nichtrichterliche als auch über richterliche Vernehmungen können nach § 251 Abs. 1 StPO unter folgenden Voraussetzungen verlesen werden:
  - wenn StA, Verteidiger und Angeklagter mit der Verlesung einverstanden sind (hat der Angeklagte keinen Verteidiger, kommt ein Einverständnis nicht in Betracht), § 251 Abs. 1 Nr. 1 StPO,
  - wenn durch die Verlesung lediglich das Geständnis des Angeklagten bestätigt werden soll und der nicht verteidigte Angeklagte (für den verteidigten Angeklagten gilt weiter allein Nr. 1) und der StA mit ihr einverstanden sind, § 251 Abs. 1 Nr. 2 StPO,
  - wenn die Aussageperson verstorben ist oder aus anderen Gründen in absehbarer Zeit nicht vernommen werden kann (Krankheit, Gebrechlichkeit, Unauffindbarkeit; nicht dagegen rechtliche Vernehmungshindernisse wie § 55 StPO), § 251 Abs. 1 Nr. 3 StPO,
  - wenn das Protokoll oder die Urkunde das Vorliegen oder die Höhe eines Vermögensschadens betrifft, § 251 Abs. 1 Nr. 4 StPO (krit. dazu *Volk/Engländer*, § 27 Rn. 4).

230
- **richterliche Vernehmungen:** Protokolle über richterliche Vernehmungen können darüber hinaus zusätzlich unter den Bedingungen des § 251 Abs. 2 StPO verlesen werden:
  - wenn dem Erscheinen der Aussageperson für längere oder ungewisse Zeit Krankheit, Gebrechlichkeit oder andere nicht zu beseitigende Hindernisse entgegenstehen, § 251 Abs. 2 Nr. 1 StPO,
  - bei Unzumutbarkeit wegen großer Entfernung, § 251 Abs. 2 Nr. 2 StPO,
  - oder wenn StA, Verteidiger und Angeklagter mit der Verlesung einverstanden sind, § 251 Abs. 2 Nr. 3 StPO (anders als im Falle des Abs. 1 Nr. 1 ist hier ein Einverständnis auch dann möglich, wenn der Angeklagte keinen Verteidiger hat).

Fall 43: B ist des bandenmäßigen Handelns mit Betäubungsmitteln in nicht geringer Menge gem. § 30a Abs. 1 BtMG verdächtig. Im Ermittlungsverfahren wird der Zeuge Z vernommen, der den B schwer belastet. Eine Vernehmung des Z in der Hauptverhandlung scheitert daran, dass er sich aufgrund eines anderen, gegen ihn laufenden Verfahrens ins Ausland abgesetzt hat und trotz aller Bemühungen unauffindbar ist. Das Gericht möchte deshalb das Protokoll der ermittlungsrichterlichen Vernehmung verlesen und so die Aussage des Z zu Lasten des B verwerten. V, der Verteidiger des B, wendet ein, dieser habe keine Gelegenheit gehabt, den Z konfrontativ zu befragen. Eine Verwertung der Aussage verstoße daher gegen das das fair trial-Prinzip.

Lösung: Zwar steht dem Angeklagten aus Art. 6 Abs. 3 lit. d EMRK grds. ein **Recht auf konfrontative Befragung** zu (vgl. oben Rn. 66). Der Umstand, dass er dieses Recht nicht ausüben konnte, begründet aber nicht ohne weiteres einen Verstoß gegen das fair trial-Prinzip

(EGMR StV 2017, 213; BGH NStZ 2017, 602). Möglich ist, die unterbliebene Konfrontation zu kompensieren, etwa durch die Anwesenheit des Verteidigers bei der Zeugenbefragung oder mittels einer besonders sorgfältigen und kritischen Würdigung der Zeugenaussage durch das Tatgericht. Insb. in den Fällen, in denen der Zeuge auch nicht vom Verteidiger befragt werden konnte, muss ein belastendes Beweisergebnis durch weitere Indizien abgesichert werden. Eine Verlesung des Vernehmungsprotokolls nach § 251 Abs. 1 Nr. 3 StPO ist daher im vorliegenden Fall möglich. Nach bisheriger Rspr. dürfte das Gericht die Verurteilung allerdings nicht allein auf die Aussage des Z stützen (BGHSt 55, 70, 75; a.A. jetzt jedoch, wenn auch nur im Rahmen eines obiter dictum, BGH NStZ 2018, 51, 54).

2. Die Verlesung und Verwertung nach Zeugnisverweigerung

Macht ein vor der Hauptverhandlung vernommener Zeuge erst in der Hauptverhandlung von seinem Zeugnisverweigerungsrecht (nicht: Auskunftsverweigerungsrecht nach § 55 StPO, BGHSt 17, 245; a.A. *Eisenberg*, Rn. 1129) Gebrauch, darf seine Aussage nicht verlesen werden, § 252 StPO. Umstritten ist allerdings, welchen über ein bloßes Verlesungsverbot hinausgehenden Gehalt diese Vorschrift besitzt.

231

Fall 44a: A ist wegen schweren Raubes angeklagt. Seine Ehefrau E hatte ihn während des Ermittlungsverfahrens in einer Zeugenvernehmung vor dem Ermittlungsrichter R trotz Belehrung über ihr Zeugnisverweigerungsrecht nach § 52 Abs. 1 Nr. 2 StPO schwer belastet. In der Hauptverhandlung macht E allerdings von ihrem Zeugnisverweigerungsrecht Gebrauch. Das Gericht überlegt nun, ob es den R als Zeugen vernehmen kann.

Lösung: Ein bloßes Verlesungsverbot folgt bereits aus § 250 S. 2 StPO. Über den Wortlaut hinausgehend sieht die h.L. in § 252 StPO deshalb ein **allgemeines Verwertungsverbot** (genauer: Einführungsverbot; vgl. *Schroeder/Verrel*, Rn. 256), das auch die Einführung der Aussage durch Vernehmung der früheren Verhörperson untersagt (*Beulke*, Rn. 419 f.). Die Rspr. differenziert: Ein umfassendes Verwertungsverbot soll nur bei nichtrichterlichen Vernehmungen bestehen (zu einer Ausnahme siehe **Fall 44b**), nicht aber bei richterlichen Vernehmungen. Begründet wird dies mit dem Argument, schon das Gesetz bringe aufgrund der Stellung des Richters als unparteilichem Mittler zwischen gegenläufigen Interessen richterlichen Vernehmungen ein größeres Vertrauen entgegen (BGHSt 21, 218; krit. dazu *Eisenberg*, Rn. 1288a) – so z.B. in §§ 251, 254 StPO. Außerdem habe eine Vernehmung durch den Richter eine auch für den Zeugen erkennbare höhere Bedeutung (BGHSt 49, 72, 77). Eine Vernehmung des Richters als Zeuge vom Hörensagen soll daher zulässig sein, wenn:
– (1) der das Zeugnis nunmehr Verweigernde als **Zeuge** vernommen wurde,
– (2) das Zeugnisverweigerungsrecht schon **zu diesem Zeitpunkt** bestand (nicht erforderlich bei §§ 53, 53a StPO),
– (3) der Zeuge damals über sein Zeugnisverweigerungsrecht belehrt wurde und
– (4) wirksam auf dieses Recht verzichtet hat.
(Wurde der jetzige Zeuge hingegen noch als Beschuldigter vernommen, besteht auch nach Auffassung der Rspr. ein umfassendes Verwertungsverbot; BGHSt 42, 391.)

Fraglich ist allerdings, ob der Ermittlungsrichter den Zeugen seinerzeit vor der Vernehmung **qualifiziert** darüber **belehren** musste, dass seine Aussage vor dem Richter durch dessen Vernehmung im weiteren Verfahren verwertet werden darf, selbst wenn er sich später auf sein Zeugnisverweigerungsrecht berufen sollte (so der 2. Senat in seinem Vorlagebeschluss an den Großen Senat; BGH Beschl. v. 24.2.2016 – 2 StR 656/13, BeckRS 2016, 06839; MüKo-

Ellbogen, § 252 Rn. 54). Dafür spricht, dass der Zeuge anderenfalls die Tragweite seiner Aussagebereitschaft womöglich nicht richtig einschätzen kann. Der Große Senat hat indes das Erfordernis einer solchen qualifizierten Belehrung verneint (BGHSt 61, 221). Ausdrückliche Belehrungen über die Möglichkeit, Aussagen von Verfahrensbeteiligten im weiteren Strafverfahren zu verwerten, seien dem deutschen Strafprozessrecht auch sonst fremd. Selbst der Beschuldigte müsse vor einer Vernehmung nicht darüber belehrt werden, dass seine Einlassungen durch eine spätere Vernehmung der Verhörperson als Zeuge auch dann verwertet werden könnten, wenn er sich zwischenzeitlich entschlossen habe, von seiner Aussagefreiheit Gebrauch zu machen. Somit dürfte R hier nach der Rspr. als Zeuge gehört werden; der h.L zufolge unterliegt die Aussage der E dagegen einem Einführungsverbot.

Fall 44b: In einer weiteren Vernehmung durch den Polizisten P hat S, die Schwester des A, die belastenden Angaben der E bestätigt. Auch S beruft sich in der Hauptverhandlung auf ihr Zeugnisverweigerungsrecht nach § 52 StPO, erklärt sich allerdings mit der Verwertung ihrer bei der Vernehmung durch P gemachten Aussage einverstanden. Das Gericht überlegt, ob das Vernehmungsprotokoll in der Hauptverhandlung verlesen oder der P als Zeuge vernommen werden kann.

Lösung: Prinzipiell besteht bei nichtrichterlichen Vernehmungen ein umfassendes Verwertungsverbot. Fraglich ist allerdings, ob dieses Verbot durch die Zustimmung des Zeugen zu einer Verwertung ausnahmsweise aufgehoben wird. Eine t.v.A. verneint das. Anderenfalls könne der Zeuge auf diese Weise den Unmittelbarkeitsgrundsatz unterlaufen und sich der konfrontativen Befragung zu seiner Aussage in der Hauptverhandlung entziehen (*Beulke*, Rn. 420a). Die Rspr. bejaht hingegen die Möglichkeit einer Verwertung, wenn der Zeuge nach ordnungsgemäßer Belehrung über die Konsequenzen seines Tuns die Verwertung seiner Aussage gestattet (BGHSt 45, 203; BGH NStZ 2015, 232). Allerdings hebt diese Gestattung nur das allgemeine Verwertungsverbot des § 252 StPO, nicht aber auch das Verlesungsverbot des § 250 S. 2 StPO auf. Sie ermöglicht daher lediglich die Vernehmung der Verhörperson, nicht zugleich die Verlesung des Protokolls (BGHSt 52, 148). Das Protokoll der polizeilichen Vernehmung der S dürfte daher nicht verlesen werden; zulässig wäre nach Auffassung der Rspr. freilich die Vernehmung des P als Zeuge vom Hörensagen.

Fall 44c: B, der Bruder des A, macht in einer Vernehmung durch den P ebenfalls Angaben, die den A schwer belasten. Dabei überreicht er Papiere, die seine Aussage bestätigen, und auf die er deshalb auch Bezug nimmt. In der Hauptverhandlung beruft er sich wie die E und die S auf sein Zeugnisverweigerungsrecht nach § 52 StPO. Das Gericht fragt sich, ob es zumindest die Papiere im Wege des Urkundenbeweises verwerten kann.

Lösung: Zwar regelt § 252 StPO auf den ersten Blick nur den Umgang mit der früheren Aussage des Zeugen. Der BGH erstreckt das Verwertungsverbot des § 252 aber auch auf Schriftstücke und sonstige aussageakzessorische Beweisstücke (z. B. Tonbandaufzeichnungen), die der Zeuge bei seiner früheren Vernehmung übergeben und auf die er sich bezogen hat; diese würden zu Bestandteilen der Aussage (BGH NStZ 2013, 247). Danach scheidet eine Verwertung der Papiere hier aus.

232 Problematisch ist ferner die Anwendbarkeit von § 252 StPO auf Aussagen, die **außerhalb** von förmlichen Vernehmungen gemacht worden sind.

Fall 45: A ist des bandenmäßigen Handeltreibens mit Betäubungsmitteln verdächtig. Zur Aufklärung wird seine Verlobte V von der Polizei vernommen. V beruft sich auf ihr Zeugnisverweigerungsrecht. Daraufhin setzt die StA den V-Mann E ein. E nimmt Kontakt mit V auf und gewinnt ihr Vertrauen. In einem Gespräch mit E macht V detaillierte Angaben zu den

Geschäftspraktiken ihres Verlobten. A wird daraufhin angeklagt. In der Hauptverhandlung beruft sich V erneut auf ihr Zeugnisverweigerungsrecht. Das Gericht überlegt, ob es E als Zeugen vernehmen kann.

Lösung: Grds. gilt § 252 StPO nicht nur für förmliche Vernehmungen im Strafverfahren, sondern auch für Vernehmungen in anderen Verfahren – etwa in einem vorangegangenen Zivilprozess – und für **vernehmungsähnliche Situationen**. Um solche vernehmungsähnliche Situationen handelt es sich nach h.M. z.B. bei informatorischen Befragungen durch die Polizei (BGHSt 29, 230), bei außergerichtlichen Gesprächen des Verteidigers mit einem Zeugen (BGHSt 46, 1), sowie bei Begutachtung durch einen Sachverständigen (bei ordnungsgemäßer Belehrung begründet § 252 StPO hier nach h.M. allerdings nur ein Verwertungsverbot für Äußerungen über Zusatztatsachen, nicht dagegen für Äußerungen über Befundtatsachen; vgl. *Lesch*, 2/160). Keine vernehmungsähnliche Situation soll hingegen vorliegen bei **Spontanäußerungen** (SSW-*Kudlich/Schuhr*, § 252 Rn. 9; a.A. *Fezer*, 15/53) – z.B. die Ehefrau ruft bei der Polizei an und berichtet von Morddrohungen ihres Mannes – sowie bei Gesprächen mit V-Leuten. Zweck des Zeugnisverweigerungsrechts in § 52 StPO sei es, den Zeugen vor dem Konflikt zwischen der Wahrheitspflicht in einer Vernehmungssituation einerseits und seiner familiären Bindung andererseits zu schützen. Dieser Konflikt bestehe aber nicht, wenn der Zeuge freiwillige Angaben gegenüber einer Person mache, die ihm gerade nicht in amtlicher Eigenschaft entgegentrete – auch wenn es sich um einen gezielt eingesetzten V-Mann handele (BGHSt 40, 211; krit. *Roxin/Schünemann*, § 46 Rn. 30). Eine Ausnahme wird man aber zumindest für die Fälle machen müssen, in denen der Einsatz des V-Manns gerade der **Umgehung** des Zeugnisverweigerungsrechts dient. In einem solchen Fall ist die analoge Anwendung von § 252 StPO geboten (*Beulke*, Rn. 481f). Hier hatte sich die V bereits auf ihr Zeugnisverweigerungsrecht berufen. Daraufhin setzte die StA gezielt den E auf die V an. Dieser Einsatz diente allein der Umgehung des Rechts aus § 52 StPO. Aus diesem Grund dürfen die Aussagen der E gegenüber V nicht durch eine Vernehmung des V in der Hauptverhandlung verwertet werden.

3. Die Verlesung bei Erinnerungslücken

Nach § 253 StPO darf bei Erinnerungslücken von Zeugen und Sachverständigen oder zur Beseitigung von Widersprüchen der entsprechende Teil des Protokolls über die frühere Vernehmung verlesen werden. Nach h.M. geschieht dies nicht nur zum Vorhalt, sondern der Inhalt des Protokolls ist ergänzend als Urkundenbeweis verwertbar (*Beulke*, Rn. 415).

233

4. Die Verlesung und Vorführung von Geständnissen

Geständnisse des Angeklagten in einer **richterlichen Vernehmung** dürfen nach § 254 StPO als Urkundenbeweis verlesen werden. Fraglich ist, ob dies auch für Geständnisse von Mitangeklagten gilt.

234

Fall 46: A und B sind wegen gemeinschaftlicher gefährlicher Körperverletzung angeklagt. Gegenüber dem Ermittlungsrichter legt A ein vollständiges Geständnis ab. In der Hauptverhandlung schweigt er. Daraufhin wird das Protokoll der Vernehmung des A verlesen. Das Gericht möchte diesen Urkundenbeweis nicht nur gegen A, sondern auch gegen B verwerten.

> **Lösung:** Nach einer t.v.A. gilt die Verlesbarkeit nach § 254 StPO nicht für das Geständnis eines Mitangeklagten. Dieser müsse vielmehr persönlich vernommen werden, damit ihm Fragen und Einwendungen entgegengehalten werden können (*Roxin/Schünemann*, § 46 Rn. 19). Die h.M. bejaht hingegen wegen der Gebotenheit einer einheitlichen Tatsachenfeststellung hinsichtlich aller Angeklagter die Verwertbarkeit im Wege des Urkundsbeweises (BGHSt 22, 372). Folgt man der zweiten Auffassung, darf das verlesene Protokoll auch gegen B verwertet werden.

235 Handelt es sich hingegen um eine **nichtrichterliche Vernehmung**, ist eine Verlesung nach § 254 StPO zum Zwecke des Urkundenbeweises nicht gestattet (wohl aber nach h.M. zum Zweck des Vorhalts; vgl. *Meyer-Goßner/Schmitt*, § 254 Rn. 7). Zulässig bleibt hier allerdings – anders als beim Zeugen, der in der Hauptverhandlung von seinem Zeugnisverweigerungsrecht Gebrauch macht – die Vernehmung der Verhörperson als Zeuge – sog. **Zeuge vom Hörensagen**.

Bild-Ton-Aufzeichnungen von Beschuldigtenvernehmungen können gem. § 254 Abs. 1 StPO als Augenscheinsbeweis über ein Geständnis vorgeführt werden, und zwar unabhängig davon, ob die Vernehmung von einem Richter oder von der StA bzw. der Polizei durchgeführt wurde.

5. Die Videosimultanvernehmung

236 Eine Ausnahme vom Grundsatz der unmittelbaren persönlichen Vernehmung enthält nach h.M. auch § 247a StPO mit der Möglichkeit einer audiovisuellen Zeugen- und Sachverständigenvernehmung (*Beulke*, Rn. 430a; a.A. *Volk/Engländer*, § 26 Rn. 5). Bei ihr hält sich der Zeuge bzw. der Sachverständige während seiner Vernehmung im Unterschied zu den übrigen Verfahrensbeteiligten nicht im Sitzungszimmer, sondern an einem **anderen Ort** auf (z.B. in einem anderen Gerichtszimmer, in der eigenen Wohnung) und wird der laufenden Hauptverhandlung **zeitgleich** zugeschaltet. Während für die Videosimultanvernehmung beim Sachverständigen mit einer Einschränkung (keine Fälle des § 246a StPO) keine besonderen Anforderungen gelten, § 247a Abs. 2 StPO, ist die audiovisuelle Zeugenvernehmung nach Abs. 1 nur in zwei Fällen zulässig:
- wenn durch die Gegenwart der in der Hauptverhandlung Anwesenden die dringende Gefahr eines schwerwiegenden Nachteils für das Wohl des Zeugen bestünde, oder
- wenn die Voraussetzungen des § 251 Abs. 2 StPO vorliegen und die Videovernehmung für die Erforschung der Wahrheit erforderlich ist.

Außerhalb der Hauptverhandlung darf eine audiovisuelle Zeugenvernehmung jederzeit vorgenommen werden, § 58b StPO.

6. Die Aufzeichnung und die Vorführung von Zeugenvernehmungen in Bild und Ton

Nach § 58a StPO können **außerhalb der Hauptverhandlung** erfolgende Zeugenvernehmungen in Bild und Ton aufgezeichnet werden. Das betrifft sowohl richterliche als auch staatsanwaltliche und polizeiliche (vgl. §§ 161a Abs. 1 S. 2, 163 Abs. 3 S. 2 StPO) Befragungen. Bei besonders schutzbedürftigen Zeugen und bei drohendem Beweisverlust **soll** eine Aufzeichnung sogar erfolgen, zugleich soll die Vernehmung hier vom Ermittlungsrichter vorgenommen werden, § 58a Abs. 1 S. 2 StPO.

§ 58a StPO gilt auch für Videosimultanvernehmungen durch den Ermittlungsrichter, § 168e S. 4 StPO (freilich sind hier im Hinblick auf die spätere Verwertung die Anwesenheits-, Informations- und Mitwirkungsrechte des Verteidigers und des Beschuldigten, § 168e S. 3 i.V.m. § 168c Abs. 2 StPO, zu beachten).

Für Zeugenvernehmungen **innerhalb der Hauptverhandlung** enthält § 247a StPO nach h.M. eine abschließende Sonderregelung (*Beulke*, Rn. 430i). Aufgezeichnet werden dürfen (und sollen) Videosimultanvernehmungen nur, wenn zu befürchten ist, dass der Zeuge in einer weiteren Hauptverhandlung (z.B. in der Berufungsinstanz) nicht mehr vernommen werden kann und die Aufzeichnung zur Erforschung der Wahrheit erforderlich ist, § 247a S. 4 StPO.

Verwertung: Bild-Ton-Aufzeichnungen sind nach § 255a StPO als Augenscheinsbeweis über eine Zeugenaussage verwertbar, wenn

- entsprechende Protokolle nach §§ 251 ff. StPO verlesen werden dürften (Gleichstellung der Bild-Ton-Aufzeichnung mit einem Vernehmungsprotokoll), oder
- es sich in einem Verfahren wegen bestimmter, abschließend aufgezählter Straftaten (§§ 174–184j, §§ 211–222, § 225, §§ 232–233a StGB) um die frühere richterliche Vernehmung entweder eines Zeugen unter achtzehn Jahren oder aber eines erwachsenen Zeugen, der noch als Minderjähriger durch eine dieser Taten verletzt worden ist, handelt und der Beschuldigte und sein Verteidiger Gelegenheit hatten, an der aufgezeichneten Vernehmung mitzuwirken (Schutz kindlicher Zeugen und als Minderjähriger traumatisierter Opfer vor belastenden Mehrfachvernehmungen),
- und die Verwendung der Bild-Ton-Aufzeichnung zur Wahrheitserforschung erforderlich ist, § 58a Abs. 2 S. 1 StPO, d.h. eine Verlesung eines etwaigen Vernehmungsprotokolls weniger ergiebig wäre (was freilich wegen der reichhaltigeren Eindrücke, die die Bild-Ton-Aufzeichnung vermittelt, zumeist der Fall sein dürfte).

Zeugnisverweigerung: Fraglich ist, wie es sich verhält, wenn der Zeuge in der Hauptverhandlung von seinem Zeugnisverweigerungsrecht Gebrauch macht.

Fall 47: Im Ermittlungsverfahren gegen den Beschuldigten B wird die Vernehmung des Zeugen Z durch die Ermittlungsrichterin R auf Video aufgezeichnet. Z, der mit dem B verschwägert ist, macht in der Hauptverhandlung von seinem Zeugnisverweigerungsrecht nach § 52 Abs. 1 Nr. 3 Gebrauch. Das Gericht überlegt, ob es die Video-Aufzeichnung vorführen kann.
Lösung: Eine Bild-Ton-Aufzeichnung darf nach § 255a Abs. 1 StPO nur in dem Umfang verwertet werden, in dem die Verlesung eines entsprechenden Vernehmungsprotokolls zuläs-

sig wäre (sofern nicht ein Fall des Abs. 2 vorliegt). Zwar geht es hier um eine richterliche Vernehmung, bei der nach Auffassung der Rspr. kein umfassendes Verwertungsverbot bestehen soll (vgl. **Fall 44a**). Das Verlesungsverbot des § 250 S. 2 StPO bleibt davon jedoch unberührt. Deshalb darf im vorliegenden Fall auch die Bild-Ton-Aufzeichnung nicht zu Beweiszwecken vorgeführt werden (BGHSt 49, 72); in Betracht kommt allein die Vernehmung des R als Zeuge vom Hörensagen (sofern Z seinerzeit über sein Zeugnisverweigerungsrecht korrekt belehrt wurde).

7. Der Vorhalt

241 Vorlesungen aus früheren Vernehmungsprotokollen, um dem Angeklagten, Zeugen oder Sachverständigen frühere Aussagen vorzuhalten, sind grds. zulässig. Beweiswert hat hier allerdings ausschließlich die auf den Vorhalt folgende Erklärung des Befragten. Aus diesem Grund handelt es sich beim Vorhalt nicht um einen eigenständigen Urkundenbeweis, der den Personalbeweis ersetzt oder ergänzt, sondern um einen bloßen **Vernehmungsbehelf** (krit. zum Vorhalt *Beulke*, Rn. 421).

IV. Unmittelbarkeitsgrundsatz und verdeckte Ermittlung

242 Besondere Probleme bereitet bei verdeckten Ermittlungen neben den vielfältigen Schwierigkeiten bei ihrer Durchführung (vgl. Rn. 163 ff.) auch die Verwertung der durch sie erlangten Erkenntnisse, da die verdeckt operierenden Personen nicht immer als Zeugen in der Hauptverhandlung zur Verfügung stehen. Zu ihrem Schutz können diese von ihrer obersten Dienstbehörde **gesperrt** werden, wenn die Preisgabe ihrer Identität entweder ihr Leben, ihre Gesundheit oder ihre Freiheit oder die Möglichkeit ihrer weiteren Verwendung gefährden würde. Für Verdeckte Ermittler ist das geregelt in § 110b Abs. 3 i.V.m. § 96 StPO; für die anderen verdeckt ermittelnden Personen, insb. die V-Leute, wendet die h.M. § 96 StPO analog an (*Beulke*, Rn. 426).

Die Sperrung ist nicht ohne weiteres als Totalsperre zulässig; vielmehr gilt nach h.M. eine **Stufung** (*Volk/Engländer*, § 27 Rn. 32 ff.):

243 – **1. Stufe:** Zunächst ist zu prüfen, ob dem Geheimhaltungsinteresse durch **äußere Einschränkungen** bei der Vernehmung genüge getan werden kann. In Betracht kommen dabei das Verschweigen des Wohnortes, § 68 Abs. 2 StPO, der Verzicht auf Angaben zur Person, § 68 Abs. 3 und § 110b Abs. 3 S. 3 StPO, der Ausschluss der Öffentlichkeit, § 172 Nr. 1a GVG, der Ausschluss des Angeklagten, § 247 StPO, oder eine Videosimultanübertragung, § 247a StPO.

244 – **2. Stufe:** Reichen die Maßnahmen der 1. Stufe nicht aus, kann die verdeckt ermittelnde Person für die Hauptverhandlung gesperrt und nur für eine **kommissarische Vernehmung** außerhalb der Verhandlung nach §§ 223, 224 StPO freigegeben werden. Diese Sperre bewirkt, dass dem Erscheinen in der Hauptverhandlung ein nicht zu beseitigendes Hindernis entgegensteht, sodass das Protokoll der kommissarischen Vernehmung nach § 251 Abs. 2 Nr. 1 StPO in der Hauptverhandlung verlesen werden darf.

– **3. Stufe:** Genügen auch die Maßnahmen der 2. Stufe nicht – etwa im Hinblick auf das Anwesenheitsrecht des Verteidigers bei der kommissarischen Vernehmung, § 168c Abs. 2 StPO – darf die Behörde jede Auskunft über Identität und Aufenthaltsort der verdeckt ermittelnden Person verweigern. Auch in diesem Fall steht dem Erscheinen des Gesperrten in der Hauptverhandlung ein nicht zu beseitigendes Hindernis entgegen. Zulässig ist in diesem Fall in der Hauptverhandlung nach h.M. eine Verlesung des Protokolls über eine frühere polizeiliche Vernehmung oder das Abspielen einer Bild-Ton-Aufzeichnung von einer solchen Vernehmung, §§ 58a, 255a StPO, im Rahmen des § 251 Abs. 1 StPO, und die Vernehmung der polizeilichen Kontaktperson als Zeuge vom Hörensagen (krit. *Lesch*, 2/187 ff.).

245

Fall 48: A ist wegen Bildung einer terroristischen Vereinigung, § 129a StGB, angeklagt. Wesentliche Erkenntnisse hatte im Ermittlungsverfahren der Verdeckte Ermittler E geliefert. Für die Hauptverhandlung hat die Innenministerin den E jedoch gesperrt. Die Begründung hält das Gericht allerdings nicht für stichhaltig. Das Gericht überlegt, was es tun kann und ob es dennoch den polizeilichen Kontaktmann P des E als Zeugen vom Hörensagen vernehmen darf.

Lösung: Hält das Gericht eine Sperrerklärung für nicht gerechtfertigt, darf es sich grds. nicht einfach damit abfinden, sondern muss eine Überprüfung der Entscheidung verlangen (es sei denn, ein solches Verlangen erscheint von vornherein aussichtslos). Führt dies zu keinem anderen Ergebnis, muss das Gericht die Entscheidung hinnehmen. Die verdeckt ermittelnde Person ist dann ein unerreichbarer Zeuge. Die Einschätzung, die Sperrerklärung sei nicht ausreichend oder nicht stichhaltig, begründet nach Auffassung des BGH allerdings kein Vernehmungsverbot hinsichtlich der polizeilichen Kontaktperson (a.A. *Eisenberg*, Rn. 1053). Eine Ausnahme bestehe allenfalls dann, wenn die Erklärung **willkürlich** oder **offensichtlich rechtsfehlerhaft** sei (BGHSt 36, 159). Für eine solche Willkür oder offensichtliche Fehlerhaftigkeit bestehen im vorliegenden Fall keine Anhaltspunkte, sodass das Gericht (sofern man dem BGH folgt) den P als Zeuge vom Hörensagen vernehmen darf – und im Rahmen seiner Aufklärungspflicht wohl sogar vernehmen muss.

V. Die Beweisverbote

Der Untersuchungsgrundsatz verlangt die Erforschung und Aufklärung des tatsächlichen Sachverhaltes. Hierfür sind grds. alle erreichbaren Beweismittel heranzuziehen. Dieser Wahrheitserforschung werden allerdings in einem rechtsstaatlichen Verfahren auch Grenzen gesetzt: bestimmte Arten des Beweises sind unzulässig. Die Verbote können sich dabei zum einen auf die **Beweiserhebung** und zum anderen auf die **Beweisverwertung** beziehen.

246

1. Die Beweiserhebungsverbote

Bei den Beweiserhebungsverboten handelt es sich um Verbote, die bestimmte Arten der Beweiserhebung untersagen. Sie lassen sich unterteilen in:
- **Beweisthemenverbote:** Sie verbieten die Aufklärung bestimmter Sachverhalte (z.B. die Erörterung getilgter Vorstrafen, § 51 BZRG).

247

248 • **Beweismittelverbote:** Durch sie wird die Verwendung eines bestimmten Beweismittels untersagt (z.B. die Ersetzung des Personalbeweises durch den Urkundenbeweis in § 250 S. 2 StPO).

249 • **Beweismethodenverbote:** Sie schließen bestimmte Methoden aus, einen Beweis zu gewinnen. Von besonderer Bedeutung ist hier die (nicht abschließende) Regelung über **verbotene Vernehmungsmethoden**, § 136a StPO. Unzulässig sind danach:
   – **Misshandlung** (z.B. Schläge), **körperlicher Eingriff, Quälerei** (z.B. Scheinerschießung),
   – **Verabreichung von Mitteln** (z.B. Drogen), **Hypnose, Ermüdung** (erst in Extremfällen, z.B. 30 Stunden Schlaflosigkeit),
   – **Zwang, Drohung** (nur mit einer verfahrensrechtlich unzulässigen Maßnahme, z.B. mit U-Haft, obwohl kein Haftgrund besteht), **Versprechen unzulässiger Vorteile** (z.B. die Polizei macht die „bindende" Zusage einer Strafaussetzung zur Bewährung bei Abgabe eines Geständnisses),
   – **Täuschung** (z.B. bewusstes Vortäuschen von nicht bestehenden Tatsachen, bewusst falsche Darstellung der Rechtslage); zulässig ist dagegen die **kriminalistische List** (z.B. Fangfragen).

> **Fall 49a:** Geldbote G wird hinterrücks überfallen. Dabei bekommt er den Täter nicht zu Gesicht, hört allerdings dessen Stimme. G wird später ermöglicht, eine Vernehmung des Beschuldigten B sowie weiterer verdächtiger Personen durch die Polizistin P mitzuhören. Nach intensivem Zuhören ist er sich sicher, dass B der Täter war. Zuvor hatte B allerdings einen freiwilligen Stimmvergleich abgelehnt.
> **Lösung:** Eine t.v.A. sieht in der **Stimmenfalle** grds. einen Verstoß gegen § 136a StPO (*Volk/Engländer*, § 9 Rn. 23 f.). Nach Auffassung des BGH stellt dagegen nicht jede heimliche Stimmprobe eine Täuschung dar. Eine solche liege nur vor, wenn der Beschuldigte seine Mitwirkung an einem Stimmvergleich ablehne, oder die Vernehmung entgegen dem dem Beschuldigten mitgeteilten Zweck allein der Ermöglichung des Mithörens durch den Zeugen diene (BGHSt 40, 66, 72 f.). Im vorliegenden Fall bejahen daher beide Ansichten eine Täuschung i.S.v. § 136a StPO.
>
> **Fall 49b:** In einer Vernehmungspause verlässt P den Vernehmungsraum, damit der B sich mit seinem Verteidiger V ungestört besprechen kann. Dabei hört P das Gespräch, in dem B belastende Äußerungen macht, durch die angelehnte Tür mit.
> **Lösung:** Hier wird beim Beschuldigten bewusst der Irrtum erregt, dass die Vernehmung unterbrochen ist, während sie aber tatsächlich fortgeführt wird. Eine solche **Hörfalle** stellt eine Täuschung nach § 136a StPO dar und darf nicht zur Beweisgewinnung eingesetzt werden.

250 Fraglich ist, ob bzw. inwieweit es eine verbotene Beweiserhebung darstellt, wenn der Beschuldigte durch eine verdeckt ermittelnde Person oder im Rahmen eines vermeintlich vertraulichen, tatsächlich aber mit technischen Mitteln aufgezeichneten oder sonst mitgehörten Gesprächs zu einer **täuschungsbedingten Selbstbezichtigung** veranlasst wird. Zwar steht der Informationsgewinnung unter Verheimlichung des Ermittlungsinteresses nach h.M. weder § 136 StPO noch § 136a StPO direkt entgegen, da die Gesprächspartner des Beschuldigten nicht in amtlicher Eigenschaft auftreten und es sich damit nach dem formellen Vernehmungsbegriff (vgl. Rn. 101) nicht um eine

Vernehmung handelt. Und auch eine analoge Anwendung von § 136a StPO scheidet nach h.M. aus, weil die Willensentschließung und -betätigung hier nicht in einer Weise beeinträchtigt wird, die vom Schweregrad mit den anderen verbotenen Vernehmungsmethoden vergleichbar ist (teilw. a.A. *Eisenberg*, Rn. 659). In Betracht kommt aber ein Verstoß gegen den **nemo-tenetur-Grundsatz**.

Fall 50a: Der Beschuldigte B, gegen den wegen Mordes ermittelt wird, macht gegenüber der StA von seinem Schweigerecht Gebrauch. Da alle anderen Aufklärungsmaßnahmen erfolglos bleiben, wird der Verdeckte Ermittler V auf B angesetzt, dem es auch gelingt, sich das Vertrauen des B zu erschleichen. Nachdem V den B mehrfach und eingehend dazu gedrängt hat, sich ihm zu offenbaren, gesteht B ihm den Mord.

Lösung: Nach der früher h.M. bildet allein die **Freiheit von Zwang** den Gegenstand des nemo-tenetur-Grundsatzes (BGHSt 42, 139). Einer a.A. zufolge sichert das genannte Prinzip hingegen die Entscheidungsfreiheit des Beschuldigten, ob er am Strafverfahren mitwirkt, in einem umfassenderen, auch Täuschungen ausschließenden Sinne (*Eisenberg*, Rn. 571a). Der BGH geht nunmehr, eine Entscheidung des EGMR aufgreifend (EGMR StV 2003, 257), einen Mittelweg. Zwar soll die Aufnahme von Informationen, die der Beschuldigte einem Verdeckten Ermittler aufgrund des diesem entgegengebrachten Vertrauens von sich aus preisgebe, keine Verletzung des nemo-tenetur-Prinzips darstellen. Ein Verstoß gegen die Selbstbelastungsfreiheit liege aber dann vor, wenn der Verdeckte Ermittler einen Beschuldigten, der sich auf sein **Schweigerecht berufen** hat, beharrlich zu einer Aussage drängt und ihm in einer **vernehmungsähnlichen Befragung** Äußerungen zum Tatgeschehen entlockt. Erkläre der Beschuldigte gegenüber den Ermittlungsbehörden, schweigen zu wollen, so verdichte sich der allgemeine Schutz, den der Grundsatz der Selbstbelastungsfreiheit ihm biete, in der Weise, dass die Strafverfolgungsbehörde seine Entscheidung, nicht aussagen zu wollen, grds. zu respektieren hätten (BGHSt 52, 11). Die Angaben des B dürfen damit in einem Verfahren gegen ihn nicht verwertet werden. Dagegen verneint der BGH einen Verstoß gegen den nemo-tenetur-Grundsatz, wenn der Beschuldigte sich gegenüber den Strafverfolgungsorganen noch nicht auf sein Schweigerecht berufen hat (BGH NStZ 2011, 596; a.A. *Engländer*, ZIS 2008, 163, 166).

Fall 50b: Nachdem der wegen des Verdachts, einen schweren Raub begangen zu haben, ohne Erfolg vernommene Beschuldigte R wieder zu Hause ist, veranlasst Polizist P einen Freund des R, den F, bei R anzurufen. Mit Genehmigung des F hört P das Gespräch mit. In diesem Gespräch prahlt R mit der von ihm begangenen Raubtat.

Lösung: Dem BGH zufolge liegt hier keine Verletzung des nemo-tenetur-Grundsatzes vor. Nach der alten Rspr. fehlt die Zwangsausübung (so noch BGHSt 42, 139), nach der neuen Rspr. die vorherige Geltendmachung des Schweigerechts. Allerdings hat das BVerfG – wenn auch in einem zivilrechtlich gelagerten Fall – entschieden, dass das Recht am gesprochenen Wort als Teil des **allgemeinen Persönlichkeitsrechts** aus Art. 2 Abs. 1 i.V.m. Art. 1 Abs. 1 GG auch davor schützt, dass der Gesprächspartner ohne Kenntnis des anderen eine dritte Person als Zuhörer in das Gespräch mit einbezieht. Zur Rechtfertigung eines Eingriffs genüge das allgemeine Interesse an einer funktionstüchtigen Straf- und Zivilrechtspflege nicht. Erforderlich seien zusätzliche Gesichtspunkte, so etwa die Aufklärung besonders schwerer Straftaten (BVerfGE 106, 28). Danach liegt es nahe, im Strafverfahren ein Mithören von Gesprächen durch die Polizei nur im Falle einer Katalogtat des § 100a Abs. 2 StPO zu gestatten. Eine solche Katalogtat würde hier mit dem schweren Raub vorliegen.

Fall 50c: A ist des unerlaubten Handelns mit Betäubungsmitteln in nicht geringer Menge nach § 29a Abs. 1 Nr. 2 BtMG angeklagt. In der Hauptverhandlung belastet er seinen Bekannten B, an dem Geschäft beteiligt gewesen zu sein. Unmittelbar darauf erklärt E, die

Ehefrau des A, auf eigene Initiative gegenüber der Polizei ihre Bereitschaft, an der Überführung des B mitzuwirken, um ihrem Ehemann eine Strafmilderung nach § 31 Abs. 1 BtMG zu sichern. Sie begibt sich zu B und spiegelt diesem wahrheitswidrig vor, A habe ihr die Tat und die Tatbeteiligung des B geschildert; sie wolle nun von B wissen, ob A die Wahrheit gesagt oder sie wieder belogen habe. Ferner verspricht sie B, seine Angaben vertraulich zu behandeln. B bestätigt ihr daraufhin, die Behauptungen des A seien zutreffend. Das Gespräch wird mittels von der Polizei an E ausgehändigter technischer Geräte nach § 100f StPO heimlich aufgezeichnet.

Lösung: Der BGH verneint einen Verstoß gegen den nemo-tenetur-Grundsatz. Zunächst habe sich B bislang nicht auf sein Schweigerecht berufen. Ferner sei es ihm ohne weiteres möglich gewesen, sich den drängenden Fragen der E, mit der ihn keine nähere Beziehung verband, zu entziehen; es liege damit keine einem **psychologischen Druck gleichkommende Täuschung** vor. Schließlich habe sich E von sich aus der Polizei als Informantin zur Verfügung gestellt und sei von dieser auch nicht angeleitet sondern nur mit den technischen Mitteln zur Gesprächsaufzeichnung ausgestattet worden (BGH NStZ 2011, 596). Entgegengehalten wird dem BGH, der Staat dürfe sich seinen Belehrungspflichten nicht einfach dadurch entziehen, dass er sich eines Privaten bediene, anstelle selbst eine förmliche Vernehmung durchzuführen (*Schumann*, JZ 2012, 265 ff.).

Fall 50d: Der unter dem dringenden Tatverdacht des Mordes stehende V befindet sich in U-Haft. Da V die Tat leugnet und die Beweislage schwierig ist, verfallen die ermittelnden Polizeibeamten auf folgenden Einfall: Sie teilen V mit, er dürfe mit seiner Ehefrau E ausnahmsweise in einem gesonderten Besuchsraum der U-Haftanstalt allein und ungestört von Aufsichtsbeamten sprechen. Diesen Besuchsraum versehen sie indes nach einer entsprechenden Anordnung durch den zuständigen Ermittlungsrichter mit Mikrofonen. Wie erhofft, berichtet V der E von seiner Tat. Diese Aussage wird von dem Polizeibeamten P mitgehört.

Lösung: Nach Auffassung des BGH begründet die Gesamtschau der Umstände bei der Durchführung der akustischen Gesprächsüberwachung und des Handelns der Ermittlungsbehörden einen Verstoß gegen das **Recht auf ein faires Verfahren**. Das Vorgehen der Ermittlungsbehörden komme hier einem Verstoß gegen den nemo-tenetur-Grundsatz nahe. Die Polizeibeamten hätten hier in einer Lage, in der V den Beschränkungen der U-Haft ausgesetzt gewesen sei, ganz bewusst eine von den üblichen Abläufen in der U-Haft abweichende Besuchssituation geschaffen, die einzig den Zweck haben konnte, den V zu einer irrtumsbedingten Selbstbelastung zu veranlassen (BGHSt 53, 294).

2. Die Beweisverwertungsverbote

251 Bei den Beweisverwertungsverboten handelt es sich um Verbote, die eine Verwertung von bestimmten Beweisergebnissen untersagen. Sie kommen insb. in Betracht, wenn bei der Beweiserhebung Verstöße begangen wurden – sog. **unselbstständige Beweisverwertungsverbote**. Daneben kann es auch Verbote bei rechtmäßiger Beweiserhebung geben – sog. **selbstständige Beweisverwertungsverbote**.

a) Gesetzliche Regelungen

252 Gesetzlich normiert sind nur wenige Beweisverwertungsverbote, so z.B.
– in § 136a Abs. 3 S. 2 StPO für alle Verstöße gegen die Beweismethodenverbote der Abs. 1 u. 2,

- in § 100d Abs. 2 S. 1 StPO für Erkenntnisse aus TKÜ, Online-Durchsuchung und akustischer Wohnraumüberwachung, die den Kernbereich privater Lebensgestaltung betreffen,
- und in § 160a Abs. 1 S. 2, Abs. 2 S. 3 StPO für Erkenntnisse aus unzulässigen Maßnahmen gegen Personen, die nach § 53 StPO zur Zeugnisverweigerung berechtigt sind.

Zufallserkenntnisse: Partiell geregelt hat der Gesetzgeber auch die Verwertbarkeit von Zufallserkenntnissen, d.h. Erkenntnissen, die nicht die Tat betreffen, wegen der die Maßnahme angeordnet wurde, sondern eine **andere Straftat** oder eine noch nicht verdächtige Person. 253

- Im Falle von Zwangsmaßnahmen, die nur bei Verdacht einer bestimmten **Katalogtat** zulässig sind (z.B. TKÜ, § 100a Abs. 2 StPO), kommt gem. § 477 Abs. 2 S. 2 StPO eine Verwertung ohne Einwilligung des Betroffenen nur in Betracht, wenn sich die so gewonnenen Informationen gleichfalls auf eine Katalogtat beziehen, zu deren Aufklärung die entsprechende Maßnahme angeordnet werden dürfte. Ansonsten besteht ein Verwertungsverbot.
- Entsprechendes gilt für personenbezogene Daten, die im Zuge **präventiver Maßnahmen** (Gefahrenabwehr durch die Polizei, nachrichtendienstliche Tätigkeit) erlangt worden sind. Ihre Verwertbarkeit ist nach § 161 Abs. 2 StPO auf die Aufklärung von Straftaten beschränkt, bei denen die entsprechende Maßnahme auch nach den Vorschriften der StPO hätte angeordnet werden dürfen; i.Ü. bleibt eine Verwertung unzulässig.

Fall 51: A und B stehen im Verdacht, mit Drogen zu handeln. Durch eine rechtmäßig angeordnete Telekommunikationsüberwachung erfahren die Strafverfolgungsorgane, dass A plant, mit seinem PKW 8 kg Kokain aus den Niederlanden nach Deutschland einzuführen. Um die parallel laufenden, verdeckten Ermittlungen gegen B nicht zu gefährden, beschließen StA und Polizei, auf eine Durchsuchung und Beschlagnahme nach §§ 102 ff., 94 ff. StPO zu verzichten, da diese mit dem Risiko verbunden wären, dass B vorzeitig von dem Ermittlungsverfahren gegen sich Kenntnis erlangt. Stattdessen bitten sie ihre Kollegen von der Verkehrspolizei, den A nach Überqueren der Grenze einer „unverdächtigen" Verkehrskontrolle zu unterziehen, um auf diesem Weg zum einen die Drogen aus dem Verkehr zu ziehen und zum anderen Beweismaterial für die Strafverfolgung von A und B zu beschaffen. So geschieht es: Im Rahmen einer Verkehrskontrolle in der Nähe von Wiesbaden nimmt die Verkehrspolizei eine Durchsuchung des Fahrzeugs des A vor und beschlagnahmt das dabei aufgefundene Kokain. In der späteren Hauptverhandlung gegen A widerspricht sein Verteidiger allerdings der Verwertung der so erlangten Beweismittel.

Lösung: Nach einer t.v.A. wird die Polizei bei einer solchen **legendierten Kontrolle**, bei der sie den strafprozessualen Zugriff mit einer Legende tarnt, primär repressiv tätig. Folglich bestimme sich die Zulässigkeit ihres Handelns allein nach den Vorschriften des Strafprozessrechts. Da die Voraussetzungen der Durchsuchung und Beschlagnahme, insb. das Erfordernis der gerichtlichen Anordnung (vgl. §§ 105 Abs. 1 S. 1, 98 Abs. 1 S. 1 StPO), nicht eingehalten worden seien, sei die Beweiserhebung rechtswidrig. Und weil das Vorgehen der Ermittlungsbehörden gerade auf eine **Umgehung** der gesetzlichen Regelungen abgezielt habe, handele es sich auch um einen besonders schwerwiegenden Verfahrensverstoß, der zu einem Beweisverwertungsverbot führe (MüKo-*Hauschild*, § 108 Rn. 7; MüKo-*Kölbel*, § 163 Rn. 28). Anders dagegen der BGH: Da es der Polizei nicht nur

§ 10   *Das Beweisrecht*

repressiv um die Gewinnung von Beweismitteln, sondern auch präventiv um das Aus-dem-Verkehr-Ziehen des Kokains gegangen sei, liege eine doppelfunktionale Maßnahme vor. Damit fänden die Eingriffsgrundlagen der StPO und des Polizeirechts nebeneinander Anwendung (vgl. dazu Rn. 56). Nach den Vorschriften des Polizeirechts (§§ 37, 40 HSOG) sei das Vorgehen der Verkehrspolizei rechtmäßig gewesen. Deshalb könnten die so erlangten Kenntnisse über § 161 Abs. 2 StPO nach dem Gedanken des **hypothetischen Ersatzeingriffs** auch im Strafprozess verwendet werden. Dessen Voraussetzungen seien erfüllt, da eine Anordnung von Durchsuchung und Beschlagnahme auch nach Strafprozessrecht möglich gewesen wäre (BGH NJW 2017, 3173).

– Eine Sonderregelung für Zufallserkenntnisse bei der Online-Durchsuchung und der akustischen Wohnraumüberwachung enthält § 100e Abs. 6 Nr. 1 StPO.

b) Allgemeine Kriterien

254 Eine einheitliche Regel, die bestimmt, wann ein Verstoß gegen ein Erhebungsverbot zu einem Verwertungsverbot führt, konnte bislang nicht entwickelt werden. Als allgemeine Kriterien gibt es lediglich verschiedene, sich teilweise überschneidende und ergänzende Gesichtspunkte. Die wichtigsten sind:

– **Rechtskreis:** Der BGH hat früher mit seiner Rechtskreistheorie darauf abgestellt, ob die verletzte Vorschrift wesentlich dem Schutz des Rechtskreises des Beschuldigten dient oder ob sie hierfür nur von untergeordneter Bedeutung ist (inzwischen sieht auch der BGH darin nur noch einen Teilaspekt zur Lösung des Problems, BGHSt 42, 73).

– **Schutzzweck der Norm:** Hier wird gefragt, welchen Schutzzweck die verletzte Beweiserhebungsvorschrift hat.

– **Abwägung:** Die Abwägungslehre, die der BGH inzwischen regelmäßig heranzieht (z.B. BGHSt 38, 214, 219 f.), nimmt einen Vergleich zwischen dem staatlichen Interesse an der Strafverfolgung mit dem Individualinteresse des Angeklagten auf Wahrung seiner Rechte vor, wobei insb. die Schwere des Delikts und das Gewicht des Verfahrensverstoßes wichtig sind.

c) Die fehlende Zeugenbelehrung nach § 52 Abs. 3 S. 1 StPO

255 Nach h.M. besteht bei fehlender Zeugenbelehrung ein Verwertungsverbot. § 52 StPO soll nicht nur den Zeugen vor dem Konflikt zwischen Wahrheitspflicht und persönlichen Interessen bewahren, sondern allgemein Rücksicht auf die familiäre Verbundenheit nehmen (BGHSt 11, 213, 216). Kein Verwertungsverbot soll allerdings vorliegen, wenn der Zeuge sein Zeugnisverweigerungsrecht gekannt hat und auch bei Belehrung ausgesagt hätte.

d) Die Verletzung der Schweigepflicht durch Vertrauenspersonen i.S.d. § 53 StPO

256 Ein Verwertungsverbot besteht, wenn das Gericht einen nach § 53 StPO zeugnisverweigerungsberechtigten Zeugen, der offensichtlich irrig glaubt, zur Aussage verpflichtet zu sein, nicht aufklärt, oder wenn es selbst die falsche Auskunft erteilt, der Zeuge sei von seiner Schweigepflicht entbunden. Umstritten sind allerdings die Konsequenzen einer eigenverantwortlichen Verletzung der Schweigepflicht durch den Zeugen.

Fall 52: Der HIV-Infizierte A ist angeklagt, sich durch ungeschützten Geschlechtsverkehr in fünf Fällen der gefährlichen Körperverletzung schuldig gemacht zu haben. In der Hauptverhandlung wird seine Ärztin Z vernommen. Obwohl Z nicht von ihrer ärztlichen Schweigepflicht entbunden wurde, sagt sie aus, dass sie den A ausführlich über seine Erkrankung und die daraus resultierenden Folgen informiert habe. Z war zuvor nicht über ihr Zeugnisverweigerungsrecht nach § 53 StPO belehrt worden, kannte dieses aber.

Lösung: Eine Belehrungspflicht existiert bei § 53 StPO, anders als bei § 52 StPO, nicht, sodass es sich bei der fehlenden Belehrung hier um keinen Verstoß handelt. Da die Z hier auch nicht von einer Aussagepflicht ausging, bestand ebenso wenig eine Aufklärungspflicht des Gerichts. Allerdings hat sich Z mit ihrer Aussage wegen Verletzung von Privatgeheimnissen nach § 203 Abs. 1 StGB strafbar gemacht (eine Rechtfertigung nach § 34 StGB kommt hier nicht in Betracht). Eine t.v.A. nimmt in diesem Fall ein Verwertungsverbot an. Das von § 53 StPO geschützte Vertrauensverhältnis sei nur herstellbar, wenn der Betroffene sich darauf verlassen könne, dass ein Missbrauch des Vertrauens nicht auch noch gegen ihn verwendet werden dürfe (*Beulke*, Rn. 462). Die h.M. lehnt dagegen ein Verwertungsverbot ab. § 53 StPO beinhalte ein **Recht**, aber **keine Pflicht** zur Zeugnisverweigerung. Die Vorschrift solle den Zeugen nur vor dem Konflikt zwischen Wahrheitspflicht einerseits und Schweigepflicht andererseits schützen. Sage er eigenverantwortlich aus, habe die materiell-rechtliche Rechtswidrigkeit keine Auswirkung auf die prozessrechtliche Verwertbarkeit (BGHSt 9, 59). Nach der h.M. darf die Aussage des Z hier verwertet werden.

e) Die fehlende Genehmigung nach § 54 StPO

Bei einer fehlenden Genehmigung nach § 54 StPO besteht kein Verwertungsverbot, weil diese Vorschrift die Wahrung von Dienstgeheimnissen, nicht aber den Angeklagten schützt.

257

f) Die fehlende Zeugenbelehrung nach § 55 Abs. 2 StPO

Streitig ist, ob eine fehlende Belehrung über ein Auskunftsverweigerungsrecht nach § 55 StPO ein Verwertungsverbot begründet.

258

Fall 53: Die Bankangestellte A ist wegen Untreue angeklagt. Als Zeuge wird in der Hauptverhandlung ihr Kollege Z vernommen, der in Wirklichkeit in alles eingeweiht war. Während der Vernehmung verwickelt sich Z in gewisse Widersprüche, die auf seine Rolle hindeuten. Er wird dennoch nicht belehrt. Im weiteren Verlauf der Vernehmung belastet Z die A schwer.

Lösung: Eine t.v.A. nimmt hier ein Verwertungsverbot an. § 55 StPO diene auch dem Schutz des Angeklagten vor Aussagen, deren Wahrheitswert wegen der Selbst- oder Drittbegünstigungstendenz des Zeugen von vornherein zweifelhaft sei (*Roxin/Schünemann*, § 24 Rn. 48). Zudem verstoße eine Verwertung gegen die in § 55 StPO zum Ausdruck kommende Selbstbeschränkung des Staates bei der Wahrheitsfindung (*Fezer*, 15/38). Die h.M. verneint hingegen ein Verwertungsverbot. § 55 StPO solle allein den Zeugen vor der Pflicht zu einer Selbstbelastung oder einer Belastung naher Angehöriger bewahren, sodass die Verletzung der Belehrungspflicht den Rechtskreis des Angeklagten nicht berühre (BGHSt 11, 213; wird allerdings später ein Verfahren gegen Zeugen eingeleitet, ist dort seine Aussage nicht verwertbar, da sein Rechtskreis hier tangiert ist). Die etwaige Zweifelhaftigkeit der Zeugenaussage sei bei der Beweiswürdigung zu berücksichtigen, ganz so wie die nicht minder zweifelhafte, gleichwohl aber verwertbare Einlassung eines Mitbeschuldigten (*Volk/Engländer*, § 28 Rn. 19). Die Aussagen des Z sind somit im vorliegenden Fall nach h.M. voll verwertbar.

g) Die Zeugnisverweigerung in der Hauptverhandlung

259 Macht der Zeuge erst in der Hauptverhandlung von seinem Zeugnisverweigerungsrecht Gebrauch, folgt aus § 252 StPO ein (nach h.M. allerdings teilweise beschränktes) Verwertungsverbot (vgl. Rn. 231 f.).

h) Die fehlerhafte Belehrung des Beschuldigten nach § 136 Abs. 1 StPO

260 Wurde der Beschuldigte über sein Schweigerecht nicht belehrt, begründet dies grds. ein Verwertungsverbot (BGHSt 38, 214; anders die frühere Rspr., z.B. in BGHSt 22, 170). Das gilt dem BGH zufolge allerdings nicht, wenn
– der Beschuldigte sein Recht kannte, oder
– der Verteidiger des Beschuldigten der Verwertung zustimmt bzw. ihr bis zum Abschluss der Befragung des Angeklagten nach § 257 StPO nicht widerspricht – sog. **Widerspruchslösung** (krit. dazu *Volk/Engländer*, § 28 Rn. 22).

261 Ebenso verhält es sich, wenn der Angeklagte über sein Recht auf Konsultation eines Verteidigers nicht belehrt oder ihm die Ausübung dieses Rechts verwehrt wurde (BGHSt 47, 172, 174).

Fall 54: Der B wird in Mainz wegen Mordverdachts in den späten Abendstunden festgenommen. Zu Beginn der nächtlichen Vernehmung wird er vom Polizeibeamten P auf sein Recht, einen Verteidiger zu konsultieren, hingewiesen. B sagt, dass er einen Rechtsbeistand wünscht, kann aber keinen Anwalt benennen. P reicht ihm daraufhin ein Mainzer Branchenverzeichnis. B's Versuche, einen Anwalt zu erreichen, bleiben angesichts der Uhrzeit erfolglos. Auf den telefonisch erreichbaren anwaltlichen Notdienst macht P den B dagegen nicht aufmerksam. Frustriert lässt sich B jetzt doch von P ohne Verteidiger vernehmen und gesteht die Tat. Der StA überlegt, ob dieses Geständnis in der Hauptverhandlung verwertbar ist.

Lösung: Wünscht der Beschuldigte die Konsultation eines Rechtsbeistandes, ist der Vernehmende verpflichtet, ihm bei der Herstellung des Kontakts zu einem Verteidiger in **effektiver Weise** zu helfen, § 136 Abs. 1 S. 3 StPO; auf bestehende anwaltliche Notdienste muss dabei hingewiesen werden, § 136 Abs. 1 S. 4 StPO. Es ist daher unzulässig, dem Beschuldigten die Bereitschaft zur Hilfe bei der Kontaktaufnahme durch bloße „Scheinaktivität" vorzutäuschen und die von vornherein erwartete Erfolglosigkeit sowie die damit verbundene Entmutigung des Beschuldigten zur Fortsetzung des Vernehmungsversuchs auszunutzen. Ein Verstoß gegen diesen Grundsatz begründet ein Verwertungsverbot (BGHSt 42, 15; Abgrenzung in BGHSt 42, 170). Hier war die Überreichung des Branchenbuches eher geeignet, den B zu entmutigen; die Telefonnummer des anwaltlichen Notdienstes hat P dem B dagegen vorenthalten. (Ein Hinweis auf den anwaltlichen Notdienst soll allerdings nach bisheriger Rspr. nicht erforderlich sein, wenn der Beschuldigte keinen Wunsch auf Zuziehung eines Verteidigers äußert, BGHSt 47, 233, oder wenn dem Beschuldigten ermöglicht wurde, mit einem von ihm benannten Verteidiger Kontakt aufzunehmen, die Kontaktaufnahme jedoch scheitert, BGH NStZ 2006, 114.) Das Geständnis des B ist somit nicht verwertbar (nach der Rspr. müsste allerdings zusätzlich sein Verteidiger der Verwertung widersprechen).

Verwertbar bleiben dagegen nach h.M. Aussagen im Rahmen einer **informatorischen** 262
Befragung (Befragung verdächtiger Personen, ohne dass gegen diese schon ein konkreter Anfangsverdacht vorliegt), weil hier noch keine Belehrungspflicht besteht (*Meyer-Goßner/Schmitt*, Einl Rn. 79; a.A. *Beulke*, Rn. 118), und **Spontanäußerungen** (Äußerungen, die der Beschuldigte von sich aus ohne Aufforderung trifft), da bei ihnen bereits keine Vernehmung vorliegt. Anders verhält es sich freilich, wenn die passive Entgegennahme von Äußerungen in eine Vernehmung umschlägt (vgl. **Fall 25b**). Nimmt der Ermittlungsrichter eine Spontanäußerung des Beschuldigten, die lediglich einen Randaspekt betrifft, zum Anlass für gezielte Nachfragen zum Tatgeschehen, obwohl der Beschuldigte zuvor erklärt hat, bis zu einer Beratung mit seinem Verteidiger von seinem Schweigerecht Gebrauch machen zu wollen, dürfen die daraufhin gemachten Angaben deshalb nicht verwertet werden (BGHSt 58, 301).

Problematisch ist, ob eine fehlerhafte Belehrung Auswirkungen auch auf weitere Vernehmungen haben kann, d.h. ob ihr eine **Fortwirkung** zukommt. 263

> **Fall 55:** Der Beschuldigte B wird bei der ersten Vernehmung nicht über sein Aussageverweigerungsrecht belehrt. Er legt daraufhin ein Geständnis ab. In der Hauptverhandlung belehrt ihn der Vorsitzende Richter über seine Aussagefreiheit nach § 243 Abs. 5 S. 1 StPO, geht dabei aber nicht auf die frühere Vernehmung ein. B wiederholt sein Geständnis.
>
> **Lösung:** Grds. genügt die einfache Belehrung des Beschuldigten über seine Aussagefreiheit nicht. Er muss zudem darauf hingewiesen werden, dass seine bisherigen Aussagen nicht verwertbar sind – sog. **qualifizierte Belehrung**. Unterbleibt eine solche qualifizierte Belehrung, bejaht die h.L. auch hinsichtlich des Ergebnisses der zweiten Vernehmung stets ein Verwertungsverbot, da der Beschuldigte nicht habe einschätzen können, inwieweit er durch seine bereits getroffenen Äußerungen festgelegt sei, sodass der Verfahrensverstoß hier fortwirke (*Beulke*, Rn. 119). Dagegen will der BGH die Verwertbarkeit durch eine Abwägung im Einzelfall ermitteln. Dabei komme es neben dem Gewicht des Verfahrensverstoßes einerseits und dem Interesse an der Sachaufklärung andererseits maßgeblich darauf an, ob der Vernommene davon ausgegangen ist, von seinen früheren Angaben nicht mehr abrücken zu können. Das sei i.d.R. dann der Fall, wenn es sich bei seiner zweiten Aussage lediglich um eine bloße Wiederholung der ersten handele (BGHSt 53, 112). So verhält es sich hier; das zweite Geständnis ist folglich nach beiden Auffassungen nicht verwertbar.

Fraglich ist schließlich, ob ein Verwertungsverbot aufgrund einer fehlerhaften Belehrung auch zu Gunsten eines **Mitbeschuldigten** gilt, d.h. ob es eine **Drittwirkung** hat. 264

> **Fall 56:** A und B sind des mittäterschaftlichen Diebstahls beschuldigt. Bei der ersten Vernehmung durch die Polizeibeamtin P wird A nicht zureichend über sein Recht auf Konsultation eines Verteidigers belehrt. Daraufhin gesteht er die Tat. In der Hauptverhandlung machen A und B von ihrem Schweigerecht Gebrauch. Zudem rügt V, die Verteidigerin des A, die Verletzung des § 136 Abs. 1 S. 2 StPO und widerspricht einer Verwertung des Geständnisses seines Mandanten. Das Gericht überlegt, ob es die P gleichwohl als Zeugen vom Hörensagen vernehmen darf, um deren Angaben über die Einlassung des A zum Nachteil des B zu verwerten.
>
> **Lösung:** Nach einer t.v.A. erfordert der Grundsatz des fairen Verfahrens eine Erstreckung des Verwertungsverbots auch auf den Mitbeschuldigten. Anderenfalls könnten von zwei bewusst nicht belehrten Beschuldigten der eine jeweils aufgrund der fehlerhaft gewonnenen

Aussage des anderen verurteilt werden (LR-*Gleß*, § 136 Rn. 90). Die h.M. lehnt dagegen eine Erstreckung ab. § 136 Abs. 1 S. 2 StPO bezwecke allein den Schutz des vernommenen Beschuldigten. Er diene nicht den Interessen eines Mitbeschuldigten; sein Rechtskreis werde durch eine fehlerhafte Belehrung nicht berührt (BGHSt 47, 233, 234). Eine Erweiterung des Beweisverwertungsverbots lasse sich auch nicht mit der Gefahr einer „gespaltenen Tatsachenfeststellung" begründen, da diese Gefahr bei mehreren Beschuldigten aufgrund der Dispositionsfreiheit eines jeden, ob er das Verwertungsverbot geltend mache, ohnehin nicht vermeidbar sei (BGHSt 53, 191, 197 ff.). Eine Verwertung zu Lasten des B ist daher nach h.M. möglich.

i) Fehler bei der körperlichen Untersuchung nach § 81a StPO

265 Ein Verstoß gegen § 81a StPO (z.B. die Blutprobe wird von einer Krankenschwester und nicht von einem Arzt vorgenommen) begründet i.d.R. kein Verwertungsverbot; der Schutzzweck von § 81a StPO besteht allein darin, den Beschuldigten vor gesundheitlichen Gefahren zu schützen. Eine Ausnahme kommt allerdings in Betracht, wenn der Anordnende **vorsätzlich** gegen diese Vorschrift verstößt. Insb. das absichtliche **Unterlaufen des Richtervorbehalts** kann nach der Abwägungslehre ein Verwertungsverbot zur Folge haben (vgl. dazu DDRK-*Neuhaus*, § 81a Rn. 22 ff.).

j) Fehler bei der Überwachung der Telekommunikation

266 Verstöße gegen die materiell-rechtlichen Voraussetzungen einer Überwachung führen zu einem Verwertungsverbot (dabei einschränkend hinsichtlich der gerichtlichen Überprüfbarkeit BGHSt 41, 30, 34). Kein Verwertungsverbot zur Folge haben dagegen i.d.R. Verstöße gegen die formellen Voraussetzungen (z.B. die Schriftform des § 100e Abs. 3 StPO wurde nicht eingehalten). Etwas anderes gilt hier allerdings, wenn eine Anordnung des Richters oder der StA völlig fehlt. Zur Verwertung von sog. **Zufallsfunden vgl. Rn. 253.**

Fall 57: Gegen T wird eine TKÜ angeordnet, die sich unzutreffend auf einen Verdacht wegen Bandenhehlerei nach § 260 Abs. 1 Nr. 2 StGB anstelle des tatsächlich bestehenden Verdachts des Bandendiebstahls nach § 244 Abs. 1 Nr. 2 StGB stützt. Im Rahmen der TKÜ werden Gespräche aufgezeichnet, die den Tatverdacht gegen den T erhärten.
Lösung: Die Anordnung der Telekommunikationsüberwachung war hier unzulässig, da sie sich auf eine Katalogtat (§ 100a Abs. 2 Nr. 11 StPO) stützt, hinsichtlich derer kein Verdacht bestand. Das macht die Ergebnisse der TKÜ indes noch nicht zwingend unverwertbar. Der Rspr. zufolge soll eine Verwertung nämlich auch dann in Betracht kommen, wenn die Anordnung der Überwachung auf eine andere Katalogtat hätte gestützt werden können – sog. **hypothetischer Ersatzeingriff** (BGHSt 48, 240; krit. *Beulke*, Rn. 233d). Als solche kommt hier gem. § 100a Abs. 2 Nr. 1j StPO der Bandendiebstahl nach § 244 Abs. 1 Nr. 2 StGB in Betracht.

k) Fehler bei der Durchsuchung

267 War die Durchsuchung rechtsfehlerhaft, besteht hinsichtlich der dabei aufgefundenen Beweismittel nach *h.M.* nur dann ein Verwertungsverbot, wenn es sich um einen besonders schwerwiegenden Verfahrensverstoß handelt (*Meyer-Goßner/Schmitt*, § 94 Rn. 21; *a.A.* für Wohnungsdurchsuchungen *Eisenberg*, Rn. 2465).

Fall 58a: Bei einer Durchsuchung der Wohnräume wegen Verdachts der Markenpiraterie (strafbar u.a. nach §§ 106 ff. UrhG, 143 MarkenG) werden bei T zahlreiche gefälschte Luxus-Uhren gefunden und beschlagnahmt. Allerdings hätte der Ermittlungsrichter mangels eines hinreichend konkreten Verdachts (s. dazu Rn. 159) die Durchsuchung nicht anordnen dürfen. Das Gericht überlegt, ob es die gleichwohl zu Lasten des T verwerten darf.

Lösung: Zwar war die Durchsuchung hier unzulässig. Allerdings geht nach h.M. das staatliche Strafverfolgungsinteresse dem Interesse des Angeklagten vor, da die fehlerhafte Beurteilung der Konkretheit des Verdachts durch den Ermittlungsrichter keinen besonders schwerwiegenden Verfahrensverstoß darstellt. Die Verwertbarkeit ist daher zu bejahen. Das fair trial-Prinzip steht dem nicht entgegen (EGMR NJW 2017, 2811).

Fall 58b: B ist verdächtig, in erheblichem Umfang mit Betäubungsmitteln zu handeln. Dabei deuten die Indizien darauf hin, dass er diese in seiner Wohnung lagert. Gleichwohl verzichtet der die Ermittlungen führende Polizeibeamte P darauf, beim zuständigen Ermittlungsrichter eine Wohnungsdurchsuchung zu beantragen, weil er diesen für einen „weltfremden Bedenkenträger" hält. Als zu befürchten ist, dass B Anstalten unternimmt, die Drogen zu beseitigen, ordnet P die Durchsuchung der Wohnung wegen Gefahr im Verzug selbst an. Dabei werden die Drogen ordnungsgemäß beschlagnahmt. In der Hauptverhandlung macht die Verteidigung ein Verwertungsverbot geltend.

Lösung: Die Durchsuchung war hier rechtswidrig. Im Hinblick auf Art. 13 Abs. 2 GG haben richterliche Durchsuchungsanordnungen die Regel, nichtrichterliche die Ausnahme zu sein; wegen der grundrechtssichernden Schutzfunktion des Richtervorbehalts muss die Ausnahmeklausel der „Gefahr im Verzug" eng ausgelegt werden. Deshalb dürfen die Strafverfolgungsorgane nicht vorsätzlich so lange zu warten, bis die Gefahr eines Beweismittelverlusts tatsächlich eintritt, um so die von der Verfassung vorgesehene Regelzuständigkeit des Richters zu unterlaufen (BVerfGE 103, 142, 153 ff.). Dieses Gebot der Einhaltung des Richtervorbehalts ist aufgrund der Bedeutung des Art. 13 GG so wesentlich, dass jedenfalls grobe Verstöße nicht sanktionslos gelassen werden können. Seine **bewusste Umgehung** begründet daher ein Verwertungsverbot (BGHSt 51, 285).

Fall 58c: Konkrete Tatsachen sprechen dafür, dass W zu Hause unerlaubt Schusswaffen aufbewahrt (Straftat nach § 52 Abs. 1 Nr. 2b WaffG). Daher stellt Staatsanwältin S bei Ermittlungsrichter E einen Antrag auf Erlass eines Durchsuchungsbeschlusses. Als E erklärt, ohne Vorlage und Durchsicht der Ermittlungsakte keine Entscheidung treffen zu können, ordnet S die Durchsuchung der Wohnung wegen Gefahr im Verzug selbst an. Bei der Durchsuchung werden mehrere Pistolen beschlagnahmt.

Lösung: Der BGH hat früher die Auffassung vertreten, dass die StA und ihre Ermittlungspersonen von ihrer Eilkompetenz Gebrauch machen können, wenn der Ermittlungsrichter nicht rechtzeitig entscheidet (BGH NStZ 2006, 114, 115). Dem ist das BVerfG entgegengetreten (BVerfGE 139, 245). Ihm zufolge endet die Eilzuständigkeit der Ermittlungsbehörden, sobald der Richter mit dem Durchsuchungsantrag befasst wird. Anderenfalls würden die Kompetenzen des Richters aus Art. 13 Abs. 2 GG und Art. 91 Abs. 1 GG in unzulässiger Weise beschnitten. Eine Ausnahme kommt nur in Betracht, wenn nachträglich neue Umstände eintreten oder bekannt werden, die ein sofortiges Tätigwerden erfordern. Das ist hier nicht der Fall. Folglich stellt das Verhalten der S eine bewusste Umgehung des Richtervorbehalts dar und begründet damit ein Verwertungsverbot. Anders als bei Verstößen gegen die Belehrungspflicht gem. § 136 Abs. 1 soll dieses Verwertungsverbot auch nicht davon abhängig sein, dass der Verteidiger der Verwertung rechtzeitig widerspricht; die sog. Widerspruchslösung (vgl. Rn. 260) gilt hier nicht (BGHSt 61, 266).

l) Eingriffe in das allgemeine Persönlichkeitsrecht

268 Beim Eingriff in das allgemeine Persönlichkeitsrecht sind nach einer Grundsatzentscheidung des BVerfG **drei Sphären** der Persönlichkeitsentfaltung zu unterscheiden. Die Verwertbarkeit des gewonnenen Beweismaterials richtet sich dann danach, in welche Sphäre eingegriffen wurde (BVerfGE 34, 238). Im Einzelnen:

- **Sozialsphäre** (z.B. Geschäftsgespräche): Hier besteht kein besonderer Schutz, sodass i.d.R. volle Verwertbarkeit gegeben ist.
- **schlichte Privatsphäre** (z.B. private Gespräche im Garten): Hier muss das Strafverfolgungsinteresse (Schwere des Tatvorwurfs, Unverzichtbarkeit des Beweismittels) gegen den Schutz der Privatsphäre (Intensität des konkreten Eingriffs) abgewogen werden.
- **Intimsphäre** (z.B. Intimleben im Schlafzimmer): Hier handelt es sich um den **unantastbaren Kernbereich** des allgemeinen Persönlichkeitsrechts, in den nicht eingegriffen werden darf. Beweise, die durch einen Eingriff in die Intimsphäre gewonnen worden sind, unterliegen deshalb einem absoluten Verwertungsverbot.

Fall 59a: A ist des mehrfachen Mordes angeklagt. In ihrem Tagebuch schildert sie ausführlich ihre Mordfantasien.

Lösung: Soweit sie eine sachliche Beschreibung der Tat enthalten, fallen **Tagebuchaufzeichnungen** nicht in die Intimsphäre. Anders verhält es sich allerdings nach nunmehr h.M., wenn sie nur eine Schilderung eigener Neigungen und Fantasien beinhalten (BVerfGE 109, 279, 319; a.A. noch BVerfGE 80, 367, 377 f.). Die Gegenauffassung ordnet Tagebuchaufzeichnungen hingegen generell der Privatsphäre zu, sodass danach eine Abwägung zulässig wäre. In den Fällen von Schwerstkriminalität soll dann das Strafverfolgungsinteresse Vorrang haben (BGHSt 34, 397).

Fall 59b: Im Rahmen einer akustischen Wohnraumüberwachung wurde ein Selbstgespräch des gleichfalls des Mordes angeklagten B aufgezeichnet, in dem sich B selbst der Tat bezichtigt.

Lösung: Im Unterschied zu Tagebuchaufzeichnungen gehören nichtöffentliche Selbstgespräche – zumindest solange sie in einem **geschützten Rückzugsraum** geführt werden, in dem der Grundrechtsträger sich unbeobachtet fühlen kann – nach h.M. stets zum absoluten Kernbereich privater Lebensgestaltung. Als solchen geschützten Rückzugraum hat die Rspr. neben der eigenen Wohnung auch das Krankenzimmer in der Klinik (BGHSt 50, 206: Wohnung im verfassungsrechtlichen Sinne des Art. 13 GG) und den PKW (BGHSt 57, 71) angesehen. Nichtöffentlich geführte Selbstgespräche sind von vornherein nicht zur Kenntnisnahme durch andere bestimmt. Der Angeklagte legt hier seine Gedanken nicht schriftlich nieder, so dass er diese anders als bei Tagebuchaufzeichnungen nicht aus dem von ihm beherrschbaren Innenbereich entlässt und der Gefahr des Zugriffs preisgibt. Die Äußerung des B darf deshalb nach h.M. nicht verwertet werden, § 100d Abs. 2 S. 1 StPO.

m) Von Privatpersonen rechtswidrig gewonnene Beweise

269 Bei von Privatpersonen rechtswidrig gewonnenen Beweisen besteht nach h.M. grds. kein Verwertungsverbot, weil die Vorschriften des Beweisrechts sich nur an die Strafverfolgungsorgane, nicht aber an Privatpersonen richten (*Beulke*, Rn. 478; diff. krit. *Schroeder/Verrel*, Rn. 132).

Von der Verwertbarkeit gibt es allerdings folgende Ausnahmen: **270**
- die Beweisgewinnung ist durch einen eklatanten Verstoß gegen die Menschenwürde erfolgt (z.B. der Ehemann des getöteten Opfers erpresst vom Täter durch Folter ein Geständnis),
- die Beweisverwertung würde einen erneuten Grundrechtseingriff darstellen (z.B. durch Abspielen der heimlich gemachten Tonbandaufnahme im Prozess),
- die Privatperson hat gezielt im Auftrag der Strafverfolgungsbehörde gehandelt.

Fall 60: B sitzt wegen dringenden Mordverdachts und Fluchtgefahr in U-Haft. Dort wird sie von der Mitgefangenen M bedrängt. M behauptet, der B durch übersinnliche Kräfte helfen zu können, wenn diese sich ihr rückhaltlos offenbare. Anderenfalls werde sie den Zorn des Teufels über B rufen. Um die Gesprächsbereitschaft der B zu fördern, lässt M diese darüber hinaus noch mit Marihuana versetzte Zigaretten rauchen. Nach anfänglichem Widerstreben gesteht B der M die Tat. Sofort setzt M die Ermittlungsbehörden davon in Kenntnis, weil sie sich davon Vergünstigungen im Strafvollzug verspricht. Die gleiche Verfahrensweise hatte sie schon zuvor in anderen Fällen gewählt. Die Strafverfolgungsorgane waren darüber im Bilde.

Lösung: Da Privatpersonen in keiner vergleichbaren Pflichtenstellung wie Ermittlungsbehörden stehen, unterliegen die von ihnen mit Mitteln des § 136a Abs. 1 StPO gewonnenen Aussagen i.d.R. keinem Verwertungsverbot. Allerdings ist § 136a StPO analog anzuwenden, wenn der Staat sich ihr Verhalten ausnahmsweise zurechnen lassen muss. Das trifft in **U-Haft-Situationen** nicht nur auf das **gezielte Ansetzen** einer Privatperson auf den Beschuldigten zu (vgl. dazu BGHSt 34, 362), sondern kommt auch in Betracht, wenn die Ermittlungsbehörden den Privaten lediglich **gewähren lassen**. Haben nämlich U-Häftlinge im Interesse einer geordneten Strafrechtspflege Einschränkungen ihrer physischen und psychischen Freiheit hinzunehmen, trifft den Staat im Gegenzug die Verpflichtung, sie vor massiven Eingriffen nicht nur in ihre körperliche Integrität, sondern auch in die Freiheit selbstbestimmten Verhaltens zu schützen, denen sie infolge der Haftsituation nur begrenzt ausweichen können. Kommen die staatlichen Behörden dieser Aufgabe nicht nach, obwohl sie von massiven Übergriffen oder gar Straftaten im Zusammenhang mit der Ausforschung Tatverdächtiger durch Mithäftlinge Kenntnis besitzen, ist ihnen das Verhalten ihrer Informanten zuzurechnen (BGHSt 44, 129).

n) Verdeckte Ermittlungen

Die Voraussetzungen für den Einsatz Verdeckter Ermittler sind ähnlich geregelt wie **271** bei der TKÜ. Daher werden die dort entwickelten Grundsätze zum Verwertungsverbot hier entsprechend angewendet. Bei Informanten, V-Leuten oder nichtöffentlich ermittelnde Polizeibeamten, für deren Einsatz es keine gesetzliche Regelung gibt, ist die Frage der Verwertbarkeit noch weitgehend ungeklärt. Ein Verwertungsverbot besteht aber jedenfalls dann, wenn eine dieser Personen gezielt zur Umgehung der Vernehmungs- und Belehrungsvorschriften eingesetzt wird, so etwa im Falle des von seinem Schweigerecht Gebrauch machenden Beschuldigten (vgl. **Fall 50a**; näher zum Ganzen *Beulke*, Rn. 481a ff.).

o) Fernwirkung von Beweisverboten

Umstritten ist, ob Beweise, die mittelbar auf Grund eines unverwertbaren Beweismit- **272** tels gewonnen wurden, ebenfalls unverwertbar sind, d.h. ob Verwertungsverboten eine Fernwirkung zukommt.

Fall 61: A ist der gewerbsmäßigen Bandenhehlerei nach § 260a StGB verdächtig. Zur Aufklärung setzt die Polizei den V als Verdeckten Ermittler ein. Wegen Gefahr im Verzug holt sie nur die Zustimmung der StA ein. Die Zustimmung des Ermittlungsrichters wird dagegen auch später nicht eingeholt. Nach fünf Tagen gelingt es V, von A zu erfahren, wo dieser seine Ware lagert. Diese Information teilt V seinen Kollegen mit. Die Polizei veranlasst daraufhin eine ordnungsgemäße Beschlagnahme der Beute. Die StA überlegt, ob in der Hauptverhandlung eine Aussage des V über sein Gespräch mit A sowie die beschlagnahmten Gegenstände verwertbar sind.

Lösung: Für den gezielten Einsatz eines Verdeckten Ermittlers braucht bei Gefahr im Verzug der Richter nicht vor Durchführung der Maßnahme zuzustimmen, aber die Zustimmung muss binnen drei Werktagen nachgeholt werden, § 110b Abs. 2 S. 4 StPO. Wird sie nicht eingeholt, sollen zwar die in den ersten drei Tagen erlangten Beweismittel verwertbar bleiben, darüber hinaus besteht aber ein Verwertungsverbot. Eine Zeugenaussage des V über sein Gespräch mit A wäre daher nicht verwertbar. Fraglich ist nun, ob die durch diesen unzulässigen Einsatz des V mittelbar gewonnenen Beweise, nämlich die Hehlerware als Augenscheinsobjekt, ebenfalls einem Verwertungsverbot unterliegen. Eine t.v.A. nimmt in Anlehnung an die amerikanische **„fruit of the poisonous tree doctrine"** eine Fernwirkung des Beweisverwertungsverbotes an, weil anderenfalls der Sinn und Zweck der Beweisverwertungsverbote unterlaufen werden könnte. Eine Ausnahme soll nur dann bestehen, wenn das Beweismittel höchstwahrscheinlich auch ohne Verfahrensverstoß erlangt worden wäre – sog. **hypothetischer rechtmäßiger Ermittlungsverlauf** (*Volk/Engländer*, § 28 Rn. 43; krit. zur Ausnahme *Kühne*, Rn. 912.2). Eine a.A. will dagegen differenzieren: Sie stellt entweder auf den Schutzbereich der verletzten Verfahrensnorm ab (*Beulke*, Rn. 482) oder nimmt eine Abwägung nach der Schwere des Verfahrensverstoßes vor (*Eisenberg*, Rn. 408). Die Rspr. lehnt dagegen eine Fernwirkung grds. ab, weil ein Verfahrensverstoß nicht das gesamte Ermittlungsverfahren lahm legen dürfe. Zudem lasse sich kaum einmal sicher feststellen, ob der Verfahrensverstoß für die Überführung des Beschuldigten wirklich ursächlich geworden sei (BGHSt 32, 68; eine Ausnahme trifft die Rspr. allerdings für Verstöße gegen das Gesetz zur Beschränkung des Brief-, Post- und Fernmeldegeheimnisses – G 10, BGHSt 29, 244). Nimmt man eine Fernwirkung an, bestünde hier auch hinsichtlich der beschlagnahmten Gegenstände ein Verwertungsverbot. Folgt man hingegen der Rspr., dürften sie verwertet werden. Auch nach der differenzierenden Auffassung wäre eine Verwertung hier wohl zulässig.

§ 11 Das Urteil

I. Arten und Gegenstand des Urteils

1. Das Urteil

273 Die Hauptverhandlung endet mit der Urteilsverkündung, § 260 Abs. 1 StPO. Der Vorsitzende verliest hierbei die Urteilsformel und teilt die Urteilsgründe durch Verlesung oder mündlich mit, § 268 Abs. 2 StPO (zum Inhalt vgl. § 267 StPO; zum Aufbau vgl. *Haller/Conzen*, Rn. 715 ff.). Die möglichen Entscheidungen können sein:

- **Prozessurteil:** Stellt sich (erst) in der Hauptverhandlung ein Verfahrenshindernis heraus, ist das Verfahren durch ein Prozessurteil einzustellen, § 260 Abs. 3 StPO (vgl. Rn. 9).
- **Sachurteil:** Entscheidet das Gericht in der Sache, lautet das Urteil entweder auf **Freispruch** oder auf **Verurteilung**. Dabei ergeht das Urteil grds. einheitlich (zu Ausnahmen vgl. *Volk/Engländer*, § 31 Rn. 6 ff.).

Den Gegenstand der Urteilsfindung bildet die in der Anklage (in der Fassung des Eröffnungsbeschlusses) bezeichnete **prozessuale Tat**, wie sie sich nach dem Ergebnis der Verhandlung darstellt, § 264 Abs. 1 StPO. Dabei ist das Gericht hier nicht nur in der Beweiswürdigung frei, § 261 StPO (vgl. Rn. 23), sondern auch in der rechtlichen Würdigung dieses historischen Vorgangs, § 264 Abs. 2 StPO. Will es auf Grund eines in der Anklage nicht angeführten Strafgesetzes verurteilen, muss es allerdings den Angeklagten zuvor auf die **Veränderung des rechtlichen Gesichtspunktes** hinweisen, § 265 Abs. 1 StPO. Weitere Taten, die zunächst nicht angeklagt waren, kann das Gericht nur dann aburteilen, wenn sie im Wege der **Nachtragsanklage** einbezogen wurden, § 266 StPO. 274

2. Die Tat im prozessualen Sinne

Als Tat im prozessualen Sinne gilt nach h.M. das **gesamte Verhalten des Beschuldigten**, soweit es mit dem in der Anklage beschriebenen Sachverhalt nach allgemeiner Lebensauffassung einen **einheitlichen, inhaltlich zusammenhängenden Vorgang** bildet. Entscheidende Kriterien hierfür sind der **Tatort**, die **Tatzeit**, das **Tatobjekt** und das **Tatbild** (*Beulke*, Rn. 513). Dieser Tatbegriff ist weiter als der Tatbegriff im materiellen Sinne. 275

Als Faustformel kann man sich aber merken:
- Bei Tateinheit i.S.v. § 52 StGB liegt i.d.R. auch eine Tat im prozessualen Sinne vor. 276
- Bei Tatmehrheit i.S.v. § 53 StGB ist dagegen zu prüfen, ob die materiell selbstständigen Taten nach örtlichem und zeitlichem Zusammenhang und der inneren Verknüpfung des Täterverhaltens einen einheitlichen Lebensvorgang bilden (so z.B. bei einer Trunkenheitsfahrt mit Unfall und anschließender Fahrerflucht).

Fall 62a: Z ist wegen Mordes an O angeklagt. Dem A wirft die Anklage vor, Z bei der Beseitigung der Leiche geholfen zu haben. Das Gericht kommt zu dem Ergebnis, dass A selbst O getötet hat. Das Gericht überlegt, ob es A wegen Mordes verurteilen darf.

Lösung: Eine Betrachtung des Tatbildes ergibt, dass hier zwei prozessual verschiedene Taten vorliegen, da die angeklagte Tat der Strafvereitelung eine völlig anderes rechtliches Gepräge hat als der Mord. Das Gericht kann daher die Tat nur aburteilen, wenn eine Nachtragsanklage erhoben wird.

Fall 62b: Die StA möchte die Anklage nunmehr auch auf die Tötung des O erstrecken. A verweigert seine Zustimmung. Das Gericht will dennoch entscheiden, weil es die Weigerung des A als missbräuchlich ansieht.

> **Lösung:** Die Zustimmung des Angeklagten ist für die Nachtragsanklage zwingend erforderlich, § 266 Abs. 1 StPO. Die Verweigerung dieser Zustimmung steht in seinem freien Ermessen und darf deshalb auch nicht mit dem Argument der Missbräuchlichkeit übergangen werden. Das Gericht müsste daher den A hier hinsichtlich der Strafvereitelung freisprechen. Hinsichtlich des Tötungsdelikts müsste die StA neu anklagen.

II. Die Urteilsabsprachen

277 Von erheblicher Bedeutung sind aufgrund der Überlastung der StA und der Gerichte im Strafverfahren Verständigungen zwischen dem Beschuldigten und den Strafverfolgungsbehörden. Inhalt einer Verständigung ist zumeist, dass gegen ein Geständnis des Angeklagten auf eine mildere Strafe erkannt wird. Auf diese Weise können die Gerichte sehr mühseligen und zeitaufwendigen Tatsachenermittlungen – etwa in überaus komplexen Wirtschaftsstrafverfahren – entgehen. Allerdings sieht ein Teil des Schrifttums bei der Verständigung die Gefahr, dass der Beschuldigte unter Druck gerät, ein – u.U. sogar falsches – Geständnis abzugeben, dass die maßgeblichen Weichenstellungen in vorbereitenden Erörterungen außerhalb des Sitzungssaales ohne öffentliche Kontrolle getroffen werden und dass das Gericht sich mit dem Geständnis begnügt und der Sachverhalt deshalb nur unzureichend aufgeklärt wird (näher dazu *Roxin/ Schünemann*, § 17 Rn. 19 ff.).

1. Die Voraussetzungen

278 Bis vor wenigen Jahren waren die rechtlichen Voraussetzungen für die Zulässigkeit einer Verständigung nur richterrechtlich festgelegt (grundlegend BGHSt 43, 195; 50, 40). Mittlerweile hat der Gesetzgeber eine gesetzliche Grundlage geschaffen, um in diesem Bereich Rechtssicherheit zu schaffen (zur Kritik vgl. BeckOK-*Eschelbach*, § 257c Rn. 1 ff.). Die zentrale Vorschrift bildet § 257c StPO, weitere wichtige Regelungen finden sich in §§ 35'a S. 3, 160b, 202a, 212, 243 Abs. 4, 257b, 267 Abs. 3 S. 5, 273 Abs. 1a, 302 Abs. 1 S. 2 StPO. Das BVerfG hat die Möglichkeit von Absprachen als derzeit verfassungskonform gebilligt, zugleich aber bemängelt, dass sich die Tatgerichte in beträchtlichem Umfang über die gesetzlichen Vorgaben hinweggesetzt haben. Dieses **erhebliche Vollzugsdefizit** verpflichte den Gesetzgeber, die Entwicklung im Auge zu behalten und ggf. bei den Schutzmechanismen nachzubessern oder erforderlichenfalls die Entscheidung über die Zulässigkeit von Absprachen zu revidieren (BVerfGE 133, 168). Zu den gesetzlichen Voraussetzungen im Einzelnen:

– Die Verständigung muss zwingend **im Rahmen der Hauptverhandlung** erfolgen. (Freilich darf sie außerhalb der Hauptverhandlung in Erörterungen nach §§ 202a, 212, 257b StPO vorbereitet werden.)
– Gegenstand dürfen nur die **Rechtsfolgen** sein, die Inhalt des Urteils und der dazugehörigen Beschlüsse sein können (Strafausspruch, Verhängung einer Nebenstrafe, Nebenfolgen wie die Einziehung, die Höhe der Kompensation für eine überlange Verfahrensdauer, nach h.M. auch die Strafaussetzung zur Bewährung), sonstige

verfahrensbezogene Maßnahmen im zugrundeliegenden Erkenntnisverfahren (z.B. die Einstellung von Teilkomplexen nach §§ 154, 154a StPO; a.A. allerdings bezüglich § 154a StPO BGH NJW 2017, 244) sowie das **Prozessverhalten** der Verfahrensbeteiligten (z.B. der Verzicht auf bestimmte Beweisanträge), § 257c Abs. 2 S. 1 StPO.

- Sog. „**Gesamtlösungen**", bei denen die StA die Einstellung anderer Ermittlungsverfahren zusagt, können dagegen im Rahmen einer Verständigung nicht vereinbart werden (BVerfGE 133, 168, 214). Allerdings soll die StA solche Einstellungen anlässlich einer Verständigung ankündigen dürfen, solange nicht der Eindruck erweckt wird, dass es sich dabei um einen Teil der Absprache handelt (BGH NStZ 2017, 56).
- Der **Schuldspruch**, d.h. die materiell-rechtliche Bewertung und Einordnung eines Sachverhaltes, scheidet als Gegenstand einer Verständigung aus, § 257c Abs. 2 S. 3 StPO. Unzulässig ist deshalb z.B. eine Absprache, den Angeklagten nur aus dem Grund- und nicht aus dem Qualifikationstatbestand zu verurteilen (BGH NJW 2011, 1526).
- Entsprechendes soll dem BVerfG zufolge für die Strafrahmenverschiebungen bei besonders schweren oder minder schweren Fällen gelten (BVerfGE 133, 168, 210 f.). Dem hält der BGH indes entgegen, diesen Regelungen fehle die Tatbestandsqualität; sie beträfen allein die Strafzumessungsebene und könnten daher Gegenstand einer Verständigung sein (BGH NStZ 2017, 363, 365).
- Erlaubt ist eine Verständigung über die Höhe der **Kompensation** für eine **Verfahrensverzögerung** (BGHSt 61, 43); sie verstößt nicht gegen § 257c Abs. 2 S. 3 StPO (allg. zur sog. Vollstreckungslösung bei Verfahrensverzögerungen Rn. 28).
- Die Verständigung auf eine **bestimmte Strafe** („Punktstrafe") bleibt unzulässig (BGH NStZ 2011, 231). Das Gericht darf lediglich einen **Strafrahmen** mit einer **Ober- und Untergrenze** angeben, § 257c Abs. 3 S. 2 StPO. Umstritten ist, ob es genügt, wenn das Gericht nur die Obergrenze nennt. Vom BGH wird das mit dem Verweis auf den Gesetzeswortlaut („Ober- und Untergrenze der Strafe" in Abs. 3 S. 2 sowie „der in Aussicht gestellte Strafrahmen" in Abs. 4 S. 1) und die Gesetzesmaterialien verneint (BGH NStZ 2011, 648; a.A. DDRK-*König/Harrendorf*, § 257c Rn. 18). Allerdings soll das Fehlen der Untergrenze den Angeklagten i.d.R. nicht beschweren, so dass eine Revisionsrüge durch ihn unbegründet wäre.
- Dem Angeklagten darf nicht mit einer strafzumessungsrechtlich unvertretbaren **Sanktionsschere** gedroht werden (z.B. max. zwei Jahre bei Verständigung nach Geständnis im Unterschied zu mindestens sechs Jahren ohne Verständigung wegen Bestreitens).
- Bestandteil der Verständigung „soll" ein **Geständnis** sein, § 257c Abs. 2 S. 2 StPO; ein solches ist damit zwar erwünscht (und wird in der Praxis auch regelmäßig gefordert), aber nicht zwingend (krit. dazu BeckOK-*Eschelbach*, § 257c Rn. 20),
- Der **Untersuchungsgrundsatz** bleibt unberührt, d.h. dass Gericht trifft weiterhin die Pflicht, den wahren Sachverhalt bis zu seiner Überzeugung zu ermitteln, § 257c Abs. 1 S. 2 StPO. Deshalb ist ein inhaltsleeres Formalgeständnis (z.B. die schlichte Erklärung, der Anklagevorwurf werde „eingeräumt") keine zureichende Urteilsgrundlage und ferner jedes Geständnis zwingend auf seine **Glaubhaftigkeit** zu überprüfen.

§ 11 *Das Urteil*

- Der bloße Abgleich mit der Aktenlage oder gar nur der Anklageschrift genügt dafür nicht; vielmehr muss die Überprüfung durch Beweiserhebung in der Hauptverhandlung erfolgen.
- Es sind die betroffenen **Verfahrensbeteiligten** (Angeklagter, StA, Verteidiger, Nebenkläger) in die Erörterungen einzubeziehen, § 257c Abs. 1 S. 1, Abs. 3 S. 3 StPO.
- Der Angeklagte und die StA müssen ausdrücklich **zustimmen**, § 257c Abs. 3 S. 4 StPO; eine bloß konkludente Zustimmung genügt nicht (nicht zuzustimmen brauchen dagegen der Verteidiger und der Nebenkläger). Ein erst nach Zustandekommen der Verständigung erfolgter Widerruf der Zustimmung seitens der StA ist unbeachtlich (BGH NStZ 2017, 373).
- Die verhängte Strafe muss **tat-** und **schuldangemessen** sein.
- In den **Urteilsgründen** ist anzugeben, dass dem Urteil eine Verständigung vorausgegangen ist, § 267 Abs. 3 S. 5 StPO.
- Der wesentliche Verlauf und der Inhalt der Verständigung sind im **Sitzungsprotokoll** wiederzugeben (Transparenzfunktion), § 273 Abs. 1a S. 1 StPO. Hat eine Verständigung nicht stattgefunden, ist auch dies im Protokoll zu vermerken – sog. **Negativtest**, § 273 Abs. 1a S. 3 StPO. Fraglich sind die rechtlichen Konsequenzen, wenn das Protokoll **schweigt**, d.h. wenn es weder Angaben über das Stattfinden noch über das Nichtstattfinden einer Verständigung enthält.

Fall 63: A wird wegen unerlaubten Handelns mit Betäubungsmitteln in nicht geringer Menge zu einer Gesamtfreiheitsstrafe von 4 Jahren verurteilt. Im unmittelbaren Anschluss an die Urteilsverkündung erklärt er einen Rechtsmittelverzicht. Kurze Zeit später überlegt er es sich anders und legt noch innerhalb der Rechtsmittelfrist gegen die Entscheidung Revision ein. Zur Zulässigkeit führt er aus, der zuvor erklärte Rechtsmittelverzicht sei nach § 302 Abs. 1 S. 2 StPO unwirksam, da dem Urteil eine Verständigung zugrunde liege. Im Sitzungsprotokoll finden sich weder zum Stattfinden noch zum Nichtstattfinden einer Verständigung irgendwelche Feststellungen.

Lösung: Da das Sitzungsprotokoll keine Angaben über das Stattfinden einer Verständigung enthält, müsste aufgrund der negativen Beweiskraft (s.o. Rn. 203) prima facie davon ausgegangen werden, dass eine solche nicht erfolgt ist. Nun verlangt § 273a Abs. 1a S. 3 StPO allerdings, dass ebenfalls das Nicht-Stattfinden einer Verständigung im Protokoll vermerkt wird. Auch darüber findet sich im Protokoll indes nichts. Das aber bedeutet wiederum, dass eigentlich gemäß der negativen Beweiskraft das Nicht-Stattfinden der Verständigung als nicht geschehen und die Verständigung also nach dem Grundsatz der doppelten Negation gerade als erfolgt angesehen werden müsste. Die negative Beweiskraft des Protokolls führt hier folglich aufgrund der Besonderheit, dass nicht nur das Stattfinden, sondern auch das Nicht-Stattfinden der Verständigung zu protokollieren ist, dazu, dass die Verständigung sowohl als nicht geschehen als auch als geschehen gelten müsste. Nach h.M. ist das Protokoll daher in einem solchen Fall **widersprüchlich** bzw. **lückenhaft**, so dass es seine Beweiskraft verliert. Das Revisionsgericht darf dann im Wege des **Freibeweisverfahrens** (z.B. durch Einholung dienstlicher Erklärungen der Richter oder des Protokollführers) klären, ob dem Urteil eine Verständigung vorausgegangen ist oder nicht. Der Revisionsführer muss hier allerdings in der Revisionsbegründung konkrete Angaben zu der behaupteten Verständigung machen, um dem Revisionsgericht eine entsprechende Klärung zu ermöglichen (BGHSt 56, 3). Bleiben Zweifel, ist vom Vorliegen einer Absprache auszugehen, die im Übrigen auch bereits durch den bloßen Verstoß gegen die Dokumentationspflicht rechtswidrig ist (BVerfGE 133, 168, 223 f.).

- Der nach § 35a StPO zu belehrende Rechtsmittelberechtigte (d.h. insb. der Angeklagte) muss **qualifiziert** darüber **belehrt** werden, dass er ungeachtet der Verständigung frei bleibt, Rechtsmittel einzulegen, § 35a S. 3 StPO.
- Ein **Rechtsmittelverzicht** ist ausgeschlossen, § 302 Abs. 1 S. 2 StPO. Eine etwaige Verzichtserklärung ist deshalb **unwirksam** (vgl. auch **Fall 71**).

2. Die Bindungskraft

Grds. ist das **erkennende Gericht** (nicht dagegen die StA oder der Angeklagte) an die Verständigung gebunden – Umkehrschluss aus § 257c Abs. 4 S. 1 StPO. Ausnahmsweise entfällt die Bindung: 279

- wenn **rechtlich** oder **tatsächlich bedeutsame Umstände** übersehen worden sind oder sich neu ergeben haben und der in Aussicht gestellte Strafrahmen deshalb nicht mehr **tat-** und **schuldangemessen** erscheint (z.B. also Umstände, aufgrund derer die Tat nicht mehr ein Vergehen, sondern ein Verbrechen darstellt), § 257c Abs. 4 S. 1 StPO, oder
- wenn das **weitere Prozessverhalten** des Angeklagten nicht dem Verhalten entspricht, das der **Prognose** des Gerichts zugrunde gelegt worden ist (z.B. bestimmte Beweisanträge erwartungswidrig doch gestellt werden), § 257c Abs. 4 S. 2 StPO (krit. hierzu BeckOK-*Eschelbach*, § 257c Rn. 32).

Ein Widerruf der Zustimmung seitens StA nach Zustandekommen der Verständigung hebt die Bindungswirkung dagegen nicht auf (BGH NStZ 2017, 373).

Will sich das Gericht von der Verständigung lösen, gilt Folgendes:
- Das Gericht muss einen entsprechenden **Beschluss** fassen; die Bindungswirkung entfällt nicht kraft Gesetzes (BGHSt 57, 273).
- Es hat die Abweichung von der Absprache **unverzüglich mitzuteilen**, § 257c Abs. 4 S. 4 StPO.
- Ferner darf das Geständnis des Angeklagten in diesem Fall **nicht verwertet** werden, § 257c Abs. 4 S. 3 StPO. Kann er aufgrund anderer Beweismittel gleichwohl verurteilt werden, ist das Geständnis allerdings zu seinen Gunsten strafmildernd zu berücksichtigen (BGHSt 42, 191, 194).
- Über die Voraussetzungen und Folgen einer Abweichung des Gerichts von der Verständigung muss der Angeklagte nach § 257c Abs. 5 StPO **belehrt** werden, und zwar bereits vor seiner **Zusage**, ein Geständnis abzulegen; die Belehrung erst vor Abgabe des Geständnisses reicht nicht aus (BVerfG NJW 2014, 3506).
- Unterbleibt die rechtzeitige Belehrung, begründet das einen Revisionsgrund gem. § 337 StPO – es sei denn, der Angeklagte hätte sein Geständnis auch bei ordnungsgemäßer Belehrung abgegeben (BVerfGE 133, 168, 237 f.).

Fraglich sind die Auswirkungen der Bindungskraft, wenn das Urteil trotz der Verständigung mit **Rechtsmitteln** angegriffen wird.

Fall 64: M wird im Zuge einer Verständigung vom Schöffengericht zu einer Freiheitsstrafe von 15 Monaten auf Bewährung verurteilt. Da sie die Strafe als zu niedrig ansieht, legt die

StA gegen die Entscheidung Berufung ein. Das Berufungsgericht überlegt, ob es die vom Schöffengericht im Rahmen der Verständigung angegebene Strafobergrenze von 18 Monaten Freiheitsstrafe überschreiten darf und das Geständnis des M in der ersten Instanz verwerten kann.

Lösung: Nach h.M. unterliegt das Rechtsmittelgericht oder das Gericht, an das die Sache nach einer Aufhebung des Urteils gem. § 354 Abs. 2, 3 StPO zurückverwiesen wird, keiner Bindung an die Verständigung, weil es diese nicht getroffen hat (BGH NStZ 2017, 373, 374; *Meyer-Goßner/Schmitt*, § 257c Rn. 25a; a.A. SK-*Velten*, § 257c Rn. 29). Somit kann das Berufungsgericht hier über die im Rahmen der Verständigung angegebene Strafobergrenze hinausgehen. (Auch das Verbot der reformatio in peius, § 331 Abs. 1 StPO, steht nicht entgegen, da die Berufung von der StA zu Lasten des Angeklagten eingelegt wurde.) Eine Verwertung des gegenüber dem erstinstanzlichen Gericht abgegebenen Geständnisses scheidet dabei allerdings aus. Das Verbot des § 257c Abs. 4 S. 3 StPO gilt hier **analog** (OLG Karlsruhe NJW 2014, 2213; dem zuneigend auch BGH NStZ 2017, 373, 375). Denn ist das Berufungsgericht nicht an die Verständigung gebunden, wäre es mit dem **fair trial-Grundsatz** nicht zu vereinbaren, wenn sich der Angeklagte weiter an seinem Prozessverhalten im Zusammenhang mit der nicht mehr bestehenden Absprache festhalten lassen müsste. Etwas anderes gilt allerdings, wenn sich das Berufungsgericht mit seiner Entscheidung im Rahmen der ursprünglich getroffenen Verständigung hält (OLG Düsseldorf StV 2011, 80).

3. Ungültige Vereinbarungen

280 Informelle, unter Umgehung des § 257c StPO erzielte Vereinbarungen sind rechtswidrig und entfalten grds. **keine Bindungswirkung**. Das gilt auch dann, wenn die Absprache zwar inhaltlich zulässig ist, aber die Formvorschriften für die Verständigung nicht eingehalten wurden (BVerfGE 133, 168, 222 f.). Auch wenn es „nur" zu einem Verstoß gegen die Formvorschriften gekommen ist, soll das regelmäßig einen Revisionsgrund darstellen, da das Beruhen des Urteils auf dem Verstoß im Normalfall nicht ausgeschlossen werden könne. Das BVerfG stellt diese Gesetzesverletzungen daher den absoluten Revisionsgründen (vgl. dazu Rn. 303) annähernd gleich. Ferner sind die Staatsanwaltschaften gehalten, gegen Urteile, die auf einer rechtswidrigen Absprache beruhen, Rechtsmittel einzulegen – sog. Kontrollfunktion der StA. Eine unzulässige informelle Absprache kann dabei auch **konkludent** geschlossen werden – so etwa, wenn das Gericht zu einer im Beratungszimmer in seiner Gegenwart zwischen StA und Verteidigung getroffenen Vereinbarung zwar schweigt oder sich davon formal distanziert, dann aber im Anschluss nach einem bloßen Formalgeständnis des Angeklagten auf die Beweisaufnahme verzichtet und den übereinstimmenden Anträgen von StA und Verteidigung folgt (BGHSt 59, 21).

Problematisch ist allerdings die **Verwertbarkeit** des im Rahmen einer ungültigen Vereinbarung abgegebenen **Geständnisses**.

Fall 65: H ist wegen gewerbsmäßiger Bandenhehlerei gem. § 260a StGB angeklagt. Das Gericht verständigt sich mit ihm unter Beteiligung der StA darauf, im Falle eines Geständnisses den Vorwurf des Bandendeliktes fallen zu lassen. H gesteht die Tat. Vereinbarungsgemäß verurteilt das Gericht ihn lediglich wegen gewerbsmäßiger Hehlerei zu einer Freiheitsstrafe von zwei Jahren und drei Monaten. Da sich jedoch seine Hoffnung auf eine Bewährungsstra-

> fe nicht erfüllt hat, legt H gegen die Entscheidung Revision ein und rügt u.a. die Verwertung seines Geständnisses.
>
> **Lösung:** Die Vereinbarung, den H nicht aus Bandendelikt zu bestrafen, stellt eine unzulässige Verständigung über den Schuldspruch dar. Fraglich ist nun, ob dies ein Verwertungsverbot hinsichtlich des Geständnisses analog § 257c Abs. 4 S. 3 StPO zur Folge hat. Vom BGH (1. Strafsenat) wird das – im Rahmen eines obiter dictum – verneint. § 257c Abs. 4 S. 3 StPO begründe ein Verwertungsverbot nur für den Fall, dass das Gericht sich von der Verständigung **lösen** wolle. Halte das Gericht die Absprache dagegen in vollem Umfang ein, bleibe das Geständnis verwertbar (BGH NJW 2011, 1526; krit. SK-*Velten*, § 257c Rn. 48). Das ist freilich abzulehnen, da damit entgegen den Vorgaben des BVerfG die Vereinbarung als quasi-wirksam behandelt und die geforderte Unterbindung gesetzeswidriger Vereinbarungen unterlaufen wird.

Fraglich ist ferner, inwieweit das **Verbot des Rechtsmittelverzichts** aus § 302 Abs. 1 S. 2 StPO auch für ungültige Vereinbarungen gilt. Für eine analoge Anwendung spricht, dass das Verbot des Rechtsmittelverzichts auch dazu dient, Verständigungen einer revisionsgerichtlichen Überprüfung offen zu halten. Dann wäre es aber ungereimt, wenn ausgerechnet unzulässige Absprachen durch einen Rechtsmittelverzicht dieser Kontrolle entzogen werden könnten (BVerfGE 133, 168, 213; BGHSt 59, 21, 26).

III. Die Rechtskraft

Die Rechtskraft eines Urteils bedeutet Endgültigkeit und Maßgeblichkeit der gefällten Entscheidung.

1. Die formelle Rechtkraft

Die formelle Rechtskraft tritt ein, wenn das Urteil mit einem ordentlichen Rechtsmittel (Berufung, Revision) nicht mehr angegriffen werden kann. Formelle Rechtskraft bedeutet damit **Unanfechtbarkeit** der Entscheidung. Dabei ist zu differenzieren:

- **Absolute Rechtskraft:** Sie liegt vor, wenn das Urteil in keinem seiner Teile von keiner Seite mehr angefochten werden kann.
- **Relative Rechtskraft:** Hier ist die Reichweite der Rechtskraft entweder inhaltlich oder personal begrenzt:
  - **Teilrechtskraft** (objektiv-relative Rechtskraft): Es wird nur ein Teil des Urteils angefochten, sodass der andere Teil in Teilrechtskraft erwächst (z.B. die Revision beschränkt sich auf das Strafmaß).
  - **subjektiv-relative Rechtskraft:** Das Urteil kann nicht mehr von allen Rechtsmittelberechtigten angegriffen werden (z.B. der Angeklagte erklärt den Verzicht auf Rechtsmittel, die StA dagegen nicht).

Der Eintritt der (absoluten) formellen Rechtskraft bildet die Voraussetzung zum einen für die **Strafvollstreckung**, § 449 StPO, und zum anderen für die materielle Rechtskraft.

2. Die materielle Rechtskraft

282 Die materielle Rechtskraft bewirkt die Endgültigkeit der im **Tenor** (nicht in der Begründung) ausgesprochenen Entscheidung und löst damit eine **Sperrwirkung** aus. Das bedeutet, dass hinsichtlich der abgeurteilten Straftat ein **Verbrauch der Strafklage** eintritt. Der Grundsatz des **ne bis in idem** untersagt entgegen dem zu engen Wortlaut des Art. 103 Abs. 3 GG nicht nur den Fall der Doppelbestrafung, sondern auch eine erneute Anklage nach rechtskräftigem Freispruch. Im Einzelfall kann die Reichweite des Strafklageverbrauches allerdings problematisch sein (zur Sonderthematik des transnationalen Strafklageverbrauchs vgl. *Satzger*, Internationales und Europäisches Strafrecht, 7. Aufl. 2016, § 10 Rn. 51 ff.).

> **Fall 66:** A verletzt den B in Tötungsabsicht schwer. Er wird deshalb wegen versuchten Totschlags in Tateinheit mit gefährlicher Körperverletzung rechtskräftig verurteilt. Kurze Zeit später verstirbt der B an seinen schweren Verletzungen. Die StA will A jetzt wegen Totschlags erneut anklagen.
>
> **Lösung:** Nach einer t.v.A. soll kein Strafklageverbrauch hinsichtlich solcher Tatfolgen bestehen, die erst nach der Aburteilung eintreten. Da das Gericht diese Folgen unmöglich habe berücksichtigen können, sei ausnahmsweise eine **Ergänzungsklage** zulässig (*Rüping*, Das Strafverfahren, 3. Aufl. 1997, Rn. 568). Die h.M. nimmt dagegen auch hier Strafklageverbrauch an. Eine Ergänzungsklage sehe die StPO nicht vor; ihr stehe daher Art. 103 Abs. 3 GG entgegen (BVerfGE 65, 377; *Volk/Engländer*, § 32 Rn. 9). Eine erneute Anklage des A wegen Totschlags ist deshalb nicht zulässig.

283 Problematisch kann auch der Strafklageverbrauch bei Prozessurteilen sein.

> **Fall 67:** A ist wegen Wohnungseinbruchsdiebstahls nach § 244 Abs. 1 Nr. 3 StGB angeklagt. Das Gericht gewinnt in der Hauptverhandlung die Überzeugung, dass lediglich ein Hausfriedensbruch nach § 123 StGB bewiesen ist. Da ein Strafantrag nicht gestellt wurde, stellt es das Verfahren rechtskräftig durch Prozessurteil ein. Später stellt sich auf Grund neuer Beweismittel heraus, dass A doch einen Wohnungseinbruchsdiebstahl begangen hat. Die StA will A erneut anklagen.
>
> **Lösung:** Grds. erwachsen nur **Sachurteile** in materielle Rechtskraft, nicht aber Prozessurteile. Enthält allerdings ein Prozessurteil **implizit** eine Sachentscheidung, tritt insoweit Strafklageverbrauch ein. Hier enthält das Prozessurteil implizit die Sachentscheidung, dass sich der A nicht wegen Wohnungseinbruchsdiebstahls strafbar gemacht hat. Diesbezüglich ist daher die Strafklage verbraucht; A kann nicht erneut angeklagt werden.

284 Urteile werden auch dann rechtskräftig, wenn sie inhaltlich falsch oder prozessual fehlerhaft zu Stande gekommen sind. Nach den heute herrschenden **prozessualen Rechtskrafttheorien** macht die Rechtskraft ein inhaltliches Fehlurteil nicht materiell rechtmäßig, aber es ist prozessual verbindlich, d.h. der zu Unrecht Verurteilte hat kein Notwehrrecht und muss die Strafvollstreckung dulden.

Keine Rechtswirkungen entfaltet allerdings nach h.M. ein Urteil, das aufgrund eines extremen Verstoßes **nichtig** ist (dazu *Beulke*, Rn. 507).

Fall 68: Nachdem das Gericht die Anklage gegen den Angeschuldigten A wegen verschiedener Wirtschaftstraftaten zugelassen hat, trifft sich der Vorsitzende Richter R mit dem StA und der Verteidigerin des A zu einem „informellen Vorgespräch". Dort erklärt R, er sichere eine Freiheitsstrafe von max. 2 Jahren zu, die auf Bewährung ausgesetzt werde, wenn A die Anklagevorwürfe einräume. Anderenfalls müsse A mit mind. 6 Jahren Freiheitsstrafe rechnen. Ferner betont R, bei dieser Vereinbarung handele es sich nicht um eine „Verständigung" i.S. des § 257c StPO; „so etwas" gebe es bei ihm nicht. Man könne sich aber auf ihn verlassen; das was er zusage, halte er auch ein. In der Hauptverhandlung unterbleibt eine Mitteilung über das Vorgespräch. A legt ein reines „Formal-Geständnis" ab. Ohne weitere Zeugen zu hören, verurteilt ihn das Gericht zu einer Freiheitsstrafe von 2 Jahren und setzt diese zur Bewährung aus.

Lösung: Dem OLG München zufolge ist ein Urteil, das bewusst sämtliche formellen und inhaltlichen Grundregeln der zulässigen Verfahrensabsprache missachtet, aufgrund der offensichtlichen und krassen rechtsstaatswidrigen Mängel nicht lediglich fehlerhaft (und damit mit Rechtsmitteln anfechtbar), sondern nichtig und folglich von vornherein unwirksam (OLG München NJW 2013, 2371; krit. *Kudlich*, NJW 2013, 3216). Das hat zur Folge, dass ohne Aufhebung der Entscheidung über die Anklage neu verhandelt und entschieden werden muss. Für den Angeklagten, der gegen ein solches Urteil vorgeht, ist diese Nichtigkeits-Lösung allerdings mit dem Nachteil verbunden, dass in der neuen Hauptverhandlung das Verbot der reformatio in peius nicht gilt – dieses setzt nämlich voraus, dass zunächst einmal ein wirksames Urteil zustande gekommen ist.

3. Die Beseitigung der Rechtskraft

Die Beseitigung der Rechtskraft ist ausnahmsweise möglich durch: **285**
- **Wiederaufnahme des Verfahrens**, §§ 359 ff. StPO,
- **Wiedereinsetzung in den vorigen Stand**, §§ 44 ff. StPO,
- **revisionsgerichtliche Aufhebung eines Urteils**, das der Angeklagte nicht selbst angefochten hatte, zu Gunsten eines Mitangeklagten, § 357 StPO,
- Aufhebung des Urteils durch das **BVerfG**.

4. Die Rechtskraft von Beschlüssen

Nur Beschlüsse, die mit sofortiger Beschwerde (§ 311 StPO) oder überhaupt nicht **286** anfechtbar sind (z.B. § 81c Abs. 3 S. 4 StPO), werden formell rechtskräftig, nicht dagegen Beschlüsse, gegen die die – unbefristete – einfache Beschwerde gegeben ist (zu den verschiedenen Arten der Beschwerde vgl. Rn. 308). Formell rechtskräftigen Beschlüssen kommt auch materielle Rechtskraft zu, teilweise allerdings nur beschränkt: so z.B.

- beim Verwerfungsbeschluss des OLG im Klageerzwingungsverfahren, § 174 Abs. 2 StPO,
- beim Ablehnungsbeschluss über die Eröffnung der Hauptverhandlung, § 211 StPO,
- beim gerichtlichen Einstellungsbeschluss nach § 153a Abs. 2 i.V.m. Abs. 1 S. 5 StPO,
- nach h.M. analog §§ 174 Abs. 2, 211 StPO bei den gerichtlichen Einstellungsbeschlüssen nach §§ 153 Abs. 2, 153b Abs. 2, 154 Abs. 2 StPO (*Beulke*, Rn. 336).

§ 12 Rechtsmittel und außerordentliche Rechtsbehelfe

I. Allgemeines

287 In der StPO lassen sich zwei Gruppen von Rechtsbehelfen unterscheiden, zum einen die **außerordentlichen** Rechtsbehelfe (Wiedereinsetzung in den vorigen Stand, Wiederaufnahme des Verfahrens), zum anderen die **ordentlichen** Rechtsbehelfe. Zu den ordentlichen Rechtsbehelfen zählen insb. die **Rechtsmittel**. Bei ihnen handelt es sich um:
- die **Berufung**, §§ 312 ff. StPO,
- die **Revision**, §§ 333 ff. StPO, und
- die **Beschwerde**, §§ 304 ff. StPO.

288 **Wirkungen:** Die Rechtsmittel haben folgende Wirkungen:
- **Devolutiveffekt:** Alle drei Rechtsmittel bringen die Sache in die höhere Instanz.
- **Suspensiveffekt:** Berufung und Revision (nicht die Beschwerde, vgl. § 307 StPO) hemmen den Eintritt der Rechtskraft und verhindern damit die Vollstreckung, §§ 316 Abs. 1, 343 Abs. 1 StPO.

1. Allgemeine Zulässigkeitsvoraussetzungen der Rechtsmittel

289 **Anfechtungsberechtigung:** Zur Einlegung von Rechtsmitteln sind befugt:
- die **StA**, § 296 Abs. 1 StPO, auch zu Gunsten des Beschuldigten, § 296 Abs. 2 StPO,
- der **Beschuldigte**, § 296 Abs. 1 StPO,
- der **Verteidiger**, allerdings nicht gegen den Willen des Beschuldigten, § 297 StPO,
- der **gesetzliche Vertreter** (auch gegen den Willen des Beschuldigten), § 298 StPO,
- der **Privatkläger**, § 390 StPO,
- der **Nebenkläger**, §§ 400, 401 StPO.

290 **Beschwer:** Weitere Zulässigkeitsvoraussetzung bildet das Vorliegen einer Beschwer. Die StA ist immer beschwert, wenn sie geltend macht, die Entscheidung sei unrichtig. Der Beschuldigte ist beschwert, wenn die Entscheidung zu seinem **Nachteil** ergangen ist.

Fall 69: Die wegen Betruges angeklagte A wird freigesprochen. In den Urteilsgründen wird dazu ausgeführt, der Freispruch erfolge aus Mangel an Beweisen. A fühlt sich durch diesen Freispruch „2. Klasse" beschwert. Sie will einen Freispruch wegen erwiesener Unschuld und legt Berufung ein.

Lösung: Nach h.M. kann sich die Beschwer grds. nur aus dem **Urteilstenor**, nicht aus den **Urteilsgründen** ergeben. Der Angeklagte kann daher ein freisprechendes Urteil nicht deshalb angreifen, weil er sich durch die Gründe beschwert fühlt (BGHSt 7, 153; BGH NJW 2016, 728). Die Berufung der A ist deshalb nach § 322 StPO als unzulässig zu verwerfen.

Eine Ausnahme gilt allerdings dann, wenn das Gericht in den Urteilsgründen zum Ausdruck bringt, eigentlich von der Schuld des Angeklagten überzeugt zu sein (vgl. dazu auch EGMR NJW 2016, 3225: Verstoß gegen die Unschuldsvermutung aus Art. 6 Abs. 2 EMRK).

2. Das Verbot der reformatio in peius

Ein Urteil darf nach §§ 331 Abs. 1, 358 Abs. 2 StPO nicht zum Nachteil des Angeklagten abgeändert werden, wenn die Berufung oder die Revision eingelegt wurden **291**
- vom Angeklagten,
- von der StA zu Gunsten des Angeklagten,
- vom gesetzlichen Vertreter des Angeklagten.

Das bedeutet:
- Die Freiheitsstrafe darf nicht erhöht werden.
- Die Aussetzung zur Bewährung darf nicht gestrichen werden.
- Die Strafart darf nicht verschlechtert werden (keine Umwandlung einer Geldstrafe in eine Freiheitsstrafe – selbst wenn deren Vollstreckung zur Bewährung ausgesetzt wird).
- Bei der Umwandlung einer Freiheitsstrafe in eine Geldstrafe darf die Zahl der Tagessätze nicht überschritten werden.
- Bei der Änderung der Geldstrafe darf weder die Zahl der Tagessätze, noch der Endbetrag erhöht werden.

Fall 70: A wird wegen Diebstahls, § 242 StGB, zu einer Geldstrafe von 60 Tagessätzen verurteilt. Er legt gegen das Urteil Berufung ein. In der Berufungsinstanz will ihn das Gericht wegen Diebstahls mit Waffen, § 244 StGB, verurteilen.

Lösung: Das Verschlechterungsverbot umfasst nur nachteilige Änderungen in Art und Höhe der Rechtsfolgen. Der Schuldspruch darf nach h.M. dagegen verschärft werden (BGHSt 21, 256, 259 f.; krit. BeckOK-*Eschelbach*, § 331 Rn. 14 ff.). Im vorliegenden Fall kann das Gericht den A daher wegen Diebstahls mit Waffen verurteilen. Dabei darf es jedoch bei der Strafzumessung die Geldstrafe von 60 Tagessätzen nicht überschreiten.

3. Die Teilanfechtung

Sowohl bei der Berufung als auch der Revision ist eine Teilanfechtung, d.h. eine Beschränkung auf bestimmte Beschwerdepunkte möglich, §§ 318, 344 StPO. Voraussetzung ist, dass der angefochtene Teil des Urteils losgelöst und getrennt von dem nicht angefochtenen Teil der Entscheidung eine in sich selbstständige Prüfung und Beurteilung zulässt – sog. **Trennbarkeitsformel**. Dies wird bejaht z.B. für eine Begrenzung: **292**
- auf das Strafmaß, da sich die Frage der Strafzumessung von der Schuldfeststellung trennen lässt, sowie innerhalb des Rechtsfolgenausspruchs auf abtrennbare Teile (z.B. auf die Strafaussetzung zur Bewährung) – sog. **horizontale Beschränkung**,

- innerhalb der Schuldfeststellung bei mehreren prozessualen Taten auf eine Tat, sowie innerhalb einer prozessualen Tat bei materiell-rechtlicher Tatmehrheit auf eine selbstständige materiell-rechtliche Tat (z.B. bei Trunkenheitsfahrt mit Unfall und anschließender Fahrerflucht auf den Schuldspruch wegen Fahrerflucht) – sog. **vertikale Beschränkung**.

Bei zulässiger Beschränkung wird der nicht angefochtene Teil des Urteils rechtskräftig (Teilrechtskraft). Ist die Beschränkung dagegen unzulässig, gilt das Urteil insgesamt als angefochten, § 318 S. 2 StPO (analog für die Revision).

4. Verzicht und Rücknahme

293 Der Verzicht auf Einlegung eines Rechtsmittels sowie die Rücknahme eines bereits eingelegten Rechtsmittels sind grds. jederzeit möglich. Der Verteidiger bedarf dazu der ausdrücklichen Ermächtigung durch den Beschuldigten, § 302 Abs. 2 StPO. Ein gesetzlicher Vertreter (in den Fällen, in denen es einen solchen gibt) ist nicht befugt, diese Ermächtigung zu erteilen; ebenso wenig kann er ein vom Beschuldigten selbst eingelegtes Rechtsmittel zurücknehmen (BGHSt 61, 218). Hat die StA das Rechtsmittel zu Gunsten des Beschuldigten eingelegt, kann die Zurücknahme nur mit dessen Zustimmung erfolgen, § 302 Abs. 1 S. 3 StPO. Einmal erklärt, sind Rücknahme und Verzicht grds. bindend (*Beulke*, Rn. 544; a.A. hinsichtlich der Rücknahme AnwK-*Rotsch/Gasa*, § 302 Rn. 5). Im Falle einer dem Urteil vorausgegangenen Verständigung (§ 257c StPO) ist ein Rechtsmittelverzicht ausgeschlossen, § 302 Abs. 1 S. 2 StPO.

> **Fall 71:** A wird auf der Grundlage einer Verständigung wegen schweren Bandendiebstahls, § 244a StGB, zu einer Freiheitsstrafe von zwei Jahren verurteilt. Wenige Stunden nach Urteilsverkündung legt V, der Verteidiger des A, per Fax Revision ein. Etwa eine Stunde später nimmt er, wiederum per Fax, die Revision zurück. Kurz darauf überlegt es sich A wegen der Nichtaussetzung zur Bewährung anders und will doch Revision einlegen.
>
> **Lösung:** Dem BGH zufolge schließt § 302 Abs. 1 S. 2 StPO nach vorangegangener Verständigung ausweislich seines Wortlautes nur den Rechtsmittelverzicht, nicht auch die Rechtsmittelrücknahme aus. Zweck des Verbotes sei, den Angeklagten vor der vorschnellen Erklärung zu bewahren, keine Rechtsmittel einzulegen. Eine solche Gefahr bestehe hier indes nicht, da anders als bei der Verzichtserklärung die Rücknahmeerklärung nicht sofort nach Urteilsverkündung erfolgen könne, sondern erst im Anschluss an die vorherige Erklärung, Rechtsmittel einzulegen, so dass ihr ein hinreichender Überlegungsprozess vorausgehe (BGHSt 55, 82). Nach a.A. handelt es sich bei dem Vorgehen des V um eine rechtsmissbräuchliche Umgehung des § 302 Abs. 1 S. 2 StPO. Daher müsse der Einlegung und der Rücknahme der Revision die Wirksamkeit versagt werden (*Beulke*, Rn. 395e). Folgt man dem BGH, ist eine erneute Revisionseinlegung nicht möglich.

294 Irrtümer lassen die Wirksamkeit von Rücknahme- und Verzichtserklärungen grds. unberührt; diese können daher im Normalfall nicht wegen Willensmängeln angefochten werden. Eine Ausnahme besteht allerdings bei schwerwiegenden Willensmängeln – etwa infolge von Täuschung oder Drohung – oder sonstigen vom Gericht zu verantwortenden schweren Fehlern hinsichtlich der Art und Weise des Zustandekommens (vgl. SK-*Frisch*, § 302 Rn. 21 ff.) – so etwa, wenn der Verzicht nur auf Grund einer ob-

jektiv unrichtigen Erklärung oder Auskunft des Gerichts zustande kommt (BGHSt 46, 257, 258).

II. Die Berufung

Die Berufung ist nur zulässig gegen Urteile des **Strafrichters** oder des **Schöffengerichts**, d.h. des AG, nicht gegen Urteile des LG oder des OLG, § 312 StPO. Zuständig ist die **kleine Strafkammer** des LG, § 76 Abs. 1 S. 1, 2. Alt. GVG (vgl. Rn. 44). In Fällen der Bagatellkriminalität bedarf die Berufung der **Annahme** (sog. Annahmeberufung), §§ 313, 322a StPO. Die Berufung führt – anders als die Revision – zu einer Überprüfung der angefochtenen Entscheidung in **rechtlicher und tatsächlicher** Hinsicht, d.h. die Berufungsinstanz bildet eine **zweite Tatsacheninstanz**, in der auch neue Tatsachen und Beweismittel eingeführt werden können, § 323 Abs. 3 StPO.

295

1. Die Einlegung

Die Berufung ist **binnen einer Woche** nach Urteilsverkündung beim **erstinstanzlichen Gericht** (iudex a quo) schriftlich oder zu Protokoll der Geschäftsstelle einzulegen, § 314 StPO. Im Falle einer verspäteten Einlegung verwirft das Gericht des ersten Rechtzuges die Berufung als unzulässig, § 319 StPO. Eine Begründung ist **nicht erforderlich**, aber möglich, § 317 StPO (und zweckmäßig).

296

Erlaubt ist auch, zunächst nur Rechtsmittel einzulegen und offen zu halten, ob es sich um eine Berufung oder eine Revision (Sprungrevision) handeln soll. Unterbleibt die Entscheidung bis zum Ablauf der Revisionsbegründungsfrist, § 345 StPO, wird das Rechtsmittel als Berufung behandelt. (Innerhalb dieser Frist ist auch ein Wechsel von der eingelegten Berufung zur Revision gestattet.)

2. Die Entscheidungsmöglichkeiten

Sofern die Berufung nicht bereits vom erstinstanzlichen Gericht wegen Verspätung als unzulässig verworfen wird, legt es die Akten über die StA dem Berufungsgericht vor, §§ 320, 321 StPO. Die wichtigsten Entscheidungsmöglichkeiten des Berufungsgerichts sind dabei:

297

– Liegen die Zulässigkeitsvoraussetzungen nicht vor, wird die Berufung **ohne Hauptverhandlung** durch **Beschluss** als **unzulässig** verworfen, § 322 StPO. Ansonsten ist eine neue Hauptverhandlung durchzuführen, vgl. §§ 323 ff. StPO.
– Erscheint der Beschuldigte unentschuldigt nicht zur Hauptverhandlung, obwohl er die Berufung eingelegt hat, wird die Berufung ohne Entscheidung in der Sache durch **Prozessurteil** verworfen, § 329 Abs. 1 S. 1 StPO (wurde die Berufung von der StA eingelegt, kann dagegen normalerweise ohne den Beschuldigten verhandelt werden, § 329 Abs. 2, 2. Alt. StPO).

- Bis vor kurzem galt das, bis auf wenige Ausnahmen auch dann, wenn zwar nicht der Beschuldigte, aber sein Verteidiger erschien. Der EGMR sah darin allerdings einen Verstoß gegen das fair trial-Prinzip (Recht auf effektive Verteidigung) aus Art. 6 Abs. 1, Abs. 3 lit. c EMRK (EGMR, StraFo 2012, 490). Dem hat der Gesetzgeber nun in § 329 Abs. 2 StPO Rechnung getragen. Danach findet die Hauptverhandlung im Normalfall auch ohne den Beschuldigten statt, wenn er durch einen Verteidiger mit nachgewiesener Vollmacht vertreten wird. (Das Vorgehen in den Fällen, in denen ausnahmsweise die Anwesenheit des Beschuldigten erforderlich ist, regelt § 329 Abs. 4 StPO.)
- Hat in erster Instanz ein unzuständiges Gericht entschieden, wird das Urteil aufgehoben und die Sache an das zuständige Gericht verwiesen, § 328 Abs. 2 StPO. Ansonsten entscheidet das Berufungsgericht in der Sache.
- Erachtet es die erstinstanzliche Entscheidung für zutreffend, wird die Berufung durch Urteil als **unbegründet** verworfen.
- Hält es die Berufung für zulässig und begründet, hebt es das erstinstanzliche Urteil auf und entscheidet **in der Sache selbst**, § 328 Abs. 1 StPO (dabei kann das Urteil auch nur teilweise aufgehoben werden, z.B. nur der Strafausspruch).
- Möglich ist auch noch eine **Einstellung des Verfahrens** nach §§ 153 Abs. 2, 153a Abs. 2 StPO durch Beschluss.

III. Die Revision

298 Die Revision ist statthaft gegen erstinstanzliche Urteile des LG und des OLG sowie gegen Berufungsurteile des LG, § 333 StPO. In Form der Sprungrevision (d.h. durch Überspringen der Berufungsinstanz) kann sie auch gegen Urteile des AG eingelegt werden, § 335 StPO. Revisionsgericht ist
- bei erstinstanzlichen Urteilen des LG und des OLG der BGH, § 135 Abs. 1 GVG,
- bei erstinstanzlichen Urteilen des AG und Berufungsurteilen des LG das OLG, § 121 Abs. 1 Nr. 1 GVG (vgl. Rn. 45).

Die Revision ist anders als die Berufung keine weitere Tatsacheninstanz. Vielmehr dient sie allein der Überprüfung der **richtigen Rechtsanwendung**.

1. Die Einlegung

299 Die Revision ist **binnen einer Woche** nach Urteilsverkündung beim **erstinstanzlichen Gericht** (iudex a quo) schriftlich oder zu Protokoll der Geschäftsstelle einzulegen, § 341 StPO. Binnen eines Monats nach Ablauf der Einlegungsfrist bzw. nach Urteilszustellung, muss der Revisionsführer einen **Revisionsantrag** stellen und diesen **begründen**, §§ 344, 345 StPO (zur Form s. § 345 Abs. 2). Bei verspäteter oder formwidriger Einlegung verwirft das Gericht des ersten Rechtzuges die Revision als unzulässig, § 346 StPO.

2. Die Revisionsgründe

Eine Revision kann nur auf einen Rechtsfehler gestützt werden, d.h. auf die Behauptung, dass das Urteil auf einer Verletzung des Gesetzes beruht. Dabei sind zwei Arten der Revisionsrüge zu unterscheiden:

a) Verfahrensrüge

Mit der Verfahrensrüge wird vorgetragen, dass das Urteil **verfahrensrechtlich nicht ordnungsgemäß zu Stande gekommen** ist. Hier kann der Revisionsführer nicht pauschal die Verletzung des Verfahrensrechts rügen, sondern muss gezielt die Tatsachen angeben, die den Verfahrensmangel begründen, § 344 Abs. 2 S. 2 StPO. Das Gericht prüft das Urteil in verfahrensrechtlicher Hinsicht nur auf die bezeichneten Mängel, § 352 Abs. 1 StPO (mit Ausnahme der Prozessvoraussetzungen, die in jedem Verfahrensstadium von Amts wegen zu prüfen sind). Innerhalb der Verfahrensrügen ist weiter zu differenzieren:

– **relative Revisionsgründe:** Nach § 337 StPO setzt die Revision neben einem Verfahrensverstoß voraus, dass das Urteil auf dieser Verletzung des Gesetzes beruht. Ein Kausalitätsbeweis ist allerdings nicht erforderlich. Es genügt, dass das Beruhen des Urteils auf dem Verfahrensfehler **nicht ausgeschlossen** werden kann.

> **Fall 72a:** Der Angeklagte A wird wegen Raubes verurteilt. Seine Verteidigerin V legt Revision gegen das Urteil ein. In der Revisionsbegründung führt V aus, das Gericht habe zu Unrecht einen Entlastungszeugen nicht vernommen und verweist dazu auf die Akten.
>
> **Lösung:** Die Verfahrensrüge muss so präzise vorgetragen werden, dass das Revisionsgericht allein anhand der Begründungsschrift beurteilen kann, ob ein Verfahrensfehler vorliegt, wenn die vom Revisionsführer behauptete Tatsache stimmt. Wird eine **Aufklärungsrüge** erhoben, d.h. die Verletzung der gerichtlichen Aufklärungspflicht nach § 244 Abs. 2 StPO geltend gemacht, muss die Begründung daher den nicht hinreichend aufgeklärten Sachverhalt, das konkrete Beweismittel und die Relevanz für den Schuld- oder Strafausspruch angeben. Hier hat V weder den Zeugen benannt, noch ausgeführt, welcher Sachverhalt damit hätte erforscht werden können. Der Verweis auf die Akten genügt dafür nicht. Die Aufklärungsrüge des V ist deshalb unzulässig.
>
> **Fall 72b:** Weiterhin rügt V in der Revisionsbegründung, im Sitzungsprotokoll sei die Belehrung des A über seine Aussagefreiheit nicht vermerkt.
>
> **Lösung:** Eine solche **Protokollrüge**, d.h. die Rüge, dass das Protokoll etwas enthält oder nicht enthält, ist unzulässig, da das Urteil nicht auf einer falschen Protokollierung beruhen kann; das Protokoll wird nämlich erst nach der Urteilsverkündung gefertigt. Das Protokoll kann einen Verfahrensfehler somit nur **beweisen**, nicht aber **erzeugen**. Zulässig wäre es allerdings gewesen, wenn V das Fehlen der Belehrung selbst gerügt hätte. Nach § 274 StPO würde dieses Fehlen – gleich ob die Belehrung nun tatsächlich stattgefunden hat oder nicht – auch durch das Protokoll unwiderleglich bewiesen. Etwas anderes soll jedoch gelten, wenn der Beschwerdeführer den Verfahrensverstoß in sicherer Kenntnis von der Unrichtigkeit des Protokolls **bewusst wahrheitswidrig** behauptet. In diesem Fall ist dem BGH zufolge die Rüge wegen **Rechtsmissbrauchs** unzulässig (BGHSt 51, 88; a.A. *Beulke*, Rn. 565).
>
> **Fall 72c:** Nachdem der Angeklagte S auf der Grundlage einer Verständigung zu einer Freiheitsstrafe von 1 Jahr und 9 Monaten verurteilt worden ist, legt Verteidiger R Revision

> ein und begründet diese damit, das Sitzungsprotokoll enthalte keine Angaben über die nach § 257c Abs. 5 StPO erforderliche Belehrung.
>
> **Lösung:** Fraglich ist, ob von der Unzulässigkeit der bloßen Protokollrüge bei der **Verständigung** eine Ausnahme zu machen ist. Der 2. Strafsenat nimmt an, der Gesetzgeber habe hier zur Herstellung von Transparenz eine Sonderregelung getroffen; deshalb könne zulässigerweise gerügt werden, dass das Sitzungsprotokoll den Inhalt von außerhalb der Hauptverhandlung geführten Verständigungsgesprächen nicht wiedergebe (BGHSt 58, 310). Der 3. Strafsenat hält dagegen im obigen Fall daran fest, dass das Urteil unmöglich auf einer fehlerhaften Protokollierung beruhen könne, so dass die Protokollrüge auch hier unzulässig sei (BGHSt 59, 130).

303 – **absolute Revisionsgründe:** Bei den in § 338 StPO abschließend aufgezählten gravierenden Verfahrensverstößen braucht das Beruhen des Urteils auf diesem Mangel nicht begründet zu werden, die Kausalität wird hier **unwiderleglich vermutet**.

> **Fall 73a:** Das LG verurteilt den Angeklagten A wegen Vergewaltigung mit Todesfolge. Mit der Revision rügt sein Verteidiger V, dass die beisitzende Richterin R nach dem Geschäftsverteilungsplan kein Mitglied des Schwurgerichts sei.
>
> **Lösung:** V macht hier den absoluten Revisionsgrund der vorschriftswidrigen Besetzung nach § 338 Nr. 1 StPO geltend. Manche Verfahrensrügen gehen allerdings verloren, wenn nicht bereits im Verfahren rechtzeitig Einwände geltend gemacht wurden. So scheidet die Rüge nach § 338 Nr. 1 StPO aus, wenn der sog. **Besetzungseinwand** nicht nach § 222b StPO bis zum Beginn der Vernehmung des Angeklagten zur Sache erhoben worden ist, sofern die Mitteilung nach § 222a StPO vorgeschrieben war und auch eingehalten wurde. Für einen Verstoß gegen § 222a StPO bestehen hier keine Anhaltspunkte; der nach § 222b StPO erforderliche Besetzungseinwand ist unterblieben. Aus diesem Grund kann V die Revision nicht nach § 338 Nr. 1 StPO auf die vorschriftswidrige Besetzung des Schwurgerichts mit R stützen.
>
> **Fall 73b:** V macht ferner geltend, dass der Vorsitzende Richter S, der eine politische Karriere anstrebe, das Verfahren aus Publicitygründen in die Stadthalle verlegt habe.
>
> **Lösung:** In Betracht kommt hier der Revisionsgrund der Verletzung der Vorschriften über die Öffentlichkeit, § 338 Nr. 6 StPO. Nach Auffassung des BGH erfasst dieser absolute Revisionsgrund allerdings nur die unzulässige Einschränkung der Öffentlichkeit. Die **unzulässige Erweiterung** der Öffentlichkeit falle hingegen nicht darunter (BGHSt 10, 202; krit. *Roxin/Schünemann*, § 47 Rn. 26). Folgt man dem BGH, kann V die Revision hier nicht auf § 338 Nr. 6 StPO stützen, sondern lediglich auf § 337 StPO.

b) Sachrüge

304 Mit ihr wird eingewendet, dass das materielle Recht nicht zutreffend angewendet wurde. Anders als bei der Verfahrensrüge genügt eine generelle Rüge (z.B. „gerügt wird die Verletzung sachlichen Rechts"). Das Revisionsgericht nimmt hier immer eine vollständige Prüfung der Anwendung des materiellen Rechts vor (auch wenn nur die falsche Anwendung einer bestimmten Vorschrift gerügt wurde). Dabei ist es grds. an die Tatsachenfeststellungen des Urteils gebunden, d.h. diese können nicht mit der Sachrüge angegriffen werden (es sei denn, sie sind lückenhaft, widersprüchlich oder verstoßen gegen die Regeln der Logik bzw. feststehende Erfahrungssätze).

3. Die Entscheidungsmöglichkeiten

Sofern die Revision nicht bereits vom erstinstanzlichen Gericht wegen Verspätung oder Formwidrigkeit als unzulässig verworfen wird, legt es die Akten über die StA dem Revisionsgericht vor, § 347 StPO. Das Revisionsgericht kann dabei entscheiden:

- durch **Beschluss ohne Hauptverhandlung**:   305
  - Hält das Revisionsgericht das Rechtsmittel für nicht zulässig, kann es die Revision als **unzulässig** verwerfen, § 349 Abs. 1 StPO.
  - Erachtet es das Rechtsmittel für offenkundig nicht begründet, kann es auf Antrag der StA die Revision als **offensichtlich unbegründet** verwerfen, § 349 Abs. 2 StPO.
  - Hält es die Revision sicher für begründet, hebt es das Urteil auf, § 349 Abs. 4 StPO.
  - Möglich ist auch noch eine **Einstellung des Verfahrens** nach §§ 153 Abs. 2, 153a StPO.
- durch **Urteil nach Hauptverhandlung**:   306
  - Sind die Zulässigkeitsvoraussetzungen nicht erfüllt und hat das Revisionsgericht nicht bereits ohne Hauptverhandlung durch Beschluss entschieden, verwirft es die Revision als **unzulässig**, vgl. § 349 Abs. 5 StPO.
  - Erachtet das Revisionsgericht das Urteil für rechtsfehlerfrei, verwirft es die Revision als **unbegründet**.
  - Wenn und soweit das Revisionsgericht die Revision für begründet hält, hebt es das Urteil inklusive der ihm zu Grunde liegenden Tatsachenfeststellungen, die von der Gesetzesverletzung betroffen sind, auf, § 353 StPO. Grds. verweist das Revisionsgericht die Sache dann **zur erneuten Entscheidung** an die Vorinstanz (an einen anderen Spruchkörper oder ein anderes Gericht gleicher Ordnung) zurück, § 354 Abs. 2 StPO. In den Fällen des § 354 Abs. 1 StPO kann das Revisionsgericht ausnahmsweise auch selbst entscheiden.

4. Die Revisionserstreckung

Hat nur einer von mehreren Angeklagten Revision eingelegt, die wegen einer Verletzung **materiellen Rechts** erfolgreich ist, erstreckt sich nach § 357 S. 1 StPO die Aufhebung des Urteils auch auf die anderen Angeklagten (sofern sie aus demselben Urteil wegen derselben prozessualen Tat verurteilt wurden und der Revisionsgrund auch für sie gelten würde).   307

IV. Die Beschwerde

1. Arten, Einlegung und Ausschluss der Beschwerde

Die Beschwerde ist das Rechtsmittel gegen **Beschlüsse** der Gerichte in der ersten Instanz oder im Berufungsverfahren sowie gegen **richterliche Verfügungen**. Dabei sind folgende Arten der Beschwerde zu unterscheiden: 308

- **einfache Beschwerde**, § 304 StPO,
- **sofortige Beschwerde**, § 311 StPO: Sie ist im Unterschied zur einfachen Beschwerde befristet (eine Woche), § 311 Abs. 2 StPO, und das Ausgangsgericht kann nur ausnahmsweise selbst abhelfen, § 311 Abs. 3 StPO. Eine Beschwerde gilt nur als sofortig, wenn dies im Gesetz ausdrücklich angeordnet ist (z.B. in §§ 28 Abs. 2 S. 1, 210 Abs. 2, 322 Abs. 2 StPO).
- **weitere Beschwerde**, § 310 StPO: Grds. scheidet eine weitere Beschwerde gegen Entscheidungen des Beschwerdegerichts aus, § 310 Abs. 2 StPO. Eine Ausnahme besteht nur bei Verhaftungen, der einstweiligen Unterbringung und bestimmten Anordnungen des dinglichen Arrestes, § 310 Abs. 1 StPO.

309 Der Beschwerde kommt zwar wie Berufung und Revision ein Devolutiveffekt zu, jedoch kein Suspensiveffekt (es sei denn, er ist ausnahmsweise spezialgesetzlich angeordnet, z.B. in § 81 Abs. 4 S. 2 StPO). Beschwerdegericht ist
- bei Verfügungen des Richters beim AG und Beschlüssen des AG das LG, § 73 GVG,
- bei Verfügungen des Richters beim LG und Beschlüssen des LG das OLG, § 121 Abs. 1 Nr. 2 u. 3 GVG, ebenso bei Entscheidungen des OLG selbst (die nur in bestimmten Fällen mit der Beschwerde angegriffen werden können, § 304 Abs. 4 StPO), § 120 Abs. 3 GVG,
- in bestimmten Fällen der BGH, § 135 Abs. 2 GVG (vgl. Rn. 46).

310 **Einlegung:** Die Beschwerde ist beim Gericht, von dem oder von dessen Vorsitzenden die Entscheidung erlassen wurde (iudex a quo), schriftlich oder zu Protokoll der Geschäftsstelle einzulegen, § 306 Abs. 1 StPO. Im Falle der sofortigen Beschwerde muss dies binnen einer Woche erfolgen, § 311 Abs. 2 StPO.

311 **Ausschluss:** Die Entscheidungen des erkennenden Gerichts, die dem Urteil zeitlich und sachlich vorausgehen und mit ihm in einem **inneren Zusammenhang** stehen, sind der Beschwerde entzogen, § 305 S. 1 StPO (z.B. bei Ablehnung eines Beweisantrages durch Beschluss). Sie sollen nur zusammen mit dem Urteil angefochten werden können. Eine Ausnahme besteht nach § 305 S. 2 StPO für die dort genannten Maßnahmen, weil hier ein Abwarten nicht zumutbar wäre.

2. Die Entscheidungsmöglichkeiten

312 Im Beschwerdeverfahren kommen folgende Entscheidungsoptionen in Betracht:
- Hält das Ausgangsgericht die Beschwerde für begründet, erlässt es eine **Abhilfeentscheidung**, § 306 Abs. 2, 1. Hs. StPO. Anderenfalls legt es die Beschwerde sofort, spätestens vor Ablauf von drei Tagen, dem Beschwerdegericht vor, § 306 Abs. 2, 2. Hs. StPO.
- Erachtet das Beschwerdegericht die Zulässigkeitsvoraussetzungen für nicht gegeben, verwirft es die Beschwerde als **unzulässig**.
- Hält es die angefochtene Entscheidung für zutreffend, verwirft es die Beschwerde als **unbegründet**.
- Erachtet das Beschwerdegericht die Beschwerde für zulässig und begründet, entscheidet es grds. in der **Sache selbst**, § 309 Abs. 2 StPO. Dies gilt nach h.M. auch

in Ermessensfragen (*Beulke*, Rn. 581). Eine Zurückverweisung kommt nur ausnahmsweise in Betracht, wenn der Mangel im Beschwerdeverfahren nicht ausgeglichen werden kann (z.B. bei Unterlassen einer zwingend vorgeschriebenen Anhörung).

V. Die Wiedereinsetzung in den vorigen Stand

War jemand daran gehindert, eine Frist einzuhalten, ermöglichen ihm §§ 44 ff. StPO eine Wiedereinsetzung in den vorigen Stand; d.h. das Verfahren wird so weitergeführt, als ob die versäumte Handlung rechtzeitig vorgenommen worden wäre (nicht möglich bei absoluten Ausschlussfristen, z.B. der Strafantragsfrist des § 77b Abs. 1 S. 1 StGB). **313**

Dieser außerordentliche Rechtsbehelf hat folgende Voraussetzungen: **314**

- Der Antrag auf Wiedereinsetzung muss binnen **einer Woche** nach Wegfall des Hindernisses gestellt werden, § 45 Abs. 1 StPO.
- Der Hinderungsgrund ist **glaubhaft** zu machen, § 45 Abs. 2 S. 1 StPO.
- Die versäumte Handlung muss innerhalb der Antragsfrist **nachgeholt** werden, § 45 Abs. 2 S. 2 StPO.
- Das Fristversäumnis muss **ohne Verschulden** gewesen sein, § 44 S. 1 StPO.

> **Fall 74:** Das LG verurteilt den Angeklagten A wegen schweren Raubes zu einer Freiheitsstrafe von sechs Jahren. Das Urteil wird rechtskräftig, weil V, der Verteidiger des A, die Einlegungsfrist für die Revision versäumt. A selbst hat sich ganz auf V verlassen, obwohl dieser im Laufe des Prozesses mehrfach und erkennbar wichtige verfahrensrechtliche Bestimmungen nicht eingehalten hatte. A beantragt nunmehr Wiedereinsetzung in den vorigen Stand.
>
> **Lösung:** Grds. kann ein Verschulden des Verteidigers dem Beschuldigten nicht zugerechnet werden. Zu dessen Überwachung ist er nicht verpflichtet. Allerdings trifft den Beschuldigten ausnahmsweise ein **Mitverschulden**, wenn er untätig bleibt, obwohl er die Unzuverlässigkeit seines Verteidigers kennt oder aus anderen Gründen mit der Fristversäumung durch diesen rechnen muss. In einem solchen Fall ist die Wiedereinsetzung ausgeschlossen (BGHSt 25, 89, 92 f.). Bei anderen Verfahrensbeteiligten wie z.B. dem Privat- oder Nebenkläger rechnet die h.M. hingegen das Verschulden des Vertreters als eigenes Verschulden grds. zu (BGHSt 30, 309). Begründet wird das mit einem aus § 85 Abs. 2 ZPO folgenden allgemeinen Verfahrensgrundsatz (*Meyer-Goßner/Schmitt*, § 44 Rn. 19; krit. LR-*Graalmann-Scherer*, § 44 Rn. 62). Da A im vorliegenden Fall ein Mitverschulden trifft, ist sein Antrag auf Wiedereinsetzung unbegründet.

VI. Die Wiederaufnahme des Verfahrens

Auch die Wiederaufnahme des Verfahrens stellt kein Rechtsmittel dar, sondern einen außerordentlichen Rechtsbehelf. Sie ermöglicht in Ausnahmefällen die Durchbrechung der Rechtskraft eines Sachurteils im Interesse der materiellen Wahrheit. Eine Wiederaufnahme **zu Gunsten des Verurteilten** ist nur zulässig aus den in § 359 StPO und § 79 Abs. 1 BVerfGG genannten, **zu Ungunsten des Verurteilten** nur aus den in § 362 StPO genannten Gründen. **315**

316 Das Verfahren ist zweiteilig:

- **Zulässigkeitsprüfung** (Aditionsverfahren), § 368 StPO: Hier prüft das Gericht den Antrag auf Form und notwendigen Inhalt, § 366 StPO. Fehlt es daran, ist der Antrag durch Beschluss als **unzulässig** zu verwerfen. Andernfalls erlässt das Gericht einen Zulassungsbeschluss.
- **Begründetheitsprüfung** (Probationsverfahren), §§ 369, 370 StPO: Hier erfolgt eine Beweisaufnahme über die geltend gemachten Wiederaufnahmegründe. Hält das Gericht das Wiederaufnahmevorbringen für nicht genügend bestätigt, wird der Antrag durch Beschluss als **unbegründet** verworfen, § 370 Abs. 1 StPO. Anderenfalls erlässt es einen **Wiederaufnahmebeschluss**, § 370 Abs. 2 StPO.
- **neue Hauptverhandlung:** Im Falle eines Wiederaufnahmebeschlusses wird eine neue Hauptverhandlung durchgeführt, § 373 StPO, die freilich nicht mehr zum Wiederaufnahmeverfahren gehört und damit auch nicht dessen dritten Abschnitt bildet.

§ 13 Besondere Verfahren

I. Das Strafbefehlsverfahren

317 Das in §§ 407 ff. StPO geregelte Strafbefehlsverfahren stellt ein summarisches Verfahren dar, in dem bei einfachen Fällen ohne Hauptverhandlung **nach Aktenlage** entschieden wird. Zulässig ist es bei Vergehen, die in die Zuständigkeit des Strafrichters fallen. Angeordnet werden dürfen nur die in § 407 Abs. 2 StPO genannten Rechtsfolgen. Eingeleitet wird das Strafbefehlsverfahren, indem die StA mit Antrag auf Erlass eines Strafbefehls öffentliche Klage erhebt. Dabei muss der Antrag auf eine **bestimmte Rechtsfolge** gerichtet sein, § 407 Abs. 1 S. 3 StPO. Bejaht der Richter den hinreichenden Tatverdacht und stehen keine weiteren Bedenken entgegen (insb. hinsichtlich der beantragten Rechtsfolge), erlässt er den Strafbefehl, § 408 Abs. 3 S. 1 StPO.

318 Legt der Angeklagte nicht innerhalb von zwei Wochen nach Zustellung des Strafbefehls Einspruch ein, wird der Strafbefehl rechtskräftig und steht darin einem Urteil gleich, § 410 StPO. (Einen zusätzlichen Wiederaufnahmegrund zu Ungunsten des Angeklagten enthält jedoch § 373a StPO.)

319 Erhebt der Angeklagte hingegen rechtzeitig Einspruch, wird eine Hauptverhandlung durchgeführt (in der allerdings bestimmte Besonderheiten bestehen, vgl. § 411 Abs. 2 S. 2 i.V.m. § 420 StPO). Diese endet mit einem Urteil, das nicht an den vorangegangenen Strafbefehl gebunden ist, § 411 Abs. 4 StPO. Das Verbot der reformatio in peius gilt hier nach h.M. nicht (*Beulke*, Rn. 528). Eine Rücknahme des Einspruchs bleibt bis zur Verkündung des Urteils im ersten Rechtszug möglich, § 411 Abs. 3 S. 1 StPO (nach Beginn der Hauptverhandlung allerdings nur mit Zustimmung der StA, § 411 Abs. 3 S. 2 i.V.m. § 303 StPO).

Schaubild 9: Das Strafbefehlsverfahren

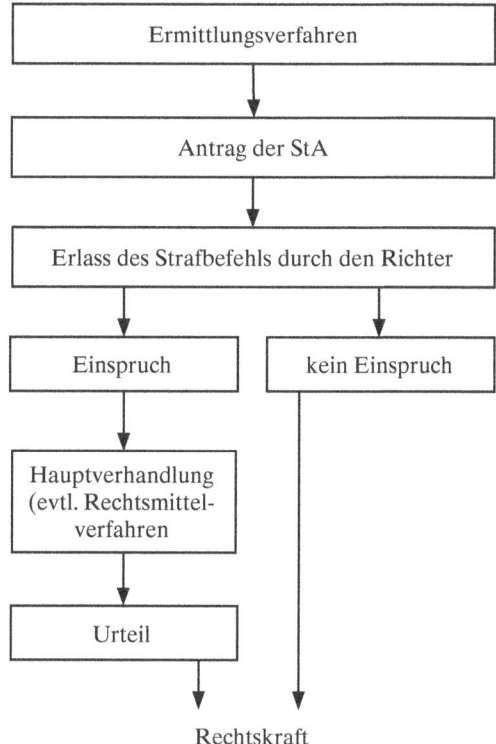

II. Das beschleunigte Verfahren

§§ 417 ff. StPO regeln das beschleunigte Verfahren. Nach § 417 StPO muss die StA   320
Antrag auf Entscheidung im beschleunigten Verfahren stellen, wenn die Sache auf Grund des **einfachen Sachverhalts** oder der **klaren Beweislage** zur sofortigen Verhandlung geeignet ist und in den Zuständigkeitsbereich des AG fällt. Hier wird die Hauptverhandlung sofort oder in kurzer Frist durchgeführt, ein Zwischenverfahren findet nicht statt, eine Anklageschrift braucht nicht eingereicht zu werden, § 418 StPO. Die Beweisaufnahme ist verkürzt, § 420 StPO. Als Rechtsfolge darf maximal eine einjährige Freiheitsstrafe verhängt werden, § 419 Abs. 1 StPO. (Zur Kritik vgl. *Meyer-Goßner/Schmitt*, Vor § 417 Rn. 3 ff.)

III. Das Privatklageverfahren

Bei Privatklagedelikten nach § 374 Abs. 1 StPO kann der Verletzte selbst beim Straf-   321
richter Strafklage erheben (bei bestimmten Delikten erst nach einem erfolglosen Süh-

§ 13 *Besondere Verfahren*

neversuch, § 380 StPO). Die StA verfolgt diese Delikte nur bei Vorliegen eines öffentlichen Interesses, § 376 StPO. Ein solches liegt i.d.R. vor, wenn die Tat nicht nur den Rechtskreis von Täter und Opfer, sondern auch den der Allgemeinheit betrifft, z.B. wegen des Ausmaßes der Rechtsverletzung oder der Stellung des Verletzten im öffentlichen Leben (vgl. RiStBV Nr. 86). Bejaht die StA das öffentliche Interesse, kann sie jederzeit das Verfahren übernehmen, § 377 StPO.

IV. Die Nebenklage

322 Bei den in § 395 StPO aufgezählten schweren Delikten kann der Verletzte neben der StA als Nebenkläger auftreten, um persönlich Genugtuung zu erlangen. Seine Rechte sind geregelt in §§ 397, 397a StPO, seine Rechtsmittelbefugnis in §§ 400, 401 StPO.

V. Das Adhäsionsverfahren

323 Das in §§ 403 ff. StPO geregelte Adhäsionsverfahren ermöglicht dem Verletzten, ein aus der Straftat erwachsenen vermögensrechtlichen Anspruch gegen den Beschuldigten im Strafverfahren geltend zu machen.

Wiederholungsfragen

1. Welches sind die Ziele des Strafverfahrens? (vgl. Rn. 1)
2. Wie verläuft der Gang des Strafverfahrens? (vgl. Rn. 4 f.)
3. Welches sind die wichtigsten Prozessvoraussetzungen und welche Folgen hat ihr endgültiges Fehlen? (vgl. Rn. 6 ff.)
4. Was folgt aus dem Rechtsstaatsprinzip für das Strafverfahren? (vgl. Rn. 11)
5. Was besagt das Offizialprinzip? (vgl. Rn. 12)
6. Welchen Einschränkungen und Ausnahmen unterliegt das Offizialprinzip? (vgl. Rn. 13 ff.)
7. Was besagt das Akkusationsprinzip? (vgl. Rn. 16)
8. Was besagt das Legalitätsprinzip? (vgl. Rn. 17)
9. Gilt das Legalitätsprinzip auch bei außerdienstlich erlangtem Wissen? (vgl. Rn. 18)
10. Bindet das Legalitätsprinzip die StA an die höchstrichterliche Rspr.? (vgl. Rn. 19)
11. Was besagt der Untersuchungsgrundsatz? (vgl. Rn. 20)
12. Was besagt der Unmittelbarkeitsgrundsatz? (vgl. Rn. 21)
13. Was besagt das Mündlichkeitsprinzip? (vgl. Rn. 22)
14. Was besagt der Grundsatz der freien richterlichen Beweiswürdigung? (vgl. Rn. 23)
15. Darf das Gericht das zulässige Schweigen eines Angeklagten zu seinen Lasten würdigen? (vgl. Rn. 24)
16. Was besagt der Grundsatz „in dubio pro reo"? (vgl. Rn. 25)
17. Gilt der in-dubio-Grundsatz auch für Prozessvoraussetzungen wie z.B. die Verjährung? (vgl. Rn. 25)
18. Was besagt der Grundsatz der Öffentlichkeit? (vgl. Rn. 26)
19. Welchen Einschränkungen unterliegt das Zugangsrecht der Öffentlichkeit? (vgl. Rn. 27)
20. Was besagt der Beschleunigungsgrundsatz und welche Folgen hat seine Verletzung? (vgl. Rn. 28 f.)
21. Was besagt das Prinzip „nemo tenetur se ipsum accusare"? (vgl. Rn. 30)
22. Was besagt der Grundsatz des fairen Verfahrens? (vgl. Rn. 31)
23. Welche Spruchkörper hat das AG und wann sind sie in der ersten Instanz zuständig? (vgl. Rn. 33 ff.)
24. Welche Spruchkörper haben LG und OLG und wann sind sie in der ersten Instanz zuständig? (vgl. Rn. 37 ff.)
25. Welche Gerichtsstände gibt es im Strafverfahren? (vgl. Rn. 42 f.)
26. Wie verläuft der Instanzenzug im Strafverfahren? (vgl. Rn. 44 ff.)
27. Wann ist der EGMR zuständig und welche Wirkung haben seine Entscheidungen? (vgl. Rn. 47 ff.)
28. Wie ist die StA organisiert? (vgl. Rn. 51 f.)
29. Welche Rechte sind Ausprägungen der monokratischen und hierarchischen Struktur der StA? (vgl. Rn. 53)

30. Wie weit reicht die Weisungsgebundenheit des einzelnen StA? (vgl. Rn. 54)
31. Kann ein StA wegen Besorgnis der Befangenheit abgelehnt werden? (vgl. Rn. 55)
32. Welche Aufgaben hat die Polizei? (vgl. Rn. 56 f.)
33. Wer gilt als Beschuldigter im Strafverfahren? (vgl. Rn. 58 f.)
34. Welche Pflichten hat der Beschuldigte? (vgl. Rn. 60)
35. Welche Rechte hat der Beschuldigte? (vgl. Rn. 61 ff.)
36. Welche Stellung hat der Strafverteidiger im Strafverfahren? (vgl. Rn. 68)
37. Welche Pflichten hat der Verteidiger? (vgl. Rn. 69 ff.)
38. Welche Rechte hat der Verteidiger? (vgl. Rn. 72 ff.)
39. Unterliegt das Recht des Verteidigers, seinen Mandanten über Erkenntnisse aus einer Akteneinsicht zu informieren, bestimmten Einschränkungen? (vgl. Rn. 74)
40. Welche zwei Arten von Verteidiger können unterschieden werden? (vgl. Rn. 77)
41. Was besagt das Verbot der Mehrfachverteidigung? (vgl. Rn. 78)
42. Darf ein Verteidiger von der Mitwirkung im Verfahren ausgeschlossen werden? (vgl. Rn. 79)
43. Wer ist Zeuge und wie wird der Zeuge vom Mitbeschuldigten abgegrenzt? (vgl. Rn. 80)
44. Welche Pflichten hat der Zeuge? (vgl. Rn. 81 ff.)
45. Wann gilt das Vereidigungsverbot des § 60 Nr. 2 StPO? (vgl. Rn. 83)
46. Welche Rechte hat der Zeuge? (vgl. Rn. 84 ff.)
47. Wie weit reicht das Zeugnisverweigerungsrecht aus § 52 StPO bei mehreren Beschuldigten? (vgl. Rn. 84)
48. Wie unterscheiden sich der Sachverständige und der sachverständige Zeuge? (vgl. Rn. 89 ff.)
49. Wer ist Verletzter? (vgl. Rn. 92)
50. Wann ist ein Richter vom Verfahren ausgeschlossen oder kann wegen Besorgnis der Befangenheit abgelehnt werden? (vgl. Rn. 93 ff.)
51. Wie wird das Ermittlungsverfahren in Gang gesetzt? (vgl. Rn. 96 f.)
52. Wann liegt eine Vernehmung des Beschuldigten vor und wie läuft diese ab? (vgl. Rn. 100 ff.)
53. Wann muss bzw. kann das Ermittlungsverfahren eingestellt werden? (vgl. Rn. 106 ff.)
54. Ist nach einer Verfahrenseinstellung eine Wiederaufnahme zulässig? (vgl. Rn. 106, 108 f.)
55. Wann ist Anklage zu erheben? (vgl. Rn. 112)
56. Welche Funktionen hat die Anklageschrift? (vgl. Rn. 113)
57. Welches sind die Voraussetzungen und der Ablauf des Klageerzwingungsverfahrens? (vgl. Rn. 115 f.)
58. Welches sind die Voraussetzungen der U-Haft? (vgl. Rn. 118 ff.)
59. Wie unterscheiden sich Anfangsverdacht, hinreichender Tatverdacht und dringender Tatverdacht? (vgl. Rn. 17, 119)
60. Ist beim Verdacht eines Kapitaldelikts nach § 112 Abs. 3 StPO das Vorliegen eines Haftgrundes entbehrlich? (vgl. Rn. 120)
61. Wie ist der Ablauf der U-Haft? (vgl. Rn. 122 ff.)

Wiederholungsfragen

62. Welche Rechtsschutzmöglichkeiten hat der Beschuldigte gegen den Haftbefehl? (vgl. Rn. 125)
63. Muss für die Festnahme nach § 127 Abs. 1 StPO der Festgenommene tatsächlich eine Straftat begangen haben? (vgl. Rn. 127)
64. Kann § 127 StPO auch körperliche Gewaltanwendung rechtfertigen? (vgl. Rn. 129)
65. Wann sind Polizei und StA zur Festnahme befugt? (vgl. Rn. 131)
66. Welches sind die Voraussetzungen der körperlichen Untersuchung des Beschuldigten? (vgl. Rn. 133)
67. Ist die zwangsweise Verabreichung von Brechmitteln von § 81a StPO gedeckt? (vgl. Rn. 134)
68. Welches sind die Voraussetzungen der molekulargenetischen Untersuchung? (vgl. Rn. 136)
69. Welches sind die Voraussetzungen von Untersuchungen an anderen Personen? (vgl. Rn. 139)
70. Welche Voraussetzungen hat die Beschlagnahme? (vgl. Rn. 141)
71. Ist eine Beschlagnahme von Verteidigungsunterlagen zulässig? (vgl. Rn. 141)
72. Was versteht man unter dem Begriff der Telekommunikation? (vgl. Rn. 145)
73. Nach welchen Regeln richtet sich der Zugriff auf E-Mails? (vgl. Rn. 145)
74. Welches sind die Voraussetzungen der Überwachung der Telekommunikation? (vgl. Rn. 146)
75. Dürfen Gespräche des Beschuldigten mit seinem Verteidiger abgehört werden? (vgl. Rn. 146)
76. Sind sog. Raumüberwachungen zulässig? (vgl. Rn. 148)
77. Was versteht man unter einer Quellen-TKÜ? (vgl. Rn. 149)
78. Was ist eine Online-Durchsuchung und welches sind ihre Bedingungen? (vgl. Rn. 150)
79. Unter welchen Voraussetzungen ist die akustische Wohnraumüberwachung zulässig? (vgl. Rn. 151)
80. Welche sonstigen Möglichkeiten der technischen Überwachung sind in der StPO geregelt? (vgl. Rn. 154, 156 ff.)
81. Welche Voraussetzungen hat die Durchsuchung? (vgl. Rn. 159 ff.)
82. Können verdeckte Online-Durchsuchungen auch auf § 102 StPO gestützt werden? (vgl. Rn. 160)
83. Welche verdeckt operierenden Personen sind zu unterscheiden? (vgl. Rn. 163)
84. Was ist eine Tatprovokation und wann ist diese zulässig? (vgl. Rn. 166)
85. Welche weiteren wichtigen Zwangsmittel sieht die StPO vor? (vgl. Rn. 168 ff.)
86. Welche Rechtsschutzmöglichkeiten bestehen gegen Zwangsmaßnahmen? (vgl. Rn. 176 ff.)
87. Wozu dient das Zwischenverfahren; wie wird es durchgeführt und wie endet es? (vgl. Rn. 181 ff.)
88. Welche Vorbereitungen sind zur Durchführung der Hauptverhandlung zu treffen? (vgl. Rn. 186)
89. Wie verläuft die Hauptverhandlung? (vgl. Rn. 187 ff.)
90. Was gehört zur Vernehmung zur Person nach § 243 Abs. 2 S. 2 StPO? (vgl. Rn. 191)

Wiederholungsfragen

91. Welche Anwesenheitspflichten bestehen während der Hauptverhandlung? (vgl. Rn. 200 ff.)
92. Welche Beweiskraft hat das Sitzungsprotokoll und wann entfällt sie? (vgl. Rn. 203)
93. Was versteht man unter einer Rügeverkümmerung und wie wird sie behandelt? (vgl. Rn. 204)
94. Welche Arten von Tatsachen werden im Beweisrecht unterschieden? (vgl. Rn. 206)
95. Was erfordert das Strengbeweisverfahren und wofür gilt es? (vgl. Rn. 207)
96. Was bedeutet das Freibeweisverfahren? (vgl. Rn. 208)
97. Was ist ein Beweisantrag und welche Voraussetzungen hat er? (vgl. Rn. 210 ff.)
98. Kann das Gericht eine Frist zur Stellung von Beweisanträgen bestimmen? (vgl. Rn. 214)
99. Wann darf ein Beweisantrag abgelehnt werden? (vgl. Rn. 215 ff.)
100. Was ist ein Beweisermittlungsantrag? (vgl. Rn. 225)
101. Wann dürfen Vernehmungsprotokolle von Zeugen verlesen werden? (vgl. Rn. 228 ff.)
102. Macht ein vor der Hauptverhandlung vernommener Zeuge erst in der Hauptverhandlung von seinem Zeugnisverweigerungsrecht Gebrauch, darf dann die Vernehmensperson als Zeuge vernommen werden? (vgl. Rn. 231)
103. Ist § 252 StPO auch auf Aussagen anwendbar, die außerhalb einer förmlichen Vernehmung gemacht wurden? (vgl. Rn. 232)
104. Dürfen Geständnisse des Angeklagten verlesen werden? (vgl. Rn. 234)
105. Wann ist eine Video-Simultanvernehmung zulässig? (vgl. Rn. 236)
106. Unter welchen Voraussetzungen dürfen Zeugenaussagen auf Video aufgezeichnet und in der Hauptverhandlung verwertet werden? (vgl. Rn. 237 ff.)
107. Was ist ein Vorhalt und welchen Beweiswert hat er? (vgl. Rn. 241)
108. Dürfen verdeckt operierende Personen für die Hauptverhandlung gesperrt werden? (vgl. Rn. 242 ff.)
109. Welche Beweiserhebungsverbote lassen sich unterscheiden? (vgl. Rn. 247 ff.)
110. Ist eine heimliche Stimmprobe zulässig? (vgl. Rn. 249)
111. Schützt der nemo-tenetur-Grundsatz den Beschuldigten auch vor täuschungsbedingten Selbstbelastungen? (vgl. Rn. 250)
112. Was ist eine Hörfalle und kann sie auch bei privaten Gesprächen vorliegen? (vgl. Rn. 249 f.)
113. Wann folgt aus einem Verstoß gegen ein Beweiserhebungsverbot ein Beweisverwertungsverbot? (vgl. Rn. 251 ff.)
114. Begründen folgende Verstöße ein Verwertungsverbot?
    a) fehlende Zeugenbelehrung nach § 52 Abs. 3 S. 1 StPO (vgl. Rn. 255)
    b) Verletzung der Schweigepflicht einer Vertrauensperson i.S.d. § 53 StPO (vgl. Rn. 256)
    c) fehlende Genehmigung nach § 54 StPO (vgl. Rn. 257)
    d) fehlende Belehrung über ein Auskunftsverweigerungsrecht nach § 55 StPO (vgl. Rn. 258)

e) fehlerhafte Belehrung des Beschuldigten nach § 136 Abs. 1 StPO (vgl. Rn. 260 ff.)
f) Fehler bei der körperlichen Untersuchung nach § 81a StPO (vgl. Rn. 265)
g) Fehler bei der Überwachung der Telekommunikation (vgl. Rn. 266)
h) Eingriffe in das allgemeine Persönlichkeitsrecht (vgl. Rn. 268)
i) von Privatpersonen rechtswidrig gewonnene Beweise (vgl. Rn. 268 f.)
j) Fehler bei verdeckten Ermittlungen (vgl. Rn. 271)
115. Haben Verwertungsverbote eine Fernwirkung? (vgl. Rn. 272)
116. Welche Arten von Urteilen gibt es und was ist ihr Gegenstand? (vgl. Rn. 273)
117. Was gilt als Tat im prozessualen Sinne? (vgl. Rn. 275 f.)
118. Unter welchen Voraussetzungen ist eine Verständigung im Strafverfahren zulässig? (vgl. Rn. 276)
119. Welches sind die rechtlichen Konsequenzen, wenn das Protokoll über das Stattfinden einer Verständigung schweigt? (vgl. Rn. 278)
120. Welche Bindungskraft hat eine Verständigung? (vgl. Rn. 279)
121. In welchen Fällen gilt das Verwertungsverbot des § 257c Abs. 4 S. 3 StPO? (vgl. Rn. 279 f.)
122. Welches sind die Konsequenzen illegaler Urteilsabsprachen? (vgl. Rn. 280, 284)
123. Was bedeutet formelle Rechtskraft? (vgl. Rn. 281)
124. Was bedeutet materielle Rechtskraft? (vgl. Rn. 282)
125. Tritt auch bei Prozessurteilen Strafklageverbrauch ein? (vgl. Rn. 283)
126. Wann ist eine Beseitigung der Rechtskraft möglich? (vgl. Rn. 285)
127. Werden auch Beschlüsse rechtskräftig? (vgl. Rn. 286)
128. Welche ordentlichen Rechtsbehelfe lassen sich unterscheiden, welches sind ihre Wirkungen und wer darf sie einlegen? (vgl. Rn. 287 ff.)
129. Wann liegt eine Beschwer vor? (vgl. Rn. 290)
130. Was besagt das Verbot der reformatio in peius? (vgl. Rn. 291)
131. Sind Teilanfechtung, Verzicht und Rücknahme zulässig? (vgl. Rn. 292 ff.)
132. Ist ein Verzicht anfechtbar? (vgl. Rn. 294)
133. Wann ist eine Berufung zulässig und wie wird sie eingelegt? (vgl. Rn. 295 f.)
134. Welche Entscheidungsmöglichkeiten hat das Berufungsgericht? (vgl. Rn. 297)
135. Wie ist zu verfahren, wenn der Angeklagte Berufung einlegt, dann aber zur Berufungshauptverhandlung nur sein Verteidiger erscheint? (vgl. Rn. 297)
136. Wann ist eine Revision zulässig und wie wird sie eingelegt? (vgl. Rn. 298 f.)
137. Welche Arten der Revisionsrüge sind zu unterscheiden? (vgl. Rn. 300 ff.)
138. Wie ist die Verfahrensrüge vorzutragen? (vgl. Rn. 301)
139. Wann beruht ein Urteil auf einem Verfahrensfehler i.S.v. § 337 StPO? (vgl. Rn. 302)
140. Wie ist die Sachrüge vorzutragen? (vgl. Rn. 304)
141. Welche Entscheidungsmöglichkeiten hat das Revisionsgericht? (vgl. Rn. 305 f.)
142. Welche Arten der Beschwerde lassen sich unterscheiden? (vgl. Rn. 308)
143. Wann ist eine Beschwerde zulässig und wie wird sie eingelegt? (vgl. Rn. 308 ff.)
144. Welche Entscheidungsmöglichkeiten hat das Beschwerdegericht? (vgl. Rn. 312)
145. Unter welchen Voraussetzungen ist eine Wiedereinsetzung in den vorigen Stand mölich? (vgl. Rn. 313 f.)

Wiederholungsfragen

146. Was ist eine Wiederaufnahme des Verfahrens und wann ist sie zulässig? (vgl. Rn. 315 f.)
147. Was ist das Strafbefehlsverfahren? (vgl. Rn. 317 ff.)
148. Was ist das beschleunigte Verfahren? (vgl. Rn. 320)
149. Was ist das Privatklageverfahren? (vgl. Rn. 321)

Sachverzeichnis

Die Zahlen verweisen auf die Randnummern des Buches.

Abhören 151, 154
Absprache (siehe Verständigung)
Adhäsionsverfahren 92, 323
Agent provocateur (siehe Tatprovokation)
Akkusationsprinzip 16
Amtsgericht 33 ff.
Angeklagter (siehe auch Beschuldigter) 58
Angeschuldigter (siehe auch Beschuldigter) 58, 181
Annahmeberufung 295
Anklage
- Allgemein 4, 7, 50, 112 f., 181
- Informationsfunktion 113
- Umgrenzungsfunktion 113
Antragsdelikt
- Allgemein 7, 12 f., 96
- reines 13
- relatives 13

Befragung, informatorische 101, 232, 262
Behandlung, erkennungsdienstliche 169
Beinahetreffer 136 f.
Belehrung, qualifizierte 231, 261, 278
Berufung 4, 284, 295 ff.
Beschlagnahme
- beschlagnahmefreie Gegenstände 141
- E-Mails 145
- Postsendungen 144
- Voraussetzungen 141
Beschleunigungsgrundsatz 28 f.
Beschleunigtes Verfahren 181, 320
Beschuldigter
- Allgemein 11, 58 f.
- Akteneinsichtsrecht 64
- Anwesenheitspflicht/-recht 60, 67, 200, 297
- Aufklärungsrecht 61, 102
- Aussagefreiheit/ Aussageverweigerungsrecht 24, 30, 62, 102, 194, 260
- Belehrung 101 f., 260 f., 263
- Beweisantragsrecht 102, 181
- Entfernung 67
- Erscheinenspflicht 60
- Fragerecht 66

- körperliche Untersuchung 133 ff.
- Recht auf Verteidiger 63, 102, 124, 261, 297
- rechtliches Gehör 11, 65
- Tod 7
- Vernehmung 100 ff., 191, 196, 235
Beschwer 290
Beschwerde
- Abhilfe 312
- Allgemein 284, 308 ff.
- einfache 116, 125, 308
- sofortige 308
- weitere 308
- Zuständigkeit 44 ff.
Besorgnis der Befangenheit 95
Beweisanregung 225 f.
Beweisantrag
- Ablehnung 215 ff.
- Fristsetzung 214, 222
- Voraussetzungen 211 f.
Beweisaufnahme 197
Beweisermittlungsantrag 225 f.
Beweismittel
- Augenscheinsbeweis 207
- Einlassung des Angeklagten 207, 234
- Sachverständigenbeweis 207
- Unerreichbarkeit 221, 245
- Urkundenbeweis 207, 227, 233 ff.
- Zeugenbeweis 207, 227
Beweisverfahren
- Freibeweis 208
- Strengbeweis 208
Beweisverbot
- Beweiserhebungsverbot 2, 11, 247 ff.
- Beweisverwertungsverbot 232, 251 ff.
- Ermittlungslauf, hypothetischer 272
- Ersatzeingriff, hypothetischer 253, 266
- Fernwirkung 272
- Fortwirkung 263
- Fruit of the poisonous tree 272
- Widerspruchslösung 260, 267
Beweiswürdigung, freie 23
Bild-Ton-Aufzeichnung 235, 237 ff., 245
Blutprobenentnahme 133, 139, 265
Brechmittel, Verabreichung 134
Bundesgerichtshof 46

Sachverzeichnis

Deal (siehe Verständigung)
Devolutiveffekt 288, 309
Durchsuchung
- Allgemein 159 ff., 267
- Haussuchung 160 f.
- Zufallsfund 162

EGMR 47 ff.
Eingriff, körperlicher
 (siehe Untersuchung, körperliche)
Einstellung
- Allgemein 186, 199
- aus sonstigen Gründen 111
- mit Auflage 109
- ohne Auflage 108
- aus Beschleunigungsinteresse 110
- vorläufige 184
E-Mail, Zugriff 145
Ergänzungsklage 282
Erkenntnisverfahren 4
Ermächtigungsdelikt 14
Ermittlungslauf, hypothetischer
 (siehe Beweisverbot)
Ermittlungsprinzip
 (siehe Untersuchungsgrundsatz)
Ermittlungsverfahren
- Allgemein 4, 50
- Durchführung 98 ff.
- Einleitung 96 f.
- Einstellung 106 ff.
- Ermittlungsgeneralklausel 99, 165
- Klageerhebung (siehe auch Anklage) 4, 112
- Vernehmung des Beschuldigten
 (siehe Beschuldigter, Vernehmung)
Eröffnungsbeschluss 7, 182, 186

Fahndung 172
Fair trial-Prinzip 31, 55, 230, 267, 279, 297
Fernwirkung (siehe Beweisverbot)
Festnahme, vorläufige
- bei dringendem Tatverdacht 127
- Festnahmegrund 128
- und körperliche Gewaltanwendung 129
- Vorführung vor den Richter 132
Fortwirkung (siehe Beweisverbot)
Fruit of the poisonous tree
 (siehe Beweisverbot)
Führerscheineinziehung 143

Gegenüberstellung 73, 135
Gendatei 138

Gerichtsstand
- außerordentlicher 43
- ordentlicher 42
Geständnis 23, 28, 105, 229, 234 f., 263, 277 ff., 284

Hauptverfahren 4, 186 ff.
Hauptverhandlung
- Aussetzung 29
- Durchführung 4, 187 ff.
- Unterbrechung 29
- Vorbereitung 4, 186

Identitätsfeststellung 173
IMSI-Catcher 158
In dubio pro reo 25, 112
Interesse, öffentliches 13, 18, 27, 33, 107 ff., 321
Instruktionsprinzip
 (siehe Untersuchungsgrundsatz)

Klageerzwingungsverfahren 17, 92, 114 ff.
Kernbereich privater Lebensgestaltung 153, 252, 268
Kontrolle, legendierte 253

Landgericht 37 ff., 44
Lauschangriff (siehe Abhören)
Legalitätsprinzip
- Allgemein 17, 114
- und außerdienstlich erlangtes Wissen des StA 18
- und Bindung der StA an höchstrichterliche Rspr. 19
Lichtbilder/Bildaufzeichnungen 156
Lockspitzel (siehe Tatprovokation)

Mündlichkeitsprinzip 22

Nachtragsanklage 16, 275, 276
Nebenklage 92, 322
Ne bis in idem (siehe Strafklageverbrauch)
Nemo tenetur 30, 134

Oberlandesgericht 40 f., 45
Observation 175
Öffentlichkeit
- Allgemein 26, 303
- Ausschluss 27
- Beschränkung 27
- Bild- und Tonübertragung in Nebenraum 27

Sachverzeichnis

- und Presse 26 f.
- und Verbot von Rundfunkaufnahmen 27

Offizialprinzip 12 ff.
Online-Durchsuchung 150, 160, 252 f.
Opportunitätsprinzip 17, 108 ff., 115

Persönlichkeitsrecht, allgemeines 268
Polizei
- Aufgabe 56 f.
- als Ermittlungspersonen der StA 57
- erster Zugriff 57, 97

Polygraph 220
Präsenzfeststellung 189
Privatklage 15, 92, 107, 115, 321
Prozessuale Tat (siehe Tat, strafprozessuale)
Prozessvoraussetzung (siehe auch
 Verfahrenshindernis) 6 ff., 25, 31

Rasterfahndung 170
Rechtsbehelfe
- außerordentliche (siehe auch Wiederaufnahme, Wiedereinsetzung) 287
- ordentliche (siehe auch Berufung,
 Revision, Beschwerde) 287

Rechtsfrieden 1
Rechtshängigkeit 7
Rechtskraft
- absolute 281
- entgegenstehende 7
- Beseitigung 285
- formelle 281
- materielle 282 ff.
- relative 281
- subjektiv-relative 281
- Teilrechtskraft 281
- von Beschlüssen 286

Rechtskreistheorie 254
Rechtsmittelverfahren (siehe auch Berufung,
 Revision, Beschwerde) 4, 287 ff.
Rechtsmittelverzicht/-rücknahme 293 f.
Rechtsschutz gegen
 Zwangsmaßnahmen 176 ff.
Rechtsstaatlichkeit 1 f.
Rechtsstaatsprinzip 11
Reformatio in peius 291, 319
Reihenuntersuchung 137
Revision
- Allgemein 4, 287, 298 ff.
- Aufklärungsrüge 302
- Begründung 299
- Besetzungseinwand 303
- Protokollrüge 302
- Revisionserstreckung 307

- Rügeverkümmerung 204
- Sachrüge 304
- Sprungrevision 45, 298
- Verfahrensrüge 301 ff.
- Zuständigkeit 45 f.

Richter
- Ablehnung/Besorgnis der
 Befangenheit 95
- Allgemein 93
- als Ermittlungsrichter 103 ff., 118
- als Notstaatsanwalt 104
- Anwesenheitspflicht 200
- Ausschluss 94
- ehrenamtlicher (siehe Schöffe)
- Ergänzungsrichter 200
- Sitzungsgewalt 187

Rundfunkaufnahmen 27

Sachverständiger 89 f., 136
Sachverständiger Zeuge 91
Schiebetermin 29
Schleppnetzfahndung 174
Schöffe 22, 34, 36, 38, 44
Schöffengericht 34, 36, 295
Schweigen des Angeklagten (siehe auch
 Beschuldigter, Aussagefreiheit) 24, 30,
 62
Schwurgericht 39
Selbstgespräch 268
Selbstleseverfahren 22
Sicherstellung 140 ff.
Sitzungsprotokoll 203 f., 303
Spontanäußerung 101, 232, 262
Spurengrundsatz 139
Staatsanwaltschaft
- Ablehnbarkeit eines StA 55
- Amtsanwaltschaft 51
- Anwesenheitspflicht 202
- Aufgaben 50
- Bundesanwaltschaft/
 Generalbundesanwalt 51
- Devolutivrecht 53
- Generalstaatsanwalt 51
- Notstaatsanwalt 104
- Organisation 51
- Substitutionsrecht 53
- Weisungsrecht/
 Weisungsgebundenheit 53 f.

Stimmenfalle 249
Strafantrag (siehe auch Antragsdelikt) 7,
 96, 115
Strafanzeige 96
Strafbefehl 112, 181, 317 ff.

129

Sachverzeichnis

Strafkammer
- Besetzungsreduktion 38
- große 38 f.
- kleine 44, 295
Strafklageverbrauch
- Allgemein 106, 108 f., 284
- beschränkter 109
Strafmündigkeit 7
Strafrichter 34 f., 295
Strafsenat 41, 46
Straßenkontrolle 171
Suspensiveffekt 288, 309

Tagebuch 268
Tat, strafprozessuale 16, 181, 276 ff.
Tatprovokation 7, 166
Tatsache
- Haupttatsache 206
- Hilfstatsache 206
- Indiztatsache 206
- offenkundige 209
Teilanfechtung 292
Telekommunikation, Überwachung
- Fehler 266 f.
- Quellen-TKÜ 149
- Raumüberwachung 148
- Verteidigergespräch 146
- Voraussetzungen 145 ff.

U-Haft
- Aufhebung 123
- Aussetzung 123
- Fluchtgefahr 120
- Haftbefehl 118
- Haftprüfung 125
- Mitwirkung eines Verteidigers 125
- Verdunkelungsgefahr 120
- Vollzug 124
- Vorführung vor den Richter 123
- Wiederholungsgefahr 120
- Zweck 117
Unmittelbarkeitsgrundsatz 21, 227 ff., 242 ff.
Unterbringung zur Beobachtung 168
Untersuchung, körperliche 30, 133 f., 139, 265
Untersuchung, molekulargenetische 136 f.
Untersuchungsgrundsatz 20
Urteil
- Allgemein 4, 273, 281
- Prozessurteil 273, 283, 297
- Sachurteil 273, 283
- Tenor 282, 290
- Verkündung 199

Verbindung 39
Verdacht
- Anfangsverdacht 17
- dringender 119, 127
- hinreichender 4, 106, 109, 112, 181, 317
Verdeckt operierende Personen
- Begehung milieubedingter Straftaten 167
- Informant 163, 165, 271
- nichtöffentlich ermittelnder Polizeibeamter 163, 271
- Verdeckter Ermittler 163 f., 242, 261 f.
- V-Leute 163, 165, 229, 245 ff., 271 f.
Verfahren, faires (siehe fair trial-Prinzip)
Verfahrensdauer, überlange 8, 28, 278
Verfahrenshindernis
- Allgemein 6
- endgültiges 9, 25, 31, 166
- vorübergehendes 10
Verhandlungsfähigkeit 7
Verjährung 7
Verlesung
- bei Abwesenheit 228 ff.
- bei Erinnerungslücken 233
- Verlesungsverbot 21, 227, 231, 241 f.
- von Geständnissen 105, 229, 234 f.
- von Urkunden 22
Verletzter 88, 115
Vernehmung
- des Beschuldigten (siehe Beschuldigter, Vernehmung)
- kommissarische 244
- nichtrichterliche 73, 229, 231, 235
- richterliche 73, 229 ff., 234
- vernehmungsähnliche Situation 232
Vernehmungsmethoden, verbotene (siehe auch Beweisverbot) 2, 11, 208, 249
Verschleppungsabsicht 222
Verständigung
- Allgemein 277
- Bindungskraft 279 f.
- Gesamtlösung 278
- Geständnis 277 ff., 284
- Mitteilungspflichten 193
- Nichtigkeit 284
- Protokollrüge 302
- Rechtsmittelverzicht 278, 293
- Sanktionsschere 278
- Sitzungsprotokoll 278
- ungültige Vereinbarungen 280
- Untersuchungsgrundsatz 278
- Verwertungsverbot 279 f.
- Voraussetzungen 278

Verteidiger
- Akteneinsichtsrecht 74
- als Organ der Rechtspflege 68
- Anwesenheitspflicht/-recht 73, 202
- Ausschluss 79
- Beschlagnahme von Unterlagen 141
- Beweisantrags- und Fragerecht 75
- Einlegen von Rechtsmitteln 68
- Erklärungsrecht 76
- Eröffnungserklärung 76, 195
- Fürsprachepflicht 69
- Kontaktrecht 72, 146
- Pflichtverteidiger 77, 124
- Sicherungsverteidiger 77
- Überwachung der Telekommunikation 146
- Verschwiegenheitspflicht 71
- Wahlverteidiger 77
- Wahrheitspflicht 71

Verteidigung
- Konfliktverteidigung 68
- Mehrfachverteidigung 78
- notwendige 63, 77, 181

Verwertungsverbot
  (siehe Beweisverbot)
Videosimultanvernehmung 100, 234
Videoaufzeichnung/-vorführung
  (siehe Bild-Ton-Aufzeichnung)
Vollstreckungsverfahren 4, 50
Vorermittlung 17
Vorhalt 235, 241
Vorverfahren
  (siehe Ermittlungsverfahren)

Wahrheit 1 f., 20, 302
Wahrnehmung, amtliche 97
Wiederaufnahme des Verfahrens 2, 285, 315 f.
Wiedereinsetzung in den vorigen Stand 285, 313 f.
Wohnraumüberwachung, akustische 151 ff., 252 f.

Zeuge
- Abgrenzung zum Mitbeschuldigten 80
- Auskunftsverweigerungsrecht 82, 86, 231, 258
- Aussage- und Wahrheitspflicht 82
- Beistand 88
- Belehrung 189, 231 f., 255 f., 258
- Eidespflicht 83
- Eidesverweigerungsrecht 87
- Erscheinenspflicht 81
- Untersuchungsverweigerungsrecht 139
- vom Hörensagen 227, 235, 245
- Zeugnisverweigerungsrecht 82, 84 f., 139, 231 f., 235, 255 f., 259

Zufallserkenntnis/Zufallsfund 153, 162, 252, 266

Zuständigkeit
- bewegliche 33
- instanzielle des Gerichts 44 ff.
- örtliche des Gerichts 7, 42 f.
- sachliche des Gerichts 7, 32 ff.

Zwischenverfahren
- Allgemein 4
- Einstellung 184 f.
- Eröffnungsbeschluss 7, 182

Fälle mustergültig lösen

Die Reihe „Schwerpunkte Klausurenkurs"

- Einführung in die Technik des Klausurenschreibens
- Musterklausuren exemplarisch gelöst
- realistische Prüfungsanforderungen als Maßstab

Prof. Dr. Werner Beulke
Klausurenkurs im Strafrecht III
Ein Fall- und Repetitionsbuch
für Examenskandidaten
5. Auflage 2018. € 26,99

„Ich persönlich muss sagen, dass ich schon mit vielen Fallbüchern im Strafrecht gearbeitet habe, jedoch keines so nah an den universitären Klausurenkurs herankam wie dieses."
fachschaft.de 2016

Alle Bände der Reihe und weitere Infos unter: **www.cfmueller-campus.de/klausurenkurs**

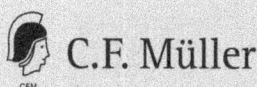

Jura auf den gebracht

Strafrecht von A-Z

Diese Definitionensammlung zum Besonderen Teil des Strafrechts verarbeitet den Lernstoff nach Art eines Lexikons zu einem strafrechtlichen Wörterbuch der gesetzlichen Begriffe, das **über 170 alphabetisch angeordnete und kommentierte Definitionen** umfasst.

Der Gesetzgeber verwendet in den strafrechtlichen Normen des Besonderen Teils eine Vielzahl unterschiedlicher Begriffe. Für die Subsumtion eines Falles unter das Gesetz - und für das Verständnis einer Vorschrift überhaupt - benötigen **Juristen in Ausbildung und Praxis** eine möglichst genaue Kenntnis des jeweiligen Begriffs.

Die eigentliche Begriffsbestimmung enthält erweiterte Definitionen in Form abgestufter und differenzierter Aussagen; sie fasst konzentriert zusammen, was sich als **„herrschende Meinung"** durchgesetzt hat. Streitige und zweifelhafte Punkte werden als solche gekennzeichnet und **ausführlich kommentiert**. Das Problemfeld der Begriffe wird verdeutlicht und durch Literatur- und Rechtsprechungshinweise mit **markanten wörtlichen Zitaten** sowie zusätzlichen Erläuterungen lehrbuchartig vertieft.

In der Neuauflage wurden u.a. die durchaus prüfungsrelevanten Tatbestände § 217 StGB „Geschäftsmäßige Förderung der Selbsttötung" sowie § 315d StGB „Verbotene Kraftfahrzeugrennen" neu aufgenommen.

Prof. Dr. Wilfried Küper/
Prof. Dr. Jan Zopfs
Strafrecht Besonderer Teil
Definitionen mit Erläuterungen
10., völlig neu bearbeitete Auflage 2018
Ca. 560 Seiten. Ca. € 25,99
ISBN 978-3-8114-4643-4
(Grundbegriffe des Rechts)
Auch als ebook erhältlich

Weitere Infos unter: **www.cfmueller-campus.de/shop**

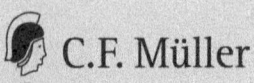 C.F. Müller   Jura auf den ● gebracht